新质课程文化丛书

林启达　王琦　杨四耕　丛书主编

面向每一个学习者的课程设计

王恺骊　主编

华东师范大学出版社

·上海·

图书在版编目(CIP)数据

面向每一个学习者的课程设计 / 王恺骊主编.
上海：华东师范大学出版社，2025. --（新质课程文化
丛书）. -- ISBN 978-7-5760-5626-6

Ⅰ. G632.3

中国国家版本馆 CIP 数据核字第 20256T4M64 号

新质课程文化丛书

面向每一个学习者的课程设计

丛书主编　林启达　王　琦　杨四耕
主　　编　王恺骊
责任编辑　刘　佳
项目编辑　林青荻
特约审读　朱丽君
责任校对　陈梦雅　时东明
装帧设计　卢晓红

出版发行　华东师范大学出版社
社　　址　上海市中山北路 3663 号　邮编 200062
网　　址　www.ecnupress.com.cn
电　　话　021 - 60821666　行政传真 021 - 62572105
客服电话　021 - 62865537　门市(邮购)电话 021 - 62869887
地　　址　上海市中山北路 3663 号华东师范大学校内先锋路口
网　　店　http://hdsdcbs.tmall.com

印 刷 者　杭州名典古籍印务有限公司
开　　本　787 毫米×1092 毫米　1/16
印　　张　17.5
字　　数　181 千字
版　　次　2025 年 6 月第 1 版
印　　次　2025 年 6 月第 1 次
书　　号　ISBN 978 - 7 - 5760 - 5626 - 6
定　　价　58.00 元

出 版 人　王　焰

编 委 会

主编

王恺骊

编委

陈 纯 付良颖 李宇颖 刘 欢 武 彪
肖丽萍 杨 苗 张 信 张 颖

丛书总序

走向新质课程文化

众所周知,课程与文化有着天然的联系,对学校发展而言,凡是课程变革一定是文化变革,没有文化内核的课程变革很难取得成功;文化变革需要课程建设支撑,没有课程支撑的文化变革是难以想象的。学校教育的内在目的的实现是以具有内在品质的课程文化为前提的,不赋予课程内在的文化品质,高质量的教育便很难实现。如果我们的课程是外在性的、他律性的,那么学校教育的内在目的就很难真正实现。可以说,富有丰富的、内在的文化气韵是新质课程文化的显著特征。实现由工具性课程文化向内在性课程文化转化,是当代学校课程变革的文化走向。建构新质课程文化,实现教育的内在旨趣,是时代赋予学校课程变革的使命。

怀特海在《过程与实在》一书中指出:现实存在就是合生,每一个现实存在都不是只有一种元素的简单的存在,不是原子论意义上的存在,而是由诸多要素构成的合生体系。在学校课程变革过程中,课程与文化互为现实存在和潜在实在,二者"合生"即生成课程文化。推进学校课程文化变革,可以从怀特海的"合生"哲学获得启迪。我们认为,课程与文化的合生设计,是建构新质课程文化的重要方法,在具体操作上有两条路径可供选择。

一、自上而下的演绎路径:从文化概念到课程设计

自上而下的演绎路径,从文化概念的顶层设计入手建构学校课程体系,实现从教育价值取向到课程愿景设计、从课程目标厘定到课程内容体系设计、从课程实施路径激活到课程评价推进、从课程育人体系梳理到课程支撑体系建构的全流程合生设计。

第一,提出学校教育哲学,生成学校课程理念。最关键的一点是提出文化核心概念,即提出学校教育哲学核心概念,从文化核心概念设计出发进而确定学校教育价值

观和内涵发展方法论,演绎形成学校办学理念,推理生成学校课程理念。学校教育哲学是学校共同体的教育信条,它渗透于学校教育全过程,贯穿在学校课程所有要素之中,体现于师生日常生活和学校空间环境之中。学校教育哲学包含学校使命观、价值观和愿景观,内蕴办学理念,下延课程理念。换言之,学校教育哲学、办学理念和课程理念之间的关系是由内而外的逻辑推理关系,具有逻辑一致性。

第二,确定学校培养目标,细化学校课程目标。根据教育方针关于教育目的的总体规定性要求,演绎确定学校培养目标,并根据课程方案的要求进一步细化成学校课程目标。在这里,教育目的、培养目标和课程目标是从抽象到具象的过程,是总体规定性和具体表现性之间的关系。课程目标对课程编制具有重要的导向作用,细化学校课程目标需要统筹学生的发展需要、知识的发展状况和社会的发展要求等综合影响。

第三,建构学校课程结构,设计学校课程内容。横向上,把握学校课程的内容结构。我们认为,最具育人价值的课程内容结构包含课程内容的实质结构和形式结构。实质结构是对课程的质的规定性,反映着课程的内在价值取向,是对课程功能类别的深层理解;形式结构是按照一定标准对课程进行形式分类,并把握各类之间的关系,形成学校课程的形式结构。一般而言,课程的实质结构决定形式结构。纵向上,要把握学校课程的时间节律,科学设计学校课程的年级和学期布局,形成可供每一个年级推进的教学指南以及每一个学期落实的学程设计。如此,学校课程有几条跑道,以及每一条跑道如何设计,这些都是有明确的答案。

第四,激活学校课程实施,推动学习方式变革。激活课程育人方式,需要聚焦高质量发展要求,把握学校课程实施的多维路径。一般来说,学校课程实施途径主要有课堂教学、学科拓展、社团活动、项目学习、校园节日、研学旅行、家校共育、环境创设等。实现从文化概念到课程实施的合生设计,需要进一步明确每一条实施路径的内涵、做法以及相应要求,且每一条途径都应该有学校教育哲学的渗透,应该体现学校教育哲学的价值影响。

第五,创新学校课程评价,落实学校课程管理。课程评价和管理是保障课程变革顺利进行的重要条件。从新质课程文化的合生设计角度看,评价和管理既是学校课程实施的背景和场域,也是学校课程实施的手段和构成。课程评价和管理、课程目标、课程框架、课程实施共同构成学校课程文化优化升级的内在逻辑,其逻辑起点就是立足学校教育哲学和课程理念,通过合生设计全面掌握学校课程实施情况;通过创新学校课程评价,全维度考察学校课程品质,系统描述学校课程的存在状况与实际成效;通过落实学校课程管理,提升学校内涵发展水平。

上述新质课程文化的获得是从文化概念建构开始的。从文化概念到课程设计的"合生",有利于提升学校课程的文化内涵,丰富学校课程的文化气韵。

二、自下而上的归纳路径:从课程实践到文化逻辑

从特定场景中的课程实践出发建构学校课程的文化逻辑,是学校课程文化变革的另外一条路径。在分析特定课程实践情境的基础上,提炼学校课程哲学,厘定学校课程目标,梳理学校课程框架,激活学校课程实施,巧用学校课程评价,这是自下而上的归纳道路,也是从特定课程实践入手到文化逻辑建构的"合生"道路。在这个过程中,要注意处理好传承与发展、共性与个性、整体与部分、科学与人文、认识与实践、理想与现实等多重关系。

一是学校课程情境分析要处理好传承与发展的关系。学校课程总是处于一定的情境脉络之中,是特定语境的产物。学校课程情境分析要注意把握在学校课程发展的不同阶段客体和主体的运动变化情况,深刻理解特定时间段的宏观、中观和微观情境,处理好传承与发展的关系,使学校课程情境的要素、联结和效应等获得系统分析和合理说明。传承与发展是相互转化的,是时间流的"合生"过程,传承的要素中往往内含着未来发展的空间,发展的要素中往往会有未来传承的可能。把握学校课程发展在连续性与非连续性之间的叠加效应,有利于推进学校课程文化变革。

二是学校课程哲学提炼要处理好共性与个性的关系。学校课程哲学属于专业的教育哲学范畴,须以制定纲领或提炼信条的方式从哲学角度确认,形成同教育有关的概念和系列观点,具有较强的专业性。在美国教育哲学家索尔蒂斯看来,专业的教育哲学包含个人的教育哲学和公众的教育哲学两个方面。其中,个人的教育哲学指导个人的教育实践活动,具有独特性;公众的教育哲学面向公众群体,具有公众政策意蕴,能够解释公众意识形态,指导许多人的教育实践活动,具有公众性。每一所学校都应该有独特的、体现时代精神的课程哲学,这一课程哲学既要具有学校的个性特征,又要

体现时代的价值追求,要处理好共性与个性的关系。我们认为,对新时代学校课程哲学的提炼,要基于对时代精神的整体把握和对教育改革形势的总体判断,围绕着培养什么人、怎样培养人、为谁培养人这一根本性问题,形成符合学校特定课程情境的发展理念,正确处理社会本位论和个人本位论的关系,透过共性与个性这一"合生"过程,用"自己的句子"回应时代命题。

三是学校课程目标厘定要处理好整体与部分的关系。育人目标是学校教育活动的出发点,也是学校课程的最终价值。整体与局部的关系的处理,核心在于回答"培养什么人"及其具体化的问题。一般来说,育人目标是关于把学生培养成什么样的人的整体要求和校本表达,课程目标是育人目标的年段要求和具体表现。育人目标反映了学校落实教育方针的特殊要求,是核心素养的校本表达;课程目标体现了学校培养学生的年段要求,是核心素养的具体细化。培养德智体美劳全面发展的社会主义建设者和接班人,这是我国各级各类学校培养目标的整体要求。结合具体情况,学校的育人目标要反映出学校的个性化要求以及全面发展的涌现性特征。我国各级各类学校培养目标作为一种整体要求,反映国家的育人规格和统一要求;学校的育人目标是学校的个性化要求,反映国家育人规格的整体要求和全面本质,二者具有鲜明的"合生"属性。同理,学校育人目标和在此基础上细化形成的学校课程目标,二者亦具有鲜明的"合生"属性。

四是学校课程内容设计要处理好科学与人文的关系。科学与人文的关系是课程内部的重要关系之一,是推动学校课程发展的矛盾焦点。当今时代,科学主义课程广泛影响了世界基础教育课程改革。2023年,教育部办公厅印发的《基础教育课程教学改革深化行动方案》就增列"科学素养提升行动",要求深化中小学科学教育改革,强化做中学、用中学、创中学,激发青少年好奇心、想象力、探求欲,提升学生解决实际问题的能力,发展学生科学素养。提升科学素养,强化科学探究,是时代赋予基础教育课程改革的使命。不过,我们在强调科学素养提升的同时,要清晰地知道:科学素养与人文修养辩证统一,科学精神与人文精神合理融通。科学要与人文有机统一,科学彰显人文特征,人文内蕴科学理性,科学与人文都是人类改造世界不可或缺的工具。因此,倡导科学精神和人文精神相结合的科学课程观,设计科学与人文整合的课程体系,以科学课程为载体,实现科学和人文的"合生"与"融通",是学校课程文化变革的重要追求。当下这一时代的科学教育理应回到充满生机活力的生活世界,理应从科学世界观、科学方法论、科学价值观等方面,帮助学生了解各领域的专家学者在过去、现在和未来是怎样看待人生、怎样认识世界、怎样理解人类社会的,进而增进学生的科学理性和人文精神,促进学生全面发展。

五是学校课程实施激活要处理好认识与实践的关系。学校课程实施的重要目标是促进学习者理解符号知识和经验知识,建立内部世界与外部世界的联系,这无可厚非。但是,实践是人的全面发展的基石,认识与实践是双向建构、合生共处的。义务教育课程方案和课程标准(2022年版)为此特别强调变革育人方式,发挥实践的独特育人功能。基于课程育人宗旨,学校课程实施不能把学生限定在书本世界,不能无视儿童与客观世界的联系。激活学校课程实施必须处理好认识与实践的关系,寻找认识与实践的"合生处"与"交融点",在实践中提升认识,在实践中增长才干。要确认实践性是学习的基本属性,提升课程育人的实践品质,彰显学习的实践属性,这是激活学校课程实施的关键所在。要丰富学习实践样态,强化真实性实践,关注社会性实践,提升实践的思维含量,激活实践体验过程,提高学生的实践理解力;要激活反思理解过程,学会处理人与自然、人与社会、人与自我的关系,提升学生的生命觉醒力,处理好认识与实践的关系,这是激活学校课程实施的基本立场。

六是学校课程评价创意要处理好理想与现实的关系。理想源于现实,是思想先导,是现实的桃源;现实立足理想,是客观存在,是理想的源泉。理想与现实之间,是你中有我、我中有你的"合生"关系。中共中央、国务院印发的《深化新时代教育评价改革总体方案》指出:"坚持科学有效,改进结果评价,强化过程评价,探索增值评价,健全综合评价","坚持统筹兼顾,针对不同主体和不同学段、不同类型教育特点,分类设计、稳步推进,增强改革的系统性、整体性、协同性。坚持中国特色,扎根中国、融通中外,立足时代、面向未来"。为此,学校课程评价应坚持全面性与专业性、科学性与客观性、稳定性与发展性,既追求理想,注重课程评价的价值引导,按照理想要求做好顶层设计,使学校课程评价具有"通天线"之智慧;同时又立足现实,秉持科学客观之精神,尊重客观现实,总结成败得失,使学校课程评价具有"接地气"之魅力。换言之,学校课程评价要在理想与现实之间找到平衡点,架设理想的课程和现实的课程之间的桥梁,为促进学生全面发展、教师专业成长和课程体系完善发挥导向作用。

深圳市坪山区立足教育规律和学生成长规律,以培养学生必备品格、关键能力和正确价值观为指向,构建了"引领性课程、普及性课程、个性化课程"三维一体的"品质课程"体系,旨在以课程改革驱动内涵建设,以教学变革促进课堂转型,以学习方式转变优化育人模式。坪山区"品质课程"系列实践表明,学校课程文化变革可以是演绎式,也可以是归纳式。演绎式可理解为"概念先行—实践验证"方式,归纳式可理解为"实践探索—归纳提炼"方式。课程是具有情境性和价值负载的文本,建构新质课程文化宜采取理论、研究与实践互动的方式。这种方式不完全依赖于概念或理论,也不脱离学校实际情境。在学校课程实践中,以学校课程情境为基础,以课程实践问题为切入点,以理论为指导,以概念为圆心,边研究边行动,在实践中总结提炼,又在实践中加以验证与改造,在理论与实践的互动互补、碰撞对话中生成学校独有的课程文化框架。

当然,关于新质课程文化的合生设计,不论选择哪一条路径,都必须为课程文化变革提供充分理由或理论依据,增强学校课程文化变革的认同感。在某种意义上,这也是一种文化自觉。

林启达　王琦　杨四耕

2024 年 6 月 6 日

目　录

第一章　全员性：让学生与更多人一起成长 / 43

学校课程应创设以学习者为中心的学习环境，凸显学生的学习主体地位，开展差异化教学，加强个别化指导，满足学生多样化学习需求。引导学生明确目标、自主规划与自我监控，提高综合素养，形成良好习惯，服务个性化学习。

第二章　适应性：让学生在选择中成长 / 43

学校课程应满足人的终身发展和社会发展需求。时代在变化，社会在发展,课程目标要具备显著的适应性特征,这要求学校课程要引导学习者于课程体验、社会实践中培养适应未来的正确价值观、必备品格和关键能力,即人能适应时代对人的自我实现的新要求,适应工作世界、社会生活源源不断出现的新挑战。

第三章 开放性:让学生与世界对话成长 / 79

全球化时代,学校课程需要培养学生的国际素养和跨文化理解能力,让他们能够为未来社会的变化和需求做好准备,为塑造更加包容和公平的未来社会作出贡献。课程应通过让学生了解不同国家和文化的背景和特点,培养他们的跨文化交流能力、全球视野和批判性思维,帮助他们更好地适应全球化时代的需求。

第四章　境脉性：让学生在创造中成长 / 117

学习者的记忆、经验、动机和反应，构成了一个完整的内部世界，学习者在处理新的信息或知识时，会与其内部世界形成关联。因此，学校课程应以真实情境为媒介，将学科知识和学生经验全面联结起来，引导学生开展基于问题解决、综合运用知识、涵育元认知素养的学习活动，培养儿童在特定情境下运用知识的能力。

第五章　涌现性：让学生在理解中成长 / 149

个性化课程具有涌现性特征。课程虽是有内容、有计划、有组织、有评价的体系，但在某种程度上不是"规定好"的。在课程实施过程中学生可以"进入"课程，在教师的引导下积极参与教学，在主动的学习活动中形成对课程的深度理解。课程在学生的每一次课程理解中涌现出新的发展可能性，学生在每一次课程理解中涌现出对个人心理意义和精神意义的积极建构。

第六章　实践性：让学生在真实参与中成长 / 219

个性化课程强调为学生创设实践环境,让学生通过实际操作、实地考察或实验等方式获取经验,提升知识掌握程度和思维能力。课程设计应保证理论与实践有机结合,使学生能在实践中深化对理论知识的理解和应用;学校课程应充分利用校内外资源提供多种实践机会,通过课程管理更好地协调资源、组织学习活动,促进学生全面发展。

前言

面向每一个学习者

　　第三届蔡崇信以体树人学校名单公布,来自全国 8 省市的 10 所学校因在体育教育方面的创新实践获得嘉奖,其中就包括深圳市坪山区同心外国语学校(以下简称"坪外")。学校在体育方面的建设经验凝练成一句话,即"我们需要'森林式'而非'盆景式'的体育,每个孩子都值得在运动场上被看见",这不仅是对坪外"森林式体育"的高度概括,也凝练了学校品质课程建设的逻辑起点——面向每一个学习者。

一、以课程为载体,落实育人目标

　　2020 年 8 月,深圳市坪山区正式发布坪山区"品质课程系列"建设方案,在全市率先启动区域课程改革。在课程改革和特色化办学方面早已崭露头角的坪外,成为首批 15 所试验校之一。彼时,恰好是坪外进一步优化、重构学校顶层设计的关键时刻。同年 11 月,学校启动校训修订完善工作,经过全面而深入地研讨,最后将校训确定为:悦纳自我,对话世界。学校的培养目标也随之"出炉":致力于培养悦纳自我、关爱他人、理解世界、勇于行动、有一艺之长的社会参与者。他们享受坦诚交流、自主探索、深入思考的快乐,并努力将这种快乐带给更多的人。

　　如果说,学校的办学理念与育人目标是灯塔与航道,那么,课程就是承载梦想通往彼岸的航船。没有课程,一切教育理念与目标都将成为空谈;而失去理念与方向的引领,庞杂的课程又会沦为一盘散沙。

　　坪外的顶层设计与课程体系同步构建,相辅相成,确保了知行合一、逻辑自洽。而其核心,就是"面向每一个"。学校致力于培养能够"悦纳自我,对话世界"的人,前提就是要尊重人的主体地位和个性差异,倾听每一个人的诉求、促进每一个人的发展、实现每一个人的价值。

二、以课程为舞台,搭建成长平台

2021 年 5 月 12 日,坪外首届 Science Fair(科学节)活动正式击鼓起航,整个校园瞬间变成一片欢乐的海洋。临时搭建的水池里,学生划着自主制作的龙舟争金夺银;人头攒动的摊位上,各种各样的项目成果或文创产品琳琅满目;教学楼外,一个个携带着"武器"的降落伞从四楼落下,原来是"鸡蛋撞地球"趣味科学比赛;体育馆里,掷纸飞机、牙签搭塔,好玩有趣的竞技背后大有乾坤……

看起来,这像是一次师生同乐的科创活动。但事实上,每一个项目、每一场比赛的背后,都有项目式学习课程作为支撑。据介绍,仅仅在 PBL(Project-Based Learning,项目式学习)花式成果展上展出的项目就有 80 多个。每个项目的研发与制作都渗透在常态化开设的 STEAM 课程①里,所有一至八年级的学生都参与其中。

学校所有课程的开设与实施,都始终围绕着"面向每一个"这一中心点。作为学校语文基石工程的国学诗文诵读项目于 2019 年 9 月正式启动。为了推进这一项目,学校专门成立由校领导担任负责人的项目组。项目组成员涵盖了小学语文学科组的全体骨干语文老师。在老师们的带领下,一至六年级所有班级、所有学生利用早读课的时间,打开《古诗文国学经典诵读丛书》,从优秀诗文到国学经典,有计划地背诵。另一个由语文学科和音乐学科跨学科合作的课程——古诗词吟唱,则会在一年一度的 Hi world 国际理解周(你好,世界)上演,小学部所有班级都会参赛,学生参与率 100%。

"人人参与体育,人人乐享体育",这是坪外人所共知的一句口号。学校小学部采取分项教学模式:一周雷打不动的五节体育课,由一名专业的篮球教师上一节篮球课,一名专业足球教师上一节足球课,另外一位体育教师上两节基础课和一节体能课。到了初中,在分项之外还增加了分层、分性别。同一年级的行政班被打乱,男女生分开上体育课,并根据各自的身体素质,编成不同的班级。

在这里,全方位渗透的体育活动为"每个人的体育"提供了另一道保障。这所有着

---

① STEAM 课程是指由科学(Science)、技术(Technology)、工程(Engineering)、艺术(Art)、数学(Mathematic)等学科共同构成的跨学科课程。

4 000多名学生的学校里,有足球队174支、篮球队174支,总参与人数超过4 000人。作为体育课程群的一部分,学校的体育嘉年华、篮球联赛、足球联赛等活动的学生参与率都达到100%。

三、以课程为支点,打造发展样态

课程既是育人的载体,也是撬动一所学校全面发展的有力杠杆。通过品质课程的全面构建和深入实施,坪外进一步形成了自己的办学特色,并取得诸多成效。

近年来,学校在德智体美劳等领域教科研成果丰硕,学生在品德、思维、体魄、艺术、实践等方面的素质明显提升,学生综合能力得到了全面锻炼和提高。学生中考成绩大幅攀升,平均分连续多年在区名列前茅。学生在各类省级、市级、区级比赛中获得了多项奖项,特别是在英语、数学、语文、科创等学科领域表现突出,为学校争得了荣誉。与此同时,本校教师的教育教学理念和方法得到了更新和提升,教师教学能力和专业素养也得到了全面提升。

课程改革是一个系统工程。一方面,这样的系统工程需要方方面面的改革创新作为支撑;另一方面,蔚然大观的课程构建及实施,也促进了学校新样态的形成。

坪外在打造全新课程图谱的过程中,始终坚持"经验、交往、阅读、空间、社会即课程"的课程理念。学校认为,课程不仅通过教师、教材起作用,学习环境对于学习的支持作用也不容忽视;课程不仅发生在课堂这一时空,也发生在学生在校的每一秒钟。因此,坪外将博物学习空间和友善成长空间的建设定为校园建设目标,力求令学生在校园的每一角落、每一时刻不仅受到重视、平等对待和充分关怀,也能通过与各种环境因素及展品、设备的自主互动来学习,使校园成为学生流连忘返的乐园。

多元课程的实施,需要汇聚校内外各方资源。近年来,学校积极推进产教融合,引入社会力量,助力学校教育事业。目前,学校与10家优秀企业建立校企合作关系,并以企业名称设立各类奖教奖学金11项。校企合作为劳动教育、综合社会实践活动、STEAM课程、生涯教育等课程提供了实践的基地,丰富了教学资源,为"无围墙学校"建设打下了坚实基础。

课程改革也深刻地影响着一所学校的制度建设与文化形成。近3年来,坪外共出台130项制度和方案,构建起较为完善的制度文化体系,形成"制度管人、流程管事、文化管心"的文化自觉。同时,坪外把建立科学的师生荣誉制度作为激发师生开拓进取的重要举措,作为师生发展评价的重要手段,建立了"1+8"教师荣誉制度和"1+8"学生荣誉制度。与此同时,学校基于自身特色,创作校歌,设计制作校徽、龙娃吉祥物、帆布袋等文创产品,并选定蓝花楹作为校花,同时聚焦于核心素养和学生全面发展,确立了一训三风、育人目标、学校发展目标等,这些精神文化建设进一步推动学校内涵发展。

对话世界多元文化,创建师生成长殿堂。九年来,坪外坚持对标世界一流学校办学方向,通过系统、深入而具有前瞻性的变革,与世界对话,促进师生成长。而在坪山区教育局引领下开展的"蓝花楹"品质课程建设,则是系统变革中的重要一环,也是实现学校高质量发展的关键一招。在日新月异的大时代背景下,教育创新永无止境,课程改革没有终点。

第一章
全员性：让学生与更多人一起成长

学校课程应创设以学习者为中心的学习环境，凸显学生的学习主体地位，开展差异化教学，加强个别化指导，满足学生多样化学习需求。引导学生明确目标、自主规划与自我监控，提高综合素养，形成良好习惯，服务个性化学习。

课程理念对于课程具有引领作用。在课程发展过程中,学校形成一种将课程理论用于指导课程实践的思想体系,围绕课程功能、价值、目标、内容、结构框架与实施管理等方面,让学校工作具有目标性、理想性、精神性,为学校的工作者以及学习者提供持续的精神动力,该体系具有稳定性与延续性。课程的最终目的关乎"培养什么样的人"这一根本问题,立德树人是课程的根本属性,因此课程要面向每位学生,辐射更多个体,让学生与更多人一起成长。基于此,面向每一位学习者的课程要具有全员性的特点。全员性的课程理念关注每个学生,促进每个学生主动地、生动活泼地发展;尊重教育规律和学生身心发展规律,为每个学生提供适合的教育。全员性的课程理念为学生的多元发展提供了更大的可能性,立足于每个学生的成长和发展,预设了每个学生均有无限的可能性。

课程处于学校教育教学活动的中心位置,是实现学校教育培养目标的载体。世界不同国家、地区、国际组织和专业机构均根据自身需求和传统,厘定各自的课程标准和框架。改革开放 40 多年来,从目标和价值追求的变迁来看,我国基础教育课程改革经历了从"双基"到三维目标再到核心素养三个阶段,有学者认为"这一变迁体现了从学科知识到学科本质到学科育人价值的转变,从而使学校教育教学不断地回归人、走向人、关注人。"①《义务教育课程方案(2022 年版)》指出:义务教育课程应面向全体学生,因材施教。为每一位适龄儿童、青少年提供适合的学习机会。把握学生身心发展的阶段特征,注重幼儿园、小学、初中、高中各学段之间的衔接,体现不同学段目标要求的层次性。打好共同基础,关注地区、学校和学生的差异,适当增加课程选择性,提高课程适宜性,促进教育公平。② 因此课程不断回归以人为本,这就要求我们在着力培养学生关键品格与能力的同时,不能忽视学生基于其他身份对适应个人终身发展和社会发展的需求。学校课程应照顾不同学生的差异性需求,既要满足"共性素质"的发展要求,又要解决"个性素质"的发展要求。不存在适合任何学习者的唯一的课程,因此,面向每一位学习者的学校课程应创设以学习者为中心的学习环境,凸显学生的学习主体地位,开展差异化教学,加强个别化指导,满足学生多样化学习需求;应引导学生明

---

① 李栋.理解·诠释·行动[D].华东师范大学,2020.

② 中华人民共和国教育部.义务教育课程方案(2022 年版)[M].北京:北京师范大学出版社,2022:4-6.

确目标、自主规划与自我监控,提高自主、合作和探究学习能力,形成良好的思维习惯;应发挥新技术的优势,探索线上线下深度融合,服务个性化学习。面向每一位学习者的课程要具有全员性,旨在面向全体学生,提高每个学生的基本素质,使每个学生都能健康成长,成为社会有用之才。从"双基"到三维目标再到目前的核心素养的教学目标对我们提出了要求:学校课程必须面向全体学生,在学校教育目标的提出、内容与方法的选择、考核标准的制定方面,都必须顾及全体学生学习的实际。课程拓展活动的开展,应当尽一切可能满足全体学生的不同需要,应当使每一个学生都学有所得、学有所成,促进全体学生综合素质的提高。学校课程的"全员性"实质上是让课程深入学生中间,让学生亲身感受、快乐体验、积极参与,完善学生的人格,培养学生的综合素养。学校课程的"全员性"需要每一所学校都有这样的学习场景,学校课程的"全员性"的重点应放在为每一位学生提供参与学习的机会上。

本章以学校小学体育与健康课程为例,具体阐述面向每一位学生的课程的全员性特点。体育与健康教育是实现儿童青少年全面发展的重要途径,对提升国民综合素质,建设健康中国和体育强国,实现中华民族伟大复兴具有重要的现实和长远意义。学校体育教育应坚持全员参与的基本原则,构建覆盖每一位学生,辐射周边社区和企业的全员体育课程,真正实现家校社协同育人。学校作为教育场所,应开展丰富多彩的体育活动,将育体、育智、育心相结合,充分体现体育教育综合育人导向,让每位学生在运动中成长、在竞技中闪光。作为社会场所,学校持续推动家校社协同发展,校内体育场所对外开放,多次开展校企、家校体育联合活动,探索学校、家庭、社会协同育人的有效模式、创新做法和先进经验,以此来推动儿童体育发展,贯彻全民运动、健康中国的体育健康理念。

(撰稿者:深圳市坪山区同心外国语学校　武彪　张信)

适合每一个孩子的体育课程

一　课程理念

学校全面贯彻党的教育方针,落实立德树人根本任务,坚持"五育"并举,树立"健康第一"教育理念。围绕学生核心素养,深化体育教学改革,遵循教育科学规律,构建科学、高效的体育与健康课程教学新模式。坚持育人为先的思维导向,发挥体育树人功能,实现"享受乐趣、增强体质、健全人格、锤炼意志"四个目标,助力学生成长为德智体美劳全面发展的社会主义建设者和接班人。学校秉持"每位学生的体育,更多人的体育"的体育理念,以"人人参与体育,人人乐享体育"为目标,从提高学生体育核心素养出发,以"教会、勤练、常赛"的科学育人模式为实施路径,探索专项化及分层教学的创新课程建设,高质量落实每天一节体育课,充分发挥学生组织及家长群体的自主性,助力学生熟练掌握1~2项可终身坚持的运动技能。注重体育活动创新及活动教育价值挖掘,坚持活动的多样性和全员性,培养学生良好的运动习惯和体育道德精神。主动承担社会责任,以家校共育为基础,依托社区街道及校企合作平台,坚持体育场馆安全有序开放,打造以学校为主体的社区体育文化中心,将丰富多彩的体育活动分享给更多的人,构建坪外体育特色新样态。

二　课程目标

小学体育与健康课程致力于让每个学生都能够全面发展自己的身体素质和健康意识,培养他们的运动技能和团队合作精神。通过课程的学习,学生能够掌握基本的运动技能,了解健康的生活方式,培养良好的运动习惯和自我保护意识,以及培养团队合作和竞争意识。同时,课程还致力于促进学生的身体素质和心理健康,提高他们的自信心和自尊心,使他们在未来的生活中能够更好地适应社会环境和发展自己的潜能。学校以两大体育特色项目足球、篮球为底色,构建了"2＋1＋1＋1"课程结构,具体包括开展2节体育基础课、1节全校特色篮球课程、1节全校特色足球课程、1节形体体能课共4个板块。学校针对4个板块课程的特点确立了不同的课程目标,旨在有针对性地促进学生通过体育与健康课程学习,在体育领域取得全面而个性化的发展。

板块一是体育基础课,该课程旨在帮助学生获得关于运动的基本知识和体验,提高基本身体活动能力,通过体育游戏初步掌握多种体育活动方法,注意运动中的安全问题,感受多种体育活动和比赛的乐趣(见表1-1)。

表1-1　小学体育基础课程目标

课程目标	水平一	水平二	水平三
具体内容	1. 学习基本的身体活动和体育游戏;学习不同的体育活动方法。 2. 初步了解安全运动以及日常生活中有关安全避险的知识和方法。 3. 初步发展柔韧性、灵敏性和平衡能力。 4. 在体育活动中适应新的合作环境。	1. 学习奥林匹克运动的相关知识。 2. 发展柔韧性、灵敏性、速度和力量,增强适应自然环境的能力。 3. 坚持完成有挑战的体育活动,保持积极稳定的情绪,乐于交流与合作,遵守运动规则。	1. 学会自主锻炼,观看现场或电视实况转播的体育比赛。 2. 掌握基本的运动项目的技术动作组合,初步掌握运动损伤及常见意外伤害的预防与简易处理方法。 3. 在团队活动中培养良好的体育道德品质。

板块二是篮球特色课程,该课程贯穿小学一至六年级,为学生培养篮球兴趣、提高篮球技术、形成团队意识奠定基础(见表1-2)。

表1-2　小学篮球特色课程目标

课程目标	水平一	水平二	水平三
具体内容	1. 参与篮球游戏和比赛,培养球感。 2. 体验篮球活动的乐趣。 3. 学习运球、传接球等基本技术动作,培养球感。	1. 初步掌握简单的篮球组合技术。 2. 发展运球、投篮、传接球等基本组合技术能力以及基础战术意识。 3. 培养合作意识和规则意识。	1. 乐于学习和展示简单的篮球动作。 2. 发展运球、投篮、传接球等基本组合技术能力以及基础战术意识。 3. 培养合作意识和规则意识。

板块三是足球特色课程,贯穿小学一至六年级,为学生培养足球兴趣,培养和发展球感及控制球基本能力,学习基本的运、传、接、射门等技术动作奠定基础(见表1-3)。

表1-3　小学足球特色课程目标

课程目标	水平一	水平二	水平三
具体内容	1. 学习运球、踢球、接球等基本技术动作,培养球感。 2. 体验足球活动的乐趣。	1. 乐于学习和展示简单的足球动作。 2. 发展运球、踢球、接球等基本组合技术能力以及基础战术意识。 3. 培养合作意识和规则意识。	1. 主动参与足球学习。 2. 逐步提高组合技术能力以及与同伴的协作能力。 3. 强化规则意识,学会调节情绪的方法。

板块四是形体体能课程,贯穿小学一至六年级,一、二年级为形体课,培养学生形体美以及团结合作的精神。三至六年级为体能课,发展速度、力量和耐力、灵敏、协调等方面的身体素质(见表1-4)。

表1-4　小学形体体能课程目标

课程目标	水平一	水平二	水平三
具体内容	1. 培养学生良好身体形态,并掌握形体的基本功动作。 2. 学生积极主动参与学习,并大胆展示动作,增强自信心。 3. 培养学生形体美以及团结合作的精神。	1. 学习如何安全、有序地参加体育课堂活动,获得关于运动的基本知识和体验。 2. 学习并掌握基本动作模式。 3. 初步发展速度、力量和耐力、灵敏、协调等方面的身体素质。	1. 进一步发展基本动作技能,提高运动表现。 2. 进一步发展速度、力量和耐力、灵敏、协调等方面的身体素质。

三　课程内容

小学体育与健康课程内容的设计和实施充分考虑了每个学生的特点和需求,包括性别、年龄、身体状况、兴趣爱好等因素，让每个学生都能够参与并受益。课程内容不局限于某些特定的运动项目或知识点，包含了多样化的体育运动和健康知识，满足了学生的多样化需求。同时，课程内容也重点关注学生的个性化发展，允许学生根据自身特点和兴趣进行选择和参与，不过分强调竞争性，而是注重每个学生的全面发展。课程内容的制定宗旨是鼓励学生积极参与各种体育活动和健康促进活动，培养团队合作精神和社会责任感。同时课程内容的设计原则体现了对学生身体素质、健康知识、心理健康等方面的全面培养，促进学生的全面发展和健康成长。全员性的小学体育与健康课程内容以包容性、个性化、社会参与、教育效果和社会公平性为原则，确保每个学生都能够在课程中得到充分的发展和成长。我校小学体育与健康课程在全面提升学生的身体素质和运动技能的总目标引领下，根据课程标准要求，将体育课解构为体育基础课、形体课、足球课程、篮球课程、体能课程（如图1-1）。

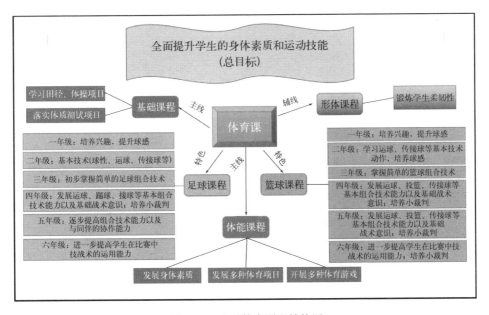

图1-1 小学体育课程结构图

（一）水平一体育课程内容

水平一面向一、二年级，体育课程设置为每周2节体育基础课、1节足球课、1节篮球课、1节形体课。针对水平一课程目标,体育基础课主要设置基本动作技能中移动性技能的课程内容,形体课主要设置非移动性技能的课程内容,足球课、篮球课主要设置操控性技能的课程内容。

我校水平一阶段体育基础课分为一年级 40 个课时、二年级 40 个课时,主要发展学生的身体活动能力,为学生发展体能和学练专项运动技能奠定良好基础,教师创设生动形象的情境开展游戏化教学,引导学生模仿教师动作或跟随语言提示做动作,通过扮演某种对象进行学练,激发学生的学习热情和兴趣(见表 1-5)。

表 1-5　水平一体育基础课程内容

课 时 安 排	主 要 学 习 内 容
一年级上学期, 20 课时	了解正确的身体姿势,能够做出正确的坐、立、行和读写姿势等;体验移动性技能的具体内容和练习方法,如自然走、模仿动物走、大步走、快速走、自然直线走、模仿动物爬行等活动;体验简单的非移动性技能的具体内容和练习方法,如单脚跳、双脚跳、仰卧推成桥和摸高跳跃等活动;体验操控性技能的具体内容,如物品的抛接、掷沙包和挥击足球等活动;肺活量测试方法和跳绳的初级学习。
一年级下学期, 20 课时	体验移动性技能的具体内容和练习方法,如高抬腿走、抱膝走、变换脚步、持物走、折返跑、绕杆跑、高抬腿跑、途中跑、快速跑、跪姿爬行等活动;体验简单的非移动性技能的具体内容和练习方法,如练习并腿跳、连续跳跃、侧身跳、转身跳和立定跳远等活动;体验操控性技能的具体内容,如挥击网球、单手投掷和双手投掷等活动;在运动过程中体验更多的方向、水平、垂直的变化,如团身滚动、直体滚动等活动。
二年级上学期, 20 课时	持续强化正确的身体姿势和坐、立、行、读写姿势等;学习更多的移动性技能内容和练习方法,如更长的途中跑、追逐跑、爬越、平衡木上不同姿势行走等活动;学习更多的非移动性技能内容和练习方法,如左右脚交换跳、开合跳、交叉跳等活动;体验操控性技能的具体内容,如投掷橄榄球、挥击其他球类等活动。
二年级下学期, 20 课时	持续强化正确的身体姿势和坐、立、行、读写姿势等;学习更多的移动性技能内容和练习方法,如折返耐力跑、接力跑、速度爬行、绕杆爬行和后滚翻等活动;学习更多的非移动性技能内容和练习方法,如弓步跳、左右钟摆跳、连续侧向单腿跳和立定跳远专项练习等活动;体验操控性技能的具体内容,如投掷橄榄球(准确性)、挥击其他球类等活动。

我校水平一阶段足球课分为一年级 40 个课时、二年级 40 个课时,主要针对下肢

操控性动作技能,通过各种投、传、击、踢、接球,用脚运球等发展学生的基本动作技能,培养足球兴趣(见表1-6)。

表1-6　水平一足球课程内容

课时安排	课程内容
一年级上学期,20课时	足球技术教学,包括踩球、拉球、拨球、跨球、停球、脚内侧踢球、脚背外侧运球;设计持球接力、拨地滚球接力、口令抛球等游戏;开展小场地比赛;讲解足球名人小故事。
一年级下学期,20课时	足球技术教学,包括球性组合练习、脚内侧接半高球、脚内侧传球、脚内侧射门;设计踢准比赛、两人合作夹球、"保龄球"游戏、脚内侧夹球跳等游戏;开展小场地比赛;讲解足球历史小故事。
二年级上学期,20课时	足球技术教学,包括球性组合练习、脚背正面运球、脚内侧绕圈运球、脚内侧变向运球、脚内侧接球、行进间脚内侧(踢球、接球)、脚底接球;新增运球接力足球游戏;开展小场地比赛;讲解足球基础知识。
二年级下学期,20课时	足球技术教学,包括球性球感组合练习、脚底拉球、组合练习(拨球＋扣球、踩球＋拉球)、拨球变向、扣球变向、扣球换脚拨球运球、脚背外侧拨球转身、脚背外侧交替运球;新增抢球游戏、传球接力等游戏;开展小场地比赛;讲解足球基础知识。

我校水平一阶段篮球课分为一年级40个课时、二年级40个课时,主要针对上肢操控性动作技能,通过各种投、传、击、接球,用手运球等发展学生的基本动作技能,培养篮球兴趣(见表1-7)。

表1-7　水平一篮球课程内容

课时安排	主要学习内容
一年级上学期,20课时	篮球技术教学,包括绕球、滚球、高低运球、单手左推右拉、单手前推后拉、前推后拉胯下、三点拍球、胯下三点拍球;设计游戏行进间绕球接力、行进间滚球接力、抛接球、脚侧夹球接力;讲解篮球名人小故事。
一年级下学期,20课时	篮球技术教学,包括一点运球(内8、外8)、双手胸前传球、击地传球、单手肩上传球、单手肩上击地传球、双手头上传球、原地初步投篮;新增各类传接球游戏;讲解篮球历史小故事。

课 时 安 排	主 要 学 习 内 容
二年级上学期，20课时	篮球技术教学，包括行进间（高低运球、左右手变速运球、左右手体前横拉运球、左右手提前变向、左右手急停运球）；新增篮球游戏行进间躲避障碍；讲解学习篮球基础知识。
二年级下学期，20课时	篮球技术教学，包括原地（左右手胯下运球、原地左右手背后运球、原地左右手转身运球）、双手持球绳梯脚步、单手运球绳梯脚步、行进间双手交替运球；新增绳梯脚步练习篮球游戏；讲解学习篮球基础知识。

我校水平一阶段形体课分为一年级40个课时、二年级40个课时，主要针对非移动性动作技能设置教学内容，让学生掌握基本动作技能，进行基本身体姿态练习，培养学生"美的意识"，提高审美能力，使其养成注重形体美的习惯（见表1-8）。

表1-8　水平一形体课程内容

课 时 安 排	主 要 学 习 内 容
一年级上学期，20课时	讲解基础形体课程的知识课；基础形体技能教学，包括身体姿态练习、坐位体前屈、横叉、后卷腰、背飞、青蛙胯、基本功组合；本学期基本功组合考核。
一年级下学期，20课时	讲解基础形体课程的知识课；基础形体技能教学芭蕾基本手位、竖叉、推胸腰、跪下抓脚踝、坐立搬前腿、仰卧举腿、仰卧举腿开横叉、基本功组合；本学期基本功组合考核。
二年级上学期，20课时	讲解学习形体基本礼仪的知识课、了解形体基本手型；基础形体技能教学，包括坐位体前屈、横叉、反弓撑腰、跪下腰、地面踢前腿；套路组合期末考核。
二年级下学期，20课时	讲解学习形体基本脚位、掌握形体方向术语的知识课；基础形体技能教学，包括坐位体前屈、竖叉、地面踢旁腿、地面踢后腿、肩肘倒立、形体舞蹈；套路组合期末考核。

（二）水平二体育课程内容

水平二面向三、四年级，体育课程设置为每周2节体育基础课、1节足球课、1节篮球课、1 节体能课。针对水平二课程目标,体育基础课主要课程内容为田径学习内容,培养学生跑、跳、投运动技能能力,结合体能课,进一步发展学生身体素质。足球课、篮球课作为专项动作技能课激发学生的运动兴趣,培养学生勇敢顽强、遵守规则、公平竞争等体育品德,以体树人,塑造人格。

我校水平二阶段体育基础课分为三年级 40 个课时、四年级 40 个课时,主要课程内容为田径学习内容,培养学生跑、跳、投运动技能能力(见表 1-9)。

表 1-9　水平二体育基础课程内容

课 时 安 排	主 要 学 习 内 容
三年级上学期, 20 课时	了解身体成分的基础知识,如身体成分是肌肉、脂肪、骨骼及其他机体组成成分的相对百分比;了解身体成分的改善方法,如体育活动、合理膳食等;体验并了解发展位移速度的多种练习方法,如起跑(30 米快速跑)、摆臂(途中跑练习)、冲刺(跑的游戏)、50 米快速跑等;体验并了解发展灵敏的多种练习方法,如爬行(钻山洞)、翻越等;体验并了解发展爆发力的多种练习方法,如跪跳起、立定跳远和急停跳远等;跳绳动作改进:加快摇绳速度、改正小垫步、改正后踢腿跳、失误后快速启动等。
三年级下学期, 20 课时	体验并了解发展灵敏性的多种练习方法,如折返跑、障碍跑、绕杆跑等;体验并了解发展位移速度的多种练习方法,如 50 米快速跑、100 米快速跑、接力跑、变速跑、300 米耐久跑等;体验并了解发展爆发力的多种练习方法,如原地投掷垒球、上步投掷垒球、立定跳远等;跳绳的强化练习:摇绳练习、耐久练习、脚步练习、进阶花样练习;学习团队游戏:拔河。
四年级上学期, 20 课时	体验并了解发展耐力性的多种练习方法,如 3 次折返跑、8 次折返跑、50 米×8 折返跑等;体验并了解发展位移速度的多种练习方法,如 50 米快速跑、30 米快速跑、接力跑、变速跑、400 米耐久跑等;体验并了解发展爆发力的多种练习方法,如跪跳起、上步投掷垒球、立定跳远、原地摸高等;跳绳的强化练习:速度练习和动作改进练习;学习发展灵敏性的游戏:拍毽子。
四年级下学期, 20 课时	体验并了解发展耐力性的多种练习方法,如折返跑游戏、障碍跑游戏、50 米×8 折返跑等;体验并了解发展位移速度的多种练习方法,如 100 米快速跑、400 米快速跑、变速跑游戏等;体验并了解发展爆发力的多种练习方法,如双手前掷垒球、立定跳远、侧向助跑跳高等;跳绳的强化练习:速度练习和动作改进练习;学习发展灵敏性的游戏:翻滚游戏;学习仰卧起坐。

我校水平二阶段足球课分为三年级 40 个课时、四年级 40 个课时,主要针对专项动作技能学习,让学生知道足球运动项目的基础知识、基本技能和基本方法,在传球、

接球、运球、射门等足球游戏中学习和体验基本动作与简单组合动作,在足球游戏中学习和体验脚控球动作,在足球比赛中培养学生竞技能力、规则意识、抗挫折的能力(见表1-10)。

表1-10　水平二足球课程内容

课 时 安 排	主 要 学 习 内 容
三年级上学期, 20课时	足球技术教学,包括左右脚背正面运球、脚背正面射门、左右脚内侧扣球过障碍、左右脚外拨过障碍、荡球练习、两人脚内侧移动传球;开展小场地比赛;讲解学习足球技术基础知识。
三年级下学期, 20课时	足球技术教学,包括脚背正面强化练习、二人自由传球、禁区外脚背正面射门练习、过障碍后脚背正面射门、运球过人后射门、脚背内侧低空球射门、脚背内侧长距离传球、脚背内侧中长距离射门、停低空球(脚底、脚内侧)开展小场地比赛;讲解学习五人制足球战术基础知识。
四年级上学期, 20课时	足球技术教学,包括球性球感组合练习、停高空球(脚底、脚内侧)、活动中(脚内侧、正脚背)射门;新增跑线游戏等足球游戏;开展足球6V6比赛;讲解学习五人制规则。
四年级下学期, 20课时	足球技术教学,包括球性球感组合练习、颠球组合练习(脚正面、脚内侧、脚外侧、大腿)快速运球、变向运球、急停运球、V字拉球变向过人、第一脚触球练习、曲线自由绕杆+射门练习;开展足球6V6比赛;讲解学习五人制规则。

我校水平二阶段篮球课分为三年级40个课时、四年级40个课时,主要针对专项动作技能学习,在传球、接球、运球、投篮等篮球游戏中学习和体验基本动作与简单组合动作,在篮球游戏中学习和体验手控球动作,知道篮球运动的基础知识与规则,在篮球比赛中培养学生团队精神(见表1-11)。

表1-11　水平二篮球课程内容

课 时 安 排	主 要 学 习 内 容
三年级上学期, 20课时	篮球技术教学,包括单手肩上投篮、篮下三步上篮、半场三步上篮、原地(双手高低、左右横拉、前推后拉)运球、行进间两人滑步胸前传球;设计篮球教学比赛,包括半场1V1、全场3V3;讲解学习篮球基础技术知识。

续　表

课 时 安 排	主 要 学 习 内 容
三年级下学期，20课时	篮球技术教学，包括个人进攻（前转身、后转身脚步、持球交叉步，顺步突破、行进间跳步传球交叉步，顺步）突破、行进间（双手高低运球、双手左右横拉运球、前后推拉运球、三人全场胸前平传球）；设计篮球教学比赛，包括全场3V3、全场4V4；讲解学习篮球基础技术知识。
四年级上学期，20课时	篮球技术教学，包括行进间（胯下运球、背后运球、双手胸前传接球）、单手肩上投篮、45°打板投篮、三步上篮、半场运球三步上篮；设计篮球教学比赛，包括半场3V3、全场4V4；讲解学习篮球规则。
四年级下学期，20课时	篮球技术教学，包括行进间（左右手转身运球）、单手传球、过顶传球、接自抛球投篮、接传球投篮、接自抛球三步上篮、行进间传接球上篮；设计篮球教学比赛，包括半场3V3、全场4V4；讲解学习篮球规则。

我校水平二阶段体能课分为三年级40个课时、四年级40个课时，主要针对改善身体成分，发展心肺耐力、肌肉力量、肌肉耐力、柔韧性、反应能力、位移速度、协调性、灵敏性、爆发力、平衡能力等，为学生增强体质健康和学练专项运动技能奠定良好基础（见表1-12）。

表1-12　水平二体能课程内容

课 时 安 排	主 要 学 习 内 容
三年级上学期，20课时	基础动作技能训练，包括起跑、三点式起跑、起跑反应；专项体能训练，包括挥击软式垒球；基础动作技能训练，包括速度素质体能训练、力量素质体能训练、耐力素质体能训练、灵敏素质体能训练、柔韧素质体能训练、平衡素质体能训练。
三年级下学期，20课时	基础动作技能训练，包括三点式起跑、途中跑、跑步姿势、基础爬行；专项体能训练，包括挥击软式垒球等；身体素质训练，包括速度素质体能训练、力量素质体能训练、耐力素质体能训练、灵敏素质体能训练、柔韧素质体能训练、平衡素质体能训练。
四年级上学期，20课时	基础动作技能训练，包括起跑、途中跑、冲刺、爬行动作进阶；专项体能训练，包括挥击动作技能——羽毛球等；身体素质训练，包括速度素质体能训练进阶、力量素质体能训练进阶、耐力素质体能训练进阶、灵敏素质体能训练进阶、柔韧素质体能训练进阶、平衡素质体能训练进阶。

课 时 安 排	主 要 学 习 内 容
四年级下学期，20课时	基础动作技能训练，包括上肢操控动作技能——飞盘等；专项动作技能训练，包括助跑跳远等；身体素质训练，包括速度素质体能训练进阶、力量素质体能训练进阶、耐力素质体能训练进阶、灵敏素质体能训练进阶、柔韧素质体能训练进阶、平衡素质体能训练进阶。

（三）水平三体育课程内容

水平三为五、六年级，体育课程设置为每周2节体育基础课、1节足球课、1节篮球课、1节体能课。针对水平三课程目标，体育基础课主要课程内容为田径学习内容，进一步培养学生跑、跳、投运动技能能力，结合体能课，发展学生身体素质。足球课、篮球课作为专项动作技能课激发学生的运动兴趣，培养学生勇敢顽强、遵守规则、公平竞争等体育品德，以体树人，塑造人格。我校水平三阶段体育基础课分为五年级40个课时、六年级40个课时，主要课程内容为田径学习内容，培养学生跑、跳、投运动技能能力（见表1-13）。

表1-13　水平三体育基础课程内容

课 时 安 排	课 程 内 容
五年级上学期，20课时	了解并运用体能发展的基础知识和多种练习方法，以及科学的体能测评方法，如通过单脚闭眼站立时长测量静态平衡能力，用《国家学生体质健康标准（2014年修订）》评价体能水平等；了解并运用关于身体成分的基础知识和改善身体成分的多种练习方法，如能量摄取和消耗、合理饮食和体育锻炼等；了解并运用发展关于位移速度的基础知识和多种练习方法，如50米快速跑、加速跑、快速高抬腿跑等；了解并运用发展关于灵敏性的基础知识和多种练习方法，如原地空中交换腿、交叉步、跳跃接冲刺跑等；了解并运用发展关于爆发力的基础知识和多种练习方法，如双手快速推墙、跪跳起、立定跳远等；进行跳绳的强化练习、速度练习和动作改进练习。
五年级下学期，20课时	了解并运用发展关于位移速度的基础知识和多种练习方法，如30米快速跑、100米跑、追逐跑、接力跑等；了解并运用发展关于反应能力的基础知识和多种练习方法，如根据不同信号起跑、根据不同信号追逐跑、变向跑、传接球跑等；了解并运用发展关于灵敏性的基础知识和多种练习方法，如跳跃障碍、抢夺游戏、躲闪投掷物、折返跑等；进行跳绳的强化练习、速度练习和动作改进练习；设计发展体能的闪避球游戏教学。

续　表

课 时 安 排	课 程 内 容
六年级上学期，20课时	发展学生的多种身体素质练习，包括有氧耐力练习、跑步步法练习、短跑能力训练、无氧耐力训练、腰腹力量训练、循环训练法动作学习及训练。
六年级上学期，20课时	发展学生的多种身体素质练习，包括有氧耐力练习、静态力量练习、单项技术训练、循环训练法、步法练习、力量和柔韧训练、腰腹动态力量训练、单项技术训练。

　　我校水平三阶段足球课分为五年级 40 个课时、六年级 40 个课时，主要针对专项动作技能学习，进一步提高学生在比赛中技战术的运用能力，进一步激发学生主动参与足球活动的兴趣，在足球比赛中强化规则意识，学会调节情绪的方法(见表 1-14)。

表 1-14　水平三足球课程内容

课 时 安 排	主 要 学 习 内 容
五年级上学期，20课时	足球技术教学，包括球性球感组合练习、脚底拉球、组合练习(拨球＋扣球、踩球＋拉球)、拨球变向、扣球变向、扣球换脚拨球运球、脚背外侧拨球转身、脚背外侧交替运球；设计足球抢球游戏、传球接力游戏；开展小场地教学比赛，讲解足球战术基础知识。
五年级下学期，20课时	足球技术教学，包括强化球性球感组合练习、接头顶球、带球射门、接传球射门、无球防守练习；设计 1V1 王者大战足球游戏；开展五人场地比赛；讲解八人制足球规则。
六年级上学期，20课时	足球技术教学，包括踩球、拉球、拨球、扣球、跨球、挑球、颠球、脚背接空中球、胸部接球、前额正面头顶球、传球、接球、运球、射门组合；设计抢球游戏、传球接力游戏；开展小场地战术练习比赛；讲解足球比赛中的伤害预防、自我保护等知识。
六年级下学期，20课时	足球技术教学，包括脚背正面接空中球、脚背外侧接空中球、胸部接球、前额正面头顶球、射门组合、胸部接反弹球、脚内侧传球接球、运球射门组合、脚背外侧接空中球、运球过杆射门组合；设计过人王 2V2 足球游戏；开展八人制教学比赛；讲解足球运动中的损伤与自我保护等知识。

我校水平三阶段篮球课分为五年级 40 个课时、六年级 40 个课时,主要针对专项动作技能学习,通过游戏与比赛相结合的方法,促进学生技术运用的合理性,培养学生基础战术意识。发展运球、投篮、传接球等基本组合技术能力以及基础战术意识、合作意识和规则意识(见表 1-15)。

表 1-15 水平三篮球课程内容

课时安排	主要学习内容
五年级上学期,20 课时	练习篮球技术,包括定点投篮、接球急停投篮、前后转身、三分线接传球突破上篮传切配合;设计全场 5V5 教学比赛;讲解篮球竞赛知识。
五年级下学期,20 课时	练习篮球技术,包括三角运球传接球、体前变向接三步上篮、二人运球传接球、传切配合、三人运球传接练习;设计半场 4V4 和全场 5V5 教学比赛;讲解篮球竞赛知识。
六年级上学期,20 课时	练习篮球技术,包括循环运球上篮、四人运球传接练习、篮底假动作、卡位争篮板、掩护配合;设计半场 3V2、半场 4V3 战术教学比赛;讲解篮球竞赛规则。
六年级下学期,20 课时	练习篮球技术,包括中枢脚刺探步运球上篮、中枢脚刺探步运球急停跳投、欧洲步上篮、转身勾手上篮、跳步上篮、传切战术;设计半场 3V2、半场 4V3 战术教学比赛;讲解篮球竞赛规则。

我校水平三阶段体能课分为五年级 40 个课时、六年级 40 个课时,主要针对改善身体成分,发展心肺耐力、肌肉力量、肌肉耐力、柔韧性、反应能力、位移速度、协调性、灵敏性、爆发力、平衡能力等,为学生增强体质健康和学练专项运动技能奠定良好基础(见表 1-16)。

表 1-16 水平三体能课程内容

课时安排	主要学习内容
五年级上学期,20 课时	发展基础动作技能的训练,包括弯道跑、跨越式跳高、爬行进阶;发展专项动作技能训练,包括挥击动作技能——羽毛球;提高身体素质训练,包括速度素质体能、力量素质体能、耐力素质体能、灵敏素质体能、柔韧素质体能、平衡素质体能训练进阶。

续　表

课时安排	主要学习内容
五年级下学期，20课时	发展基础动作技能的训练，包括弯道跑、跳长绳、爬行进阶；发展专项动作技能训练，包括投掷动作技能——橄榄球；提高身体素质训练，包括速度素质体能、力量素质体能、耐力素质体能、灵敏素质体能、柔韧素质体能、平衡素质体能训练进阶。
六年级上学期，20课时	发展基础动作技能训练，包括耐久跑技术、8字跑、三点移动等提高灵敏素质练习、速度耐力训练(50米×8接力跑)；发展专项动作技能的训练，包括挥击动作技能——羽毛球；提高身体素质的训练，包括速度素质体能、力量素质体能、耐力素质体能、灵敏素质体能、柔韧素质体能、平衡素质体能训练进阶。
六年级下学期，20课时	发展基础动作技能的训练，包括快速跑各技术动作(起跑、起跑后的加速、途中跑、终点跑)、双手从头后向前掷实心球技术动作学习及训练、上肢与核心力量训练、田径辅助动作学习与训练(后蹬跑、车轮跑、交叉跑等)；发展专项动作技能的训练，包括投掷动作技能——橄榄球；提高身体素质的训练，包括速度素质体能、力量素质体能、耐力素质体能、灵敏素质体能、柔韧素质体能、平衡素质体能训练进阶。

(四) 体育安全课程内容

校园安全工作十分重要，学校的安全牵涉每一个学生的安全和一生的幸福。体育是学校教育的重要组成部分，是实施素质教育的重要内容之一。体育运动能促进学生身体的正常生长发育，使学生的身体形态、生理机能、身体素质、身体基本活动能力和心理素质等方面得到全面发展和锻炼，从而增强学生对自然环境的适应能力和对疾病的抵抗能力。同时，体育运动的项目对体能和技巧有一定要求，很多项目具有较强的竞争性、对抗性，在一定程度上具有潜在的不安全性。因此，体育活动安全应是学校安全教育和安全工作的重要内容，更是体育教师在课上和课外活动中必须对学生进行的安全教育。此体育安全课程在尊重孩子的身心发展规律的基础上，将学生在生活中或体育活动中可能会遇到的各类安全问题作为课程的主要内容，为学生提供预防和应对体育安全事故最基本、最有效的知识、方法和技能，使学生在认识、体验与践行中增强体育安全意识，掌握方法技能，切实保障中小学生健康安全地成长。

通过课程学习,学生了解并掌握基本的安全知识,有良好的安全防护意识;在学习安全知识的过程中,学生能够学到或掌握一定的安全急救技能,在紧急或突发事件来临时,有效化险为夷,保障自我人身安全。体育安全课程内容见表1-17。

表1-17 体育安全课程内容

年 级	上学期	下学期
一年级	体育安全教育及熟悉疏散通道; 道路交通安全:认识交通标识; 校园安全:课间安全。	道路交通安全:行走交通安全; 治安防范:防拐、防骗。
二年级	体育安全教育及熟悉疏散通道; 道路交通安全:乘车安全(私家车、公交车、出租车、铁路等)。	治安防范:防踩踏; 社会生活安全:乘坐电梯安全。
三年级	体育安全教育及熟悉疏散通道; 社会生活安全:防烫(热水、热油、蒸汽等)。	校园安全:中小学生游学安全教育; 社会生活安全:防煤气中毒。
四年级	体育安全教育及熟悉疏散通道; 社会生活安全:用电安全。	道路交通安全:骑自行车安全(年满12岁); 社会生活安全:防溺水。
五年级	体育安全教育及熟悉疏散通道; 治安防范:防盗。	网络安全:小学生网络安全常识; 社会生活安全:防火。

四 课程实施

(一) 创新体育课堂,提升体育教学质量

强化课堂为学校体育主阵地的意义,围绕高质量的课堂教学目标,创新改革课程设置,为学生提供专业的体育技能教学。将国家体育课程和校本特色课程相结合,以增强学生体质健康为基础,大力发展篮球和足球特色运动项目,培养学生参加体育锻炼的兴趣,提高学生团队协作能力。打造高端前沿的教学阵地,促进教师和学生的全

面发展。有针对性地进行训练学习,全面提高学生的身体素质。加强学生之间的沟通与交流,增进学生之间的友谊,提高学生足球学习兴趣,增强身体素质。丰富学生的体育课程内容,通过开设篮球、足球课,从而提高学生篮球、足球技术,使学生真正学会一门体育运动技能,同时促进我校篮球、足球运动的发展。发挥不同专项体育教师的特长,让"专业的人干专业的事",让学生接受更专业、更精准的教育。

围绕学校特色项目及未来发展目标,我校对每周5节体育课内容结构进行精准解构,分解为"2+1+1+1","2"指的是每周2节体育基础课,3个"1"分别指的是每周1节足球课+篮球课+体能课。模块化的专项技能教学,将每一个学期作为一个专项运动技能的大单元学习周期,将课堂打造为学生学会运动技能的主阵地,并促进学生运动技能多元化发展。

(二) 全员上场的体育联赛,激发体育参与热情

学校每年会举办人人参与的四大体育赛事。一是班级足球联赛,二是班级篮球联赛,三是体育嘉年华,四是校园跳绳吉尼斯。通过轮流参赛和增设项目的方式实现人人参与,每位学生都能在赛场上找到自己的角色。我们鼓励每一位孩子在体育领域多元化发展,比如,针对喜欢足球的孩子,我们鼓励他去学习篮球及其他运动项目。在儿童、青少年时期除了一些必不可少的身体技能,如跑、跳、爬和投掷等自然性动作外,还需要提升孩子的速度、灵敏性、协调性以及基础的心肺能力,很显然这是一项体育运动无法满足的。我们用集齐奖牌的形式鼓励孩子参与更多运动项目,集齐三色奖牌兑换龙奖牌的活动就这样应运而生:学生如果积极参与坪外的各大体育赛事或赛事志愿者服务并获得三块不同颜色的单色奖牌,那么在学年末体育盛典中即可兑换一块"龙牌"。

(三) 激活课余体育,营造体育课程氛围

课余体育活动是学校体育教育的重要组成部分,可以帮助学生更好地锻炼身体、增强体质,同时也可以增强学生的团队协作能力、竞争意识和自信心,提高学生的综合素质。我校开放学校运动场,引导家长作为家长领队、家长教练员开展周末亲子训练营活动,丰富学生课余体育活动,激发学生对体育运动的兴趣,加强学生之间的沟通,为学生搭建交流平台,增加学生与家长共同的运动时间,以此促进亲子关系,将学校体育以周末亲子训练营的家校合作方式延伸至社区体育。此举将学校场地开放,给孩子们一片可以肆意挥洒汗水的运动场,培养学生的足球兴趣,增强他们的身体素质,增加学生与家长的共同运动时间,促进亲子关系。

(四) 增设体育社团,发展体育兴趣爱好

在常规体育课堂外创建丰富的体育课程。主要包含6项:一是上、下午均设置30分钟大课间活动;二是成立文体学院,在课后服务时间开设近30个体育社团,包含武术、散打、跆拳道、橄榄球、飞盘、足球、篮球、排球、轮滑、乒乓球、羽毛球、体操等运动项目,满足学生个性化发展需求;三是充分利用好学校处于"聚龙山"公园腹地的独特地理优势,三至五年级全覆盖开展"聚龙山"冬春季长跑活动;四是适当布置体育家庭作业,让全校学生实现校内外"1+1"小时锻炼;五是精心打造体育勇士园,由攀爬设备、旋转设备、悬挂设备、平衡设备组成的体育勇士园成为孩子们最喜欢游玩的运动乐园;六是在校园空地设置便捷的体育跳格子游戏,孩子们随时可以参与运动。以上举措,确保"每天体育锻炼一小时"高质量落实。

学生可以通过选课的形式进入各个社团学习不同的体育项目。各社团百花齐放、百家争鸣,学校鼓励教师自主申报开设社团,同步聘请校外专业运动人才来校开设社团。帮助学生掌握更多的运动技能,提高学生的学练时间和学练积极性,促进中小学生运动能力、健康行为、体育品德等核心素养的形成。

想让学生爱上运动,先让老师爱上运动。通过学校工会组织,学校成立了教职工篮球社团、足球社团、羽毛球社团、瑜伽社团、乒乓球社团、排球社团等,建立了教职工体育社团评价机制,鼓励教职工广泛参加教工体育社团活动,营造教职工课后体育活动氛围,以团队的力量充分调动不同运动水平教师参与锻炼,激发他们的运动热情,从而将这种热情传递给他们的学生。

(五) 构建家校共育机制,促进体育持续发展

学校建立了基本完善的家校社体育共育机制,建立坪外家校社体育共育模型(如图1-2)。

家校社共育
决策者：在学校家校体育竞赛委员会中任职
教导者：亲子周末训练营，家长成为班级的领队、教练
激励者：企业以体育为媒，为师生设立奖教金
共建者：组织年级体育活动
共享者：共享体育的价值，让体育成为一种生活方式

陪伴运动
信息接受者：接受学校体育运动相关的通知，参加与体育有关的会议
信息发布者：制作、发布孩子在校体育运动信息
支持者：参加学校组织的体育运动，在活动中做志愿者(裁判、后勤)
观看者：观看孩子在校体育运动活动或比赛

认可运动
吸引家长、老师成为学校的体育人
教职工体育社团；每个年级组建宝爸宝妈足球队、篮球队
家长足球之夜；家校企足球联赛；家校企篮球联赛

每位学生的体育
2+1+1的体育课程体系
全员上场的四大联赛体系

坪山区同心外国语学校家校社体育
共育模型

图1-2 学校家校社共育模型

每个年级成立家校体育委员会，推动家长成为学校体育的共育人。我们引导每个班都建立了家长足球队、篮球队，组织家长足球之夜、家长足球联赛、亲子足球赛等活动，身体力行鼓励他们的孩子勇于参与体育运动。学校建立家校体育委员会，家长在学校家校体育竞赛委员会中任职，组织每个年级的周末体育杯赛，包括一年级"悦动杯"、二年级"星火杯"、三年级"博雅杯"、四年级"同心杯"、五年级"蓝花楹杯"等。

五 课程评价

体育与健康课程的评价应该是全面的、综合的，不是仅通过体能测试来评价一个人的健康状况，还应该考虑学生的心理健康、营养健康、生活方式等方面。评价体育与健康是基于科学的标准和方法，而不是片面的、主观的评价。同时，评价体育与健康应该是动态的，随着学生个体的不断变化，不能一成不变地评价每个学生健康状况，也不能一味使用一种标准衡量全体学生的健康状况。最重要的是，评价体育与健康应该是促进健康的，而不是简单地对个体进行评判和排名。我校的体育与健康评价理念是全员性的评价，充分尊重每个学生的个体差异性，评价维度覆盖更为全面，能够做到让全体学生充分了解自身的健康发展水平，对每个阶段的课程学习做出全面总结，为之后的课程学习做出有针对性的准备。

（一）全员性的评价维度

1. 体育技能水平评价

体育技能水平评价是指对学生在体育技能方面的表现进行评估和反馈的过程。评价的目的是了解学生的技能水平、发现他们的优点和不足，帮助他们制定进一步的发展计划和目标。评价可以通过多种方式进行，如观察、测试、记录和反馈等。评价的内容应该包括学生在各种体育活动中的技能表现，如跑步、跳跃、投掷、接球、游泳、体操等。评价的标准应该与学生的年龄、性别和体育水平相适应，同时也应该考虑到学生的个人差异和特点。评价应该注重正面反馈，鼓励学生发挥自己的潜力，提高自信心和自尊心。

2. 身体素质评价

身体素质评价是指对学生身体素质方面的评估和反馈。身体素质包括身体的各方面表现，如耐力、灵敏度、柔韧性、力量等。评价身体素质的目的是了解学生的身体状况和健康水平，发现潜在的问题并提供相应的指导和建议。身体素质评价可以通过各种测试和测量来进行，如跑步测试、灵敏度测试、柔韧性测试、力量测试等。评价的标准应该与学生的年龄、性别和身体发育水平相适应，同时也应该考虑到学生的个人差异和特点。身体素质评价的结果应该能够为学生提供相关的健康建议和锻炼计划，帮助他们改善自己的身体素质和健康状况。

3. 运动表现评价

运动表现评价是指对学生在各种体育活动中的表现进行评估和反馈的过程。评价的目的是了解学生在体育活动中的表现和能力，发现他们的优点和不足，帮助他们制定进一步的发展计划和目标。评价可以通过观察、记录、测试和反馈等方式进行。评价的内容应该包括学生在各种体育活动中的技能表现、战术运用、身体素质、心理素质等方面。评价的标准应该与学生的年龄、性别和体育水平相适应，同时也应该考虑到学生的个人差异和特点。评价应该注重正面反馈，鼓励学生发挥自己的潜力，提高自信心和自尊心。评价结果应该能够为学生提供相关的指导和建议，帮助他们不断提高自己的运动表现和能力。

4. 运动习惯与生活方式评价

运动习惯与生活方式评价是指对学生的运动习惯和生活方式进行评估和反馈的过程。评价的目的是了解学生的运动习惯和生活方式是否健康，发现不良习惯和问题，并提供相应的指导和建议。评价可以通过问卷调查、观察、记录和反馈等方式进行。评价的内容应该包括学生的运动习惯、饮食习惯、睡眠习惯、心理健康等方面。评价的标准应该与健康生活方式的要求相适应，同时也应该考虑到学生的个体差异和特点。评价应该注重正面反馈，鼓励学生养成健康的生活习惯和运动习惯，增强他们的健康意识和自我管理能力。评价结果应该能够为学生提供相关的健康建议和指导，帮助他们改善自己的生活方式和健康状况。

5. 心理健康评价

心理健康评价是指对学生心理健康状况进行评估和反馈的过程。评价的目的是了解学生的心理健康状况，发现潜在的心理问题并提供相应的指导和支持。心理健康评价可以通过心理测试、问卷调查、观察和访谈等方式进行。评价的内容应该包括学生的情绪状态、自尊心、人际关系、适应能力、压力应对能力等方面。评价的标准应该与心理健康的要求相适应，同时也应该考虑到学生的个人差异和特点。评价应该注重隐私和保密，鼓励学生积极参与，了解自己的心理健康状况，并提供相关的心理健康教育和支持。评价结果应该能够为学生提供相关的心理健康指导和建议，帮助他们改善自己的心理健康状况。

6. 社会参与责任意识评价

社会参与责任意识评价是指对学生在社会活动中的参与程度和对社会责任的认识和承担情况进行评估和反馈的过程。评价的目的是了解学生的社会参与程度和责任意识，发现他们的优点和不足，并提供相应的指导和支持。这种评价可以通过观察、记录、访谈和问卷调查等方式进行。评价的内容应该包括学生在社会活动中的参与程度、对社会问题的认识、对弱势群体的关心和帮助、对社会责任的承担等方面。评价的标准应该与学生所处的年龄阶段和社会环境相适应，同时也应该考虑到学生的个体差异和特点。评价应该注重激励和引导，鼓励学生积极参与社会活动，培养他们的责任感和社会意识。评价结果应该能够为学生提供相关的社会参与和责任意识方面的指导和建议，帮助他们成为有担当的社会公民。

（二）全员性的评价方法

1. 过程性积分评价

过程性积分评价是指在课程中，根据个体或小组在学习过程中的表现和努力程度，给予积分或评分的评价方式。这种评价方法主要关注个体在活动过程中的实际表现，而不仅仅是最终的结果。如"师徒结伴学习"中，学生可以在个体和小组两个方面通过努力赢取积分，最终根据学生积分的数量评价学生在过程性学习中的进阶程度。

2. 阶段性展示评价

阶段性展示评价的优点在于能够相对全面地评价学生在一段时间内的整体表现，有利于激发学生的积极性和自信心的提高。同时，这种评价方法也能够更好地帮助学生认识自己在体育活动中的优势和不足，有利于制订适合自己的阶段性发展计划。如我校的足球、篮球课上的教学比赛，体能课上的竞技游戏，形体课的阶段性展演，学期中各课程的表演性展演，给全体学生提供了不同的展示平台，能够在教师、学生、家长的欣赏和评析中获得评价反馈。

3. 测试性结果评价

测试性结果评价是指通过对学生个体进行体育测试，根据测试结果对其体能、技能水平等进行评价。这种评价方法主要侧重于客观地测试数据和结果，对个体的体育水平进行量化评价。其优点在于提供了具体的数据和结果作为评价依据，能够客观地评价学生的体育水平，有利于学生了解自己的体育水平和发展方向。同时，这种评价方法也有利于为学生提供科学的训练指导和个性化的发展建议。如我校的足球课、篮球课、体能课、形体课四门课程，学校分别修订了符合其课程特点的测试标准，并写入学校体育工作实施方案，体育基础课程则参考国家体质测试标准进行测试。

4. 档案袋成长评价

体育档案袋成长评价是指对学生在体育活动中的成长和发展情况进行评价并且建立档案袋。这种评价方法是通过收录关于学生在每个阶段的体育活动、训练和比赛等各方面表现的评价，并对这些评价进行梳理和总结，让每个学生在阅读自己档案袋的时候更全面地了解自己在体育方面的成长和进步情况，同时锻炼归纳总结和反省自身的能力。

5. 全员性竞赛评价

体育全员性竞赛评价是指在体育比赛中,对所有参赛者的表现进行评价,而不仅仅是对获胜者进行评价。这种评价方法注重体育比赛的全员参与和全面发展,有利于激发每个参赛者的积极性和竞争意识。如我校在体育嘉年华活动中,打破传统运动会的项目设置,新增全员障碍赛,科学制定竞赛规则,鼓励班级全员参与,让更多人乐享体育;在班级足球联赛活动中,制定分组上场规则,让更多学生上场竞赛、享受竞赛,记录每个学生的赛场表现。

6. 创新型校企评价

体育创新型校企评价是指对学校和企业在体育评价领域开展创新活动的表现和成效进行评价。这种评价方法注重学校和企业在体育教育、体育训练、体育赛事等方面的创新能力和实际成效。同时,这种评价方法也有助于促进学校和企业之间的合作和交流,推动体育教育和体育产业的发展。如我校与多个社会企业合作,设置校企合作体育类学生个人奖学金。

（撰稿者：深圳市坪山区同心外国语学校　武彪　张信）

课程创意 1–1 体育嘉年华

一　活动理念

体育并不是少数人的活动，它是属于所有学生的，因此我校遵循"人人体育，乐享体育"原则，分年级举办体育嘉年华活动。每个年级有半天活动时间。体育嘉年华除了设置个人单项田径比赛项目，另增设全员参与的障碍赛、拔河等团队类项目，从而让学生以班级为单位实现团队作战、协力通关。另外，在比赛活动中还开设 10 余个体验摊点，让每位学生能找到自己的舞台。体育嘉年华获奖者将获得红色奖牌。

二　活动目的

为了丰富校园文化，增强学生体质，增进师生之情，共铸和谐校园；也为了丰富学生课余生活，增进家庭和谐，促进家校沟通；以及，在"健康第一"理念的指引下，为了让学生在运动中找到快乐，在快乐中培养默契，在默契中体会团队精神，我校特举办体育嘉年华活动。

三　组织结构

体育嘉年华由统筹各项工作及任务分配的组委会负责组织开展。组委会由各年级工作小组成，包括筹备协调组、竞赛仲裁组、新闻宣传组、安全保卫组、后勤保障组和信息技术组。

四　活动内容

单人项目，每个年级共设置六项，包含 100 米（水平一为 50 米）跑、立定跳远、原地摸高、五子棋、国际象棋、围棋；团队项目，共设置三项，包含拔河比赛、集体长绳、龙娃障碍赛（精英赛、大众赛）；嘉年华体验性项目，包含人体彩绘、迷你保龄球、魔力套圈圈、趣味飞盘、手绘帐篷、投壶、手绘鹅卵石、钻木取火、手绘木头；教职工趣味项目，设置"争分夺秒"活动。

"翻越山丘"项目中，参赛选手须爬上并越过障碍（跳箱），不得从赛道一旁通过，所需器材为跳箱和体操垫；"车轮挑战"项目中参赛选手从铺满轮胎的赛道通过，不得绕过障碍物从侧面通过赛道，所需器材为轮胎；"三阶穿越"项目（高一低一高栏架）中，参赛选手须跨过第一阶栏架，从第二排栏架下方钻过，从第三排栏架上方跨过，所需器材为跨栏架、敏捷栏架；"穿越密道"项目（穿越毛毛虫）中，参赛选手从通道一端，爬到另一端，所需器材为毛毛虫隧道、跨栏架；"坪外基石"（搬运重物）中，参赛选手抱起重物，从 A 点走到 B 点，绕过标志杆，返回 A 点，所需器材为壶铃、杠铃片、沙袋、标志杆；"黎明之前"项目中，参赛选手须从障碍物下面爬行通过障碍物，不允许中途从侧面离开障碍物，所需器材为防晒网；"穿越丛林"中，参赛选手在不触碰障碍区障碍的前提下通过赛道，所需器材为标志杆；"鹰击长空"中，参赛选手须跳起后击中悬挂在横杆上的足球（低年级用手，高年级用头），所需器材为足球门、足球及足球小网兜；"胜利之秤"项目中，参赛选手不借助任何道具从障碍上通过，中途不可以落地，所需器材为长凳、跨栏架。

五　活动规则

单项每人限报 1 项，每项限报男子女子各 2 人。单项参赛运动员可兼报团体项目。团体项目拔河、长绳不可兼报，因为两者是同一时间比赛，有冲突。团体项目拔河比赛每班 8 名男生、8 名女生，合计 16 人参赛；一、二年级集体长绳每班 5 名男生、5 名女生，合计 10 人参赛，三、四、五年级 8 字长绳每班 5 名男生、5 名女生，合计 10 人参赛;龙娃障碍赛设置精英赛,每班限报 2 人,分别为 1 名男生、1 名女生,共同组成年级的精英方阵,率先完成障碍赛的比赛,大众赛由全班学生参与(如有身体不适者可以不参加)。教职工项目以年级为单位,每个年级由 10 位教师参赛,一组 10 位教师,两组同时进行;每位教师的双脚上各绑 4 个气球,然后进行混战;气球被全部踩爆的小组被淘汰出局,规定时间内剩余气球最多的小组获胜。

六　活动成效与反思

我校的体育嘉年华活动一直秉持"人人体育,乐享体育"的原则,旨在为全体师生提供一个优质的体育活动盛典。在活动中,我们精心设计了多样化的体育关卡,确保每一位学生都能体验到不同风格的运动闯关项目。同时,为了激发学生的集体荣誉感,我们制定了一系列公平公正的竞赛规则,鼓励学生在比赛中展现出最佳的竞技水平,让每位学生都有为班级争取荣誉的机会。

我们也意识到,活动的组织实施仍存在一些不足。因为参与人员为全体学生,人数众多,所以项目设置的多样性不足以满足每位同学的需求。因此,在后续的体育嘉年华活动中,我们将加大对此类问题的关注力度,并积极寻求改进方案。我们将进一步深入研究并优化项目设置,以更好地满足不同学生的个性化需求。同时,我们也将加大对具有特长学生的培养与挖掘力度,为他们提供更多展示才华的机会。

(撰稿者:深圳市坪山区同心外国语学校　武彪　张信)

课程创意 1－2 全员上场的足球联赛

一 活动理念

我校足球联赛将每一场足球比赛分为几个小节,每个小节都由班里不同的队员上场,同时增设技巧赛、通关赛、啦啦操比赛、过人王比赛(2V2)等,让每一位学生都有自己的比赛体验。足球联赛获奖者将获得绿色奖牌。

二 活动目的

为丰富学生的课余文化生活,活跃学校气氛,增强学生体育锻炼意识,提高学生身体素质,培养学生积极向上的进取精神,打造一个互相交流和学习的平台,体育组在每学年 10 月举办校园班级足球联赛。足球赛使我校充满团结友爱的气氛,呈现和谐团结的校园,形成"一校多品"的办学特色。

三 活动组织

学校足球联赛活动期间,体育科组联合美术科组进行一至五年级的足球主题绘画活动,评选出优秀作品进行张贴。同时,体育科组为学生拍摄足球代言人海报,在足球场进行张贴,以培育体育文化。足球联赛比赛分为一至五年级组五个赛段。

一至四年级为 5 人制足球赛,五年级为 7＋1 足球赛。5V5 在 40 米×20 米的足球小场地进行比赛,7＋1 在八人制场地进行比赛,全体同学均可参加。每班球队由四支小队组成(男一队、男二队、女一队、女二队),一至四年级的每支小队要求至少 8 人,男生两队、女生两队,共计 32 人。五年级每支小队要求 12 人,男生两队、女生两队,共计

48人(人数不足48人的班级按最大人数填报)。比赛分为四节,上场顺序为男一队、男二队、女一队、女二队,每节比赛8分钟,共计32分钟,进一球得一分,最终四节比分相加得出的分数为总分。

四 活动规则

本联赛采用循环制或淘汰制,决出前两名参加淘汰赛,淘汰赛打平则直接进入点球大战,具体参照中国足协5人制足球规则(五年级采用7+1比赛规则)。比赛设一等奖、二等奖、三等奖,并颁发奖状(各年级前三名颁发冠、亚、季军奖杯)。年级各班评选优秀球员两名,男女生各一名,优秀守门员两名,男女各一名,并颁发体育三色足球奖牌。

五 活动成效与反思

在本次班级足球联赛中,分队上场的赛制成为一大亮点。这一创新举措为更多孩子提供了展现自我的平台,具有深远的教育意义和实践价值。然而,在实施过程中,我们也不应忽视潜在的问题和改进的空间。如何实现比赛流程的无缝对接,减少不必要的时间延误,使整个赛程更加紧凑高效,是值得我们深入探讨和优化的关键所在。

为确保联赛的顺利进行,科学合理的赛程编排对于提高比赛效率至关重要。在规划比赛日程时,应充分考虑各项因素,如天气预测、时间安排、场地分配等。通过统筹安排,确保比赛中四支队伍之间衔接顺畅,以更加合理地分配时间。

同时,营造积极向上的比赛氛围也是提升联赛质量的重要一环。我们可以通过举办各类宣传活动,提高观众的参与度和关注度,为参赛者创造一个良好的比赛环境。关注参赛学生的实际需求也是不容忽视的一环,满足参赛学生的需求,可以让他们在比赛中全身心地投入,乐享比赛带来的挑战。

总之,为了提升联赛中每位学生的参与感,我们仍需从多个方面进行综合优化和改进。具体来说,可以通过改进赛制、增加比赛场数、加强赛程编排的科学性、营造积极向上的比赛氛围等措施的实施，减少时间浪费，为孩子们多留出一些比赛时间。同时，我们也将不断总结经验教训，持续改进和完善联赛机制，以适应不断变化的时代需求。

（撰稿者：深圳市坪山区同心外国语学校　武彪　张信）

课程创意 1-3　全员上场的篮球联赛

一　活动理念

学校篮球联赛借鉴国际经验,以专业化、职业性的计分和比赛模式进行,有季前赛、常规赛、季后赛、总决赛、排位赛的完整赛制,赛程周期为一学期。篮球联赛获奖者将获得蓝色奖牌。

二　活动目的

为丰富学生的课余文化生活,活跃学校篮球运动气氛,增强学生体育锻炼意识和班级凝聚力,提高学生的身体素质和篮球竞技水平,特开展以"坪外篮球,因你而精彩"为主题的坪外校园班级篮球联赛。

三　活动内容

篮球联赛比赛分为一至五年级组五个赛段,一年级为障碍运球接力赛,比赛分两大组,1—5班为第一组,6—10班为第二组。各班以班级为单位参赛,第一组比赛时,第二组在规定的候场区域等待比赛。比赛设定为小篮球全场的距离,各班排头同学从篮球场底线出发,"S"运球绕过所有标志桶到达对面底线,原地拍球10次,然后直线运球返回起点,手递手将球交给下一位同学进行接力。裁判员计算每个班级完成比赛所用的时间,再根据每班参与人数计算出平均速度,确认各班级成绩。注意事项包括比赛过程中不得抱球跑,抱球一次总时间加一秒;各班要严格遵守比赛要求,在规定的赛道内进行比赛,不得串道影响其他班级比赛;比赛分为两大组轮换进行,第一组比赛时,第二组要在规定的场地内观赛，不得干扰其他班比赛，如有干扰，班级整体时间加五秒。

二年级为运球投篮接力赛，比赛分两大组，1—5班为第一组，6—10班为第二组，第一组比赛时，第二组在规定的候场区域等待比赛。各班以班级为单位参赛，全班参与。比赛在小篮球场上进行，裁判发令，计时20分钟，第一名队员从起点（底线）出发，运球到对面篮筐投篮，然后运球返回，将球交给下一位队员。20分钟结束后统计每班进球数，按照进球数排名。若出现进球数相同的情况，同分数的班级加赛5分钟。注意事项包括接球时要向对手递球，不得远距离传球；各班队员在各自规定的场地上进行，不得串道影响其他班级正常比赛；比赛分两大组，第一组比赛时，第二组在规定的候场区域等待比赛，如有干扰，班级整体进球数减2个。

三、四年级为篮球联赛，在小篮球场上进行4V4篮球比赛。每班球队由五支小队构成（男一队、男二队、女一队、女二队、男女混合队），每小队至少报4人，前面四队不可重复报名，第五队可重复报名。比赛分为5节，每节比赛6分钟，共计30分钟，上场顺序为男一队、男二队、女一队、女二队、男女混合队，每节分数累加，最后计算5节总分数。本联赛小组赛阶段采取淘汰制（四年级）和循环制（三年级）。第五节结束时，比分相等，不进行加时赛，由第五节比赛结束时双方场上参赛的四名队员交替进行罚球，累计得分多者获胜。如果两队交替罚球完毕比分依然相等，则采用一对一罚球方式，先领先1分的球队获胜。

五年级为篮球联赛，在大篮球场上进行正规5V5篮球比赛。每班球队由五支小队构成（男一队、男二队、女一队、女二队、男女混合队），每小队至少报5人，前面四队不可重复报名，第五队可重复报名。比赛分为5节，每节比赛6分钟，共计30分钟，上场顺序为男一队、男二队、女一队、女二队、男女混合队，每节分数累加，最后计算5节总分数。本联赛小组赛阶段采取淘汰制和循环制，每小组决出两名进入淘汰赛。第五节结束时，比分相等，不进行加时赛，由第五节比赛结束时双方场上参赛的四名队员交替进行罚球，累计得分多者获胜。如果两队交替罚球完毕比分依然相等，则采用一对一罚球方式，先领先1分的球队获胜。

四　活动规则

参照"校篮球规则"，结合本赛事的情况，特对篮球联赛规则作如下规定：比赛用球使用五号篮球,比赛用球由体育组提供。参赛运动员必须穿球服、穿运动鞋。按规则换人,仅允许各小队队内报名的队员替换,替补队员要在死球时才能换人,必须先请示裁判,裁判同意并且吹哨示意,才能换人,且必须先下后上。全场时间为 30 分钟,每场各 6 分钟。前面 4 节除暂停以外都不停表,第五节最后 2 分钟停表。比赛计个人犯规 4 次,计每节全队犯规 4 次,每节全队犯规达 4 次后,处于全队处罚状态,第 5 次犯规开始(进攻犯规除外),每次犯规均给予对方被侵犯队员 2 次罚球。发生投篮犯规,并且投篮成功,不判给罚球,由对方队在端线掷球入界开始比赛。比赛胜一场得 2 分,负一场得 1 分,积分多者名次列前。如果两队积分相同,则按两队在同阶段比赛中所得比分数确定。

比赛设一等奖、二等奖、三等奖,并颁发奖状(各年级前三名颁发冠、亚、季军奖杯)。三至五年级各年级评出最具价值球员"MVP"(最有价值球员)男女各一名并颁发水晶杯(MVP 评选标准为:冠军队伍里对球队贡献最大的球员),一至五年级各班评选优秀球员四名,男女生各两名,并颁发体育三色篮球奖牌。

五　活动成效与反思

在班级篮球联赛中,分队上场的赛制成为一大亮点。这一创新举措为更多孩子提供了展现自我的平台,具有深远的教育意义和实践价值。然而,在实施过程中,我们也不应忽视潜在的问题和改进的空间。如何实现比赛流程的无缝对接,减少不必要的时间延误,使整个赛程更加紧凑高效,是值得我们深入探讨和优化的关键所在。

为确保联赛的顺利进行,科学合理的赛程编排对于提高比赛效率至关重要。在规划比赛日程时,应充分考虑各项因素,如天气预测、时间安排、场地分配等,确保比赛中队伍之间衔接顺畅。

同时,营造积极向上的比赛氛围也是提升联赛质量的重要一环。我们可以通过举办各类宣传活动,提高观众的参与度和关注度,为参赛者创造一个良好的比赛环境。关注参赛学生的实际需求也是不容忽视的一环,通过满足参赛学生的需求,让他们在比赛中能够全身心地投入,乐享比赛带来的挑战。

总之,为了提升联赛中每位学生的参与感,我们仍需从多个方面进行综合优化和改进。通过改进赛制、增加比赛场数、加强赛程编排的科学性、营造积极向上的比赛氛围等措施的实施，减少时间浪费，为孩子们增加比赛时间。同时，我们也将不断总结经验教训，持续改进和完善联赛机制，以适应不断变化的时代需求。

（撰稿者：深圳市坪山区同心外国语学校　武彪　张信）

课程创意 1–4　亲子周末训练活动

一　活动理念

为进一步贯彻落实关于体育工作的系列重要讲话精神,推进实施《全民健身计划(2021—2025)》相关任务要求,进一步推广普及大众运动,壮大全民健身人才队伍,助力提高人民群众健康生活水平,培育积极向上的全社会健身文化,结合我校自身的特点,借班级足球、篮球联赛和各班级组建班级足球队的东风,同时,也为了增强学生身体素质,增进亲子关系,共筑和谐家庭,我校周末免费开放室外体育场,为学生和家长共度温馨的亲子时光提供一个场地,并适时开展周末亲子训练营活动,尝试将学校体育以家校合作的方式向社区体育延伸。

二　活动目的

丰富学生课余体育活动,激发学生对足球、篮球的兴趣,提高我校学生对足球、篮球的热情和运动水平,让更多的学生参与足球、篮球运动,促进我校足球、篮球运动的发展。加强学生之间的沟通,用周末训练的方式,为学生搭建课余交流平台,以此增进学生之间的感情,增强学生的班级凝聚力和集体荣誉感。周末时间开放学校体育场给学生和家长使用,增加学生与家长共同的运动时间,以此促进亲子关系。尝试以周末亲子训练营的家校合作方式将学校体育延伸至社区体育。

三　活动组织办法

在初步筹备组建周末亲子训练营的过程中,各年级的足球和篮球备课组教师分别组织召开了针对本年级的周末亲子训练营筹备会议。会议主要解决了以下三个问题：一是向本年级的各班班主任、班级足球队领队及教练员详细介绍了周末亲子训练营的相关事宜；二是通过微信或 QQ 平台，分别组建了针对足球和篮球的周末亲子训练营筹备群，各年级各自拥有一个独立的群组；三是完善了各班级足球队的信息登记，主要包括核实学生人数、领队和教练员人数，以及收集他们的联系方式。

四　活动实施

（一）场地预约

根据学校实际状况，足球与篮球备课组的教师对场地进行划分。场地预约时间为每周四晚八点，各年级足球、篮球教师在本年级足球、篮球筹备群里使用在线文档小程序发布相关信息，班级家长领队在表格中填写班级名称即可。足球与篮球每次可预约时段均为一个半小时。开放时间为 7:30—18:00，共分为 6 个时段。

（二）活动动员

为了让学生在参与足球活动的全过程中充分体验足球运动带来的愉悦，并接受正确的教育和引导，促进身心健康发展，我们为参加周末亲子训练活动的家长们提出以下行为规范：请牢记，孩子们参与足球是为了追寻乐趣，因此，无论比赛胜负，鼓励孩子尽情享受比赛过程；通过现场观赛和支持，给予孩子参赛动力；避免对孩子们的失误进行指责，不过度剖析赛时表现；为场上所有运动员喝彩，包含对手；保持场外观赛；尊重裁判员的决定；杜绝使用侮辱性语言；充分理解教练员的工作，避免介入教练员对学生的指导，以免引发孩子困惑；此外，尊重教练员与管理员，因为他们中的绝大多数都是为您孩子付出大量时间的志愿者；若孩子遇到困境，鼓励其直接与教练沟通，这种勇于承担责任的态度，是孩子走向成熟的关键一步。

（三）活动开展

活动开始后的一至两个月内，各年级足球、篮球教师轮流在学校巡查，应对体育场上出现的各种突发状况，待各班级熟悉周末亲子训练营运行模式后即可结束这一任务。体育科组定期检查（建议两周一次）足球场地、足球门、器械等是否符合安全要求，对发现的安全隐患应及时解决。

（四）活动安全风险及注意事项

周末亲子训练活动必须坚持"学生为本""健康发展""安全第一"的原则，要充分考虑天气、场地、设备、器材等方面的安全因素，尽量避免意外伤害事故的发生。（有条件的家长也可以为学生购买周末体育运动的保险）。班级学生在进行训练时，要有教练、家长在场。学校的运动场地、器材是学校的财产，应做到人人爱护、人人保护公有财产和设施。班级队员训练前与比赛前都要充分热身，避免选择太热的天气进行训练。班级应尽量提供水和护具，医药箱应配备必要的药物。

领队或教练对学生进行必要的校园足球安全教育。合理安排训练量和运动强度，关注体质较弱的学生状况。如果学生受伤且伤较为严重，要立即就近送医院医治。

五　活动评价

周末亲子训练营初始阶段，以足球班级联赛以及二至五年级班级足球队为根基，迅速组建并顺利运作，进而成功拓展至全校各年级和班级。2023年九月份，新一届一年级新生亦加入其中，参与周末足球、篮球训练。此举不仅激发了我校学生对足球、篮球的学习热情，提升了身体素质，更为家校共育开启了新篇章。越来越多的家长与学生在周末齐聚学校体育场，既促进了孩子们之间的交流，也增强了家长与家长、教师与家长，以及学校与家长之间的紧密联系。

周末亲子训练营以学校为依托，由学校开放体育场地，由体育教师提供协助，由家长和学生自发参与体育活动。在此基础上，短短不到一年时间，四年级家长们自发筹备并举办了本年级学生的"同心杯"足球赛。通过比赛，三年级孩子们的足球技能得到显著提升。其他年级纷纷效仿，均在"同心杯"足球赛结束后，自发筹备相应赛事。五年级家长借鉴"同心杯"的经验，自发筹备了"蓝花楹杯"赛事，并在此基础上组织成立各班啦啦队，让未能参加足球比赛的孩子们也能以不同方式参与班级足球比赛。这些举措均值得学校及其他年级借鉴。

（撰稿者：深圳市坪山区同心外国语学校　武彪　张信）

课程创意 1–5 家长足球之夜活动

一 活动理念

坪外于 2019 年被评为"全国校园足球特色学校"，在足球课程、足球活动、足球比赛、足球文化、足球氛围、足球育人、足球亲子周末、足球家长之夜等方面，拥有自己的特色。为了进一步推动坪外校园足球的开展，增强学生与家长之间的亲子关系，增加学生与家长生活的共同话题，增进家、校之间的交流与沟通，同时，也为坪外热爱足球的家长、教师提供一个足球锻炼、比赛的平台，学校决定开展"家长足球之夜活动"。

二 活动目的

此项活动的目的是丰富家长的体育生活，提升我校家长对足球的热爱程度及运动技能，进而加深他们对足球运动的认可，并以之带动学生共同进步。此外，活动还有助于加强家校间的沟通与交流，增进友谊，提高家长对足球学习的热情，以及增强他们的身体素质。通过此项活动，我们期望培养和加强年级间家长的凝聚力。

每周五的"家长之夜"，我们将开放学校运动场，为坪外家长们提供周末运动场地。同时，安排足球教师指导男家长进行比赛，并带领女家长进行训练。这一活动安排既达成了家长们锻炼身体的目的，也促进了家校之间的关系。

校园家长足球联赛作为展现学校与家庭之间默契的桥梁，不仅提升了家长对足球的认知和技术水平，也使他们能更好地参与到周末亲子训练的带队工作中。

三 活动组织

（一）组织框架

家长足球队组建框架包含球队领队、队名、队服。领队由责任心强、有号召能力的一位家长担任。例如队服：巴萨队队服；队名：龙之队；口号：飞龙在天翱翔天际。家长球队成员结构为号召力强的球队领队（男家长一名）、球技高超的球队队长（男家长一名）、球队球员。例如一年级家长（人数不限）。家长足球之夜活动主要比赛场地：8人场、5人场不限。

（二）队伍组建任务与方法

各年级队伍建立筹备会，体育足球组教师组织召开家长组建筹备会，会议把家长建队的意义、理念、建队流程、家长训练及比赛方案传达给参会人员。参会人员为各年级领队一至二名（会踢足球者优先）。先建立一个总家长足球群，然后分年级让各年级足球教师再建立一个年级家长群，便于及时发放通知及足球活动文件。各年级确定本班的足球服（球服号码可按学号印制，避免号码重复），可采用接龙方式避免重复款式及颜色的足球服。每个年级男女可各出一至二支球队进行比赛报名。如报名人数较多，可分开两支队伍进行报名。鼓励家长多多参与，队伍多多益善。

（三）家长队伍管理办法

家长足球队组建成功，开展周五足球之夜比赛训练，暂定每周五晚 7:00—9:30 作为家长足球活动时间。男队在 8 人场进行循环足球比赛，由小学体育科组足球教师负责带动，包括带领家长进行足球训练、足球比赛，后期形成习惯后可由家长领队自行安排，遵守多换多打规则，采用相互轮换制。女队由于基本为零基础的家长，积极性也需要调动，故安排足球教师带队安排足球训练，内容为球感球性、运球、传球、射门、5 人场比赛等练习，以调动女家长们的积极性为宗旨，鼓励大家多多参与。

针对各个年级家长队伍管理方法，家长队伍要遵守体育组制定的足球队规章制度。队员要尊重教练、尊重同学、尊重对手，待人有礼。队员要做到热爱球队、团结班级、团结队友。队员每月至少参加两次家长之夜足球活动。领队负责球队对外参加比赛活动的有关事宜,包含但不限于赛前与对方球队交流磋商比赛场地、确立比赛目的,比赛过程中协调两队关系,以及保护本队队员、啦啦队参加和观看比赛次序以及赛后总结等事项。参加和观看比赛的全部队员和非队员一定遵从领队对赛事程序的安排。领队在队内负责球队的后勤保障,包含但不限于队服的定制、球队参赛设施的准备、啦啦队设施的准备等。

家长足球队设教练,教练负责组织球队训练,研究技术、战术,发现并确立比赛主力队员。在对外正规比赛中,教练进行赛前战术部署,并依据不一样的比赛状况和队员个人专长安排替代队员。教练应与领队磋商重要比赛的对外事务。球队设队长一名,主要负责团结队伍,在场上组织队伍。队长负责辅助教练,组织开展球队在非比赛时期的训练;以及负责在对外正规比赛过程中队员的率领,负责全队对教练员战术的贯彻实行,负责场上突发事件的处理等。队长因特别缘由不可以参加比赛时,可以拜托球队其他队员履行队长权益。家长在健康状态下均能申请成为球队队员。球队队员应踊跃参加训练和比赛,增强与全队的熟悉、交融;在训练和比赛中遵从教练和队长的安排,保护队内足球活动的整体性。比赛前由球队教练依据赛前训练状况和个人技术水平确立参赛队员的名单,名单内的球员依据教练安排上场。

家长足球队在对外正规足球赛中,应遵守球队纪律,遵从教练员的指导,与比赛无关人员不得参加比赛的战术和人员等讨论安排,以保证全体队员能够全身心投入比赛。从进场开始到比赛结束,全体队员均应秉承"友谊第一,比赛第二"的精神进行比赛,不论因为比赛缘由还是其他任何缘由,都不该对对方球员或观众有任何语言攻击,出现争吵时应赶快与队长或教练员获得联系,由队长或教练与对方有关人员进行交涉解决。队员应团结一致,队员间相互鼓舞,禁止对其他队员进行嘲讽或攻击,不搞个人英雄主义,提升整体作战实力。

四 活动评价

家长足球之夜活动起初是为了周末亲子训练营的顺利进行而举办的延展性活动。初始阶段,参与活动的家长主要限于各班级领队和家长教练,活动内容主要包括足球基础训练以及足球训练经验的交流与分享,旨在提升家长领队和教练在周末亲子训练活动中的专业性和参与度。然而,随着活动的深入推进,参与足球训练的家长数量逐渐增多。为了满足广大家长的需求,活动后期,学校决定面向所有学生家长于周三和周五晚上开放学校足球场地,供家长进行足球训练和比赛。

这是共建家校共育平台过程中的一个意外之喜,同时也为我们提供了值得深入研究的课题。通过体育类活动,我们有机会将学生、家长和学校三方的关系进一步紧密联系,让家长以学生的身份参与到学校教育中,共同成长。这既是家校共育的一次创新尝试,也为后续家校共育的发展提供了新的思路,可为同行借鉴。

(撰稿者:深圳市坪山区同心外国语学校　武彪　张信)

第二章
适应性：让学生在选择中成长

学校课程应满足人的终身发展和社会发展需求。时代在变化，社会在发展，课程目标要具备显著的适应性特征，这要求学校课程要引导学习者于课程体验、社会实践中培养适应未来的正确价值观、必备品格和关键能力，即人能适应时代对人的自我实现的新要求，适应工作世界、社会生活源源不断出现的新挑战。

课程的适应性是指课程目标在设计和贯彻落实过程中,要以培养学生适应个体自由而全面发展、适应社会和未来发展需求为目的,并能根据差异化的学生学习需求,以及随时间的推移而不断变化着的社会发展需求灵活调整、弹性适应的特性。义务教育是国民教育体系的奠基部分,义务教育阶段的课程服务于所有人。有学者认为,义务教育的全民性决定了其课程的培养对象是现实社会中的所有人。① 这明确了课程目标的两层内涵:一是课程目标要适应现实社会的发展现状和需求,将个人发展寓于社会发展中,使每个人都能成长为肩负起社会发展使命的时代新人;二是课程目标要适应个人的自我实现和终身发展需求,使每个人都能发展成更为健全的个体,能够更好地适应未来社会的发展变化。具体来说,《义务教育课程方案(2022 年版)》强调,“义务教育要在坚定理想信念、厚植爱国主义情怀、加强品德修养、增长知识见识、培养奋斗精神、增强综合素质上下功夫,使学生有理想、有本领、有担当,培养德智体美劳全面发展的社会主义建设者和接班人”。② 这揭示了课程目标要适应中国特色社会主义社会的现实需求,要服务于培养社会主义建设者和接班人的国家大计,也明确了培养新时代有理想、有本领、有担当的时代新人的课程目标。《义务教育课程方案(2022 年版)》还强调,课程应着力“培养学生适应未来发展的正确价值观、必备品格和关键能力,引导学生明确人生发展方向,成长为德智体美劳全面发展的社会主义建设者和接班人。”③这要求课程要面向未来,课程要培养能够适应未来的学习者。

我们认为,课程要具有显著的适应性特征。一是时代在变化,世界在改变,未来是充满不确定性的。但课程是具体的、现实的,课程目标又统领着课程实施和发展方向。为此,课程需要主动拥抱充满不确定性的未来,于不确定性中塑造课程的确定性和课程目标的适应性,于变化中准确把握时代发展方向和脉搏,体现中国特色,牢固树立培养适应时代发展要求的创新型人才的课程目标。二是所有个体,尤其是义务教育阶段的学生具有未完成性、未成熟性和可塑性,这要求我们要从完整的角度看待教育中的

---

① 李小波.关于义务教育培养目标的思考[J].当代教育论坛,2005(12):33-35.
② 中华人民共和国教育部.义务教育课程方案(2022 年版)[M].北京:北京师范大学出版社,2022:2.
③ 中华人民共和国教育部.义务教育课程方案(2022 年版)[M].北京:北京师范大学出版社,2022:2.

人。课程应以整体的人的形象为出发点，以不断完善的人的形象为课程目标，不断塑造人。其间，课程必须适应不断革新着的人的发展需求，课程目标因人的不断革新体现出显著的适应性特征。三是人的生存和发展也包括未来指向，而未来是个不确定的世界，为此，学校需要为学习者提供适应性课程，学习者需要学习并掌握适应未来生活的正确价值观、必备品格和关键能力，从而更有机会面向未来，批判性地适应未来，能够改善生活甚至改造社会。

为实现课程的适应性，学校课程要主动关注人的适应性培养。一是注重培养学生的社会适应性。学校课程可以但不局限于帮助学生升学或是更好地进行未来的工作，课程要不断引导学生在课程中进行理解，在新的、不同的现实情境中有效地使用自己的理解，不断适应新的情境，解决新的问题。① 学校课程应创造选择性、互动性的教育活动，于活动中促进学习者与他人互动，体验有成就感的学习活动、丰富多彩的校园及社会生活，并与他人建立可持续的人际关系。二是注重培养学生的自我创造性。人的未完成性和可塑性揭示了教育中的人永远在不断发展，是一个自我理解式的渐进丰满着的人，学习者天生具有创造性。学校课程应以具有创造性的学生为中心，开展创新型的适应性教育活动，使学生更有机会进行自我了解和自我创造，塑造更完满的自己。三是注重培养学生的适应性与自由性统一的全面发展。有学者认为，"适应自然和社会发展是人的本性，追求自由和全面发展是人的本质，全面推进人的适应性与自由性统一的全面发展是全面推进中国式教育现代化的必然"。② 学校课程应兼顾学习者的社会适应性和个体的自由创造性，引导学习者在适应社会中更好地认识并塑造自我，了解并改造社会。接下来，以学校生涯教育课程为例，具体阐述课程目标的适应性特点。

我校为满足每一位学生终身成长和发展需求，以"生涯教育让选择更有力量"为课程核心理念，将学生发展的个体性和社会性相结合，致力于将每位学生都培养成为自己的生涯设计师，引导学生在适应社会、适应未来的过程中生动而具体地实现自我发

---

① 王笑地,殷世东.指向核心素养的学生课程理解探析[J].宁波大学学报(教育科学版),2022,44(05)：115－123.

② 郝文武.中国式教育现代化应全面促进人的适应性与自由性统一的全面发展[J].南京师大学报(社会科学版),2023(03)：41－51.

展。经过多年实践探索和积累,我校构建了以校为本、基于课堂、融合创新的义务教育阶段生涯教育课程实施体系,系统构建了从时间层面串联课堂教学、延时服务、寒暑假期,从空间层面覆盖校内生涯体验活动和校外生涯拓展活动的生涯教育课程实施框架,为学生提供全学科、全年级、全过程、多角度、不断丰富和完善的生涯教育服务。为了进一步拓展和丰富学生的生涯体验,学校在生涯教育课程建设方面做了诸多创新举措。一方面,学校为每位学生提供了高质量、均衡化的生涯教育服务。我校专门引进了国际上业已成熟的 SOLE(自组织学习环境)教学模式,在生涯课堂上,学生以小组合作的方式开展职业启蒙、职业认知、职业体验等活动,每位学生都可以收获专业的学业及职业规划指导。另一方面,学校打破了课堂界限,统筹家校社生涯力量,为学生和家长提供了丰富且有针对性的生涯探索活动,有效提高了学生发展指导质量,提升了学生个体生涯发展满意度和幸福感。经过多年探索,课程收获了学生的喜爱、家长的信任、同行的认可。未来,我校生涯教育也将继续保持持续旺盛的生命力,与时俱进,不断适应并满足学生生涯发展的新需求。

（撰稿者：深圳市坪山区同心外国语学校　刘欢）

让学生在选择中成长的生涯课程

一 课程理念

《义务教育课程方案(2022年版)》强调,课程应着力"培养学生适应未来发展的正确价值观、必备品格和关键能力,引导学生明确人生发展方向,成长为德智体美劳全面发展的社会主义建设者和接班人"。[①] 我校全面贯彻和落实党和国家立德树人的根本任务,发展素质教育。学校遵循教育发展规律和学生成长规律,以"生涯教育让选择更有力量"为核心理念,将生涯教育作为培养学生发展核心素养、落实学科核心素养、推进教育公平的重要途径。引导学生树立正确的世界观、人生观、价值观,培养德智体美劳全面发展的社会主义建设者和接班人。

生涯教育让选择更有力量,生涯教育关注人一生的成长和发展,强调人一生在诸多选择中不断地学习、成长和适应。一方面,生涯是伴随个体终身发展的动态发展过程,生涯拓展了生活的广度,生涯发展贯穿人的一生。人的一生是分阶段的,每个阶段面临着不同的选择,承担着不同的发展任务和责任。另一方面,生涯也是个体人生角色不断丰富、平衡的发展过程,生涯拓展了个体的生活的空间。人的一生会承担多种人生角色,各种角色间是有相互作用的,我们需要对自身未来各阶段如何调配,做出对各种角色的选择、计划和安排,从而适应工作世界、社会生活源源不断出现的新挑战。我们认为,生涯教育让选择更有力量,生涯教育可以通过引导学生进行深入的自我认知、清晰的目标设定、广泛的社会了解,有效提升学生的适应能力,能够从容不迫、自信而明智地做出有力量的判断和选择。

[①] 中华人民共和国教育部.义务教育课程方案(2022年版)[M].北京：北京师范大学出版社,2022：2.

二 课程目标

生涯教育课程致力于促进学生的自我认识、社会理解、生涯规划和职业体验的发展与完善，引导学生于社会理解、职业体验中正确认识自我、了解社会现实、匹配条件与需求，形成带有个人特征的兴趣与能力，当面临生涯决策时，学生能够自主地做出知情的、负责任的判断与选择，并有能力将选择付诸实践，形成切实可行的、属于自己的生涯规划。

（一）自我认识

自我认识主要指探索了解自身的兴趣与爱好、能力与个性、学科特长与不足，发展积极的自我概念，提升自我调控、人际交往和社会适应能力，唤醒自我生涯发展意识，树立正确的人生理想和价值信念，形成和发展健全的人格。

（二）生涯规划

生涯规划主要指在充分的自我认识和社会理解的基础上，掌握学业规划与职业规划的主要方法；能基本综合各类信息，结合个人发展和社会发展的需求，制定适合自己的学业和职业的发展目标和计划，初步设计合理的职业和人生发展路径，树立主动学习、终身学习意识。

（三）职业体验

职业体验主要指学生在实际工作岗位或模拟情境中见习、实习，体认职业角色的过程；注重让学生获得对职业生活的真切理解，发现自己的专长，培养职业兴趣，形成正确的劳动观念和人生志向。

（四）社会理解

社会理解主要指认识个人与社会、学业与发展、当下与未来的关系，了解社会角色、社会分工的发展动态及不同职业的职业素养要求，形成对社会各行各业的尊重与理解;增强社会意识和社会理解,培养社会责任意识、合作精神和创新精神。

三　课程内容

从生活广度来看,根据舒伯的生涯发展阶段理论,我校学生主要处于成长期(0—14 岁),该阶段核心的发展任务是发展自我概念,发展对工作世界的正确态度,于职业幻想、兴趣和能力探索中了解工作及其背后的劳动价值和意义。同时引导高年级学生在成长探索期(15—24 岁)逐渐形成清晰稳定的自我概念和职业概念,实现个体的职业偏好,学习开创更多的机会。从生活空间来看,舒伯认为人的一生中扮演着多种角色,分别是:儿童、学生、休闲者、公民、工作者、配偶、持家者、父母、退休者。人在不同的生涯发展阶段,其人生角色投入程度有所不同,人生角色不同的投入程度体现着个体不同的价值判断和生涯选择。从生涯适应来看,随着全球化和人工智能时代的到来,社会发展节奏快、未来充满不确定性已成为个体生涯发展必须直面的挑战,学校教育必须着力培养个体面对生涯发展过程中不可预测的生涯问题的适应及应变能力,提高个体的生涯适应力。为此,我校生涯教育以自我认识、生涯规划、职业体验和社会理解为课程培养目标,系统建设了四大课程内容模块(如图 2-1)。

图 2-1　学校生涯教育课程模块

图 2-1 中,模块一是自我认识,针对这一领域,我校着力引导学生探索自己的兴趣、能力、性格和价值观,引导学生于覆盖全学科、全年级的生涯学科融合课中实现自我拓展,引导学生在生涯选择和生涯决策中实现自我探索。

模块二是生涯规划,针对这一领域,我校着力引导学生对生命、生涯和生活的多重探索,于探索地球生命、人类文明的过程中,发展并确定学生稳固的作为人的自我概念;于学科、专业和行业的探索中,发展并拓展学生的生涯适应力,于学生生活和职业生活的探索中,引导学生对生活幸福感和生命质量的思考。

模块三是职业体验,针对这一领域,我校着力为学生提供丰富的校内外生涯及职业体验机会,引导学生于丰富多元的生涯个性化课程中拓展自己的职业认知,于系统而深入的职业主题活动中开展有针对性的职业探索,于丰富多彩的大型校园活动中开展生动而具体的职业实践。

模块四是社会理解,我校着力联结家校社生涯教育区域发展合力,积极建设无围墙学校活动,引导学生利用寒暑假期等闲暇时间积极开展社会实践探索活动,于社会探索中了解、理解并适应社会。

四　课程实施

生涯教育绝不局限于单一的生涯教育课程,而是学校整体课程体系中的重要一环,有机融合在学校课程的方方面面,包括专门的生涯教育通识课、生涯学科融合课,以及各级各类、覆盖校内校外的生涯教育活动。学校对生涯教育课程的整体统筹和规划,引导着学生进行生涯参与、体验和领悟,最终实现生涯教育课程的培养目标。

同时,《义务教育课程方案(2022 年版)》强调,课程实施要突出学科实践,注重"做中学",并积极开展以学生为中心的综合学习,重视学生对知识的理解、运用和内化。为此,我校生涯教育课程实施注重整体规划,积极挖掘区域资源,合理开发校本课程,制定了生涯教育课程实施的六大途径,为学生提供了在时间层面串联课堂教学、延时服务、寒暑假期,在空间层面覆盖校内生涯体验活动和校外生涯拓展活动,覆盖全学科、全年级、全过程、多角度、不断丰富和完善的生涯教育服务(见表 2-1)。

表2-1 生涯课程实施安排表

实施目标	实施内容	实 施 途 径	实 施 载 体	实 施 对 象
生涯规划	关注生命	创新生涯课堂，提升生涯服务质量	生涯教育通识课	六至八年级学生
	关注生涯			
	关注生活			
自我认识	自我认知	激活学科教学，协同助力生涯成长	生涯学科融合课	一至九年级学生
	自我拓展			
	自我探索			
职业体验	职业认知	关注个体差异，发展生涯兴趣爱好	生涯个性化课程	三至八年级学生
	职业探索	举办校内活动，丰富学生生涯体验	职业导师进校园	六至八年级学生
	职业实践		大型校园活动	三至八年级学生
社会理解	了解社会	开展校外活动，拓展学生生涯实践	无围墙学校活动	六至八年级学生
	探索社会		社会实践活动	三至八年级学生
	适应社会	关心社会发展，提升生涯适应能力	生涯寒暑假作业	一至八年级学生

（一）创新生涯课堂，提升生涯服务质量

为提升生涯教育服务质量，改变以往学生获取生涯必要信息多依赖教师讲解或视频分享等现实局限性，我校设立了专门的生涯教育科组，设置了四名专职生涯教师岗位，并着力创新生涯课堂，为学生提供专业、优质的生涯教育通识课。生涯教育通识课以培养学生认识自己、了解社会、适应未来为主要目标，将学生置于真实的社会生活中，以情境模拟、角色扮演的方式引导学生探索如何解决真实的生涯问题。同时，在现代信息技术的支持下，为帮助学生拓宽了解自己、联结社会的渠道，学校引进了自组织学习环境教学模式，采用小组合作的方式，引导学生间进行合作交流和经验分享，同时

辅以学科阅读和双语教学等方式,以培养学生应对快速变化的世界的社会适应能力。生涯教育通识课在六年级每周开课 2 课时,七年级上学期每周开课 2 课时,八年级每周开课 1 课时,开课年级学生全员参与。

(二)激活学科教学,协同助力生涯成长

生涯教育不是单一的生涯教育课程,学科教师人人皆可是生涯老师。为此,我校着力激活学科教学,凝结学科教师合力,打造生涯学科融合课程,协同助力学生生涯成长。生涯学科融合课是指不打破学科教学体系,不占用专门课时,在学科日常教学中点滴渗透生涯教育,实现全学科、全年级、全过程、全方位、多角度渗透,将生涯教育与学科教学深入融合,促进学生的全面发展。长期坚持在各学科教学中渗透生涯教育,能帮助学生清晰地树立学习目标,提升学习的主动性,增加学科学习兴趣,提升学科学习效果。综合生涯科组负责生涯学科融合课的指导、设计、评价等工作,其他学科负责生涯学科融合课的实施工作,包括但不限于如下方面。

中小学心理科组,根据课程标准规定,对学生进行自我认识的生涯教育,包括但不限:逐步了解自身的兴趣与爱好、能力与个性、学科特长与不足,发展积极的自我概念,提升自我调控、人际交往和社会适应能力,唤醒自我生涯发展意识,树立正确的人生理想和价值信念,形成和发展健全的人格。

中小学道法科组,根据课程标准规定,对学生进行生涯观念和职业体验的教育,包括但不限:初步养成良好的生活、卫生习惯;掌握自身家庭生活和社会生活的基本知识与技能;乐于参加职业体验和有意义的活动;初步体验职业和社会生活,并将个人融入职业和社会生活中;了解自身享有的权利和义务,掌握职业生活的基本知识与技能;尊重社会各行各业的从业者,爱惜他们的劳动成果。

信息科组,根据课程标准规定,在三至七年级开设 STEAM 教育课程,开课年级全员参与,以职业体验为主要目标。该课程带领学生参与产品的设计、改进、制造、维修、测试等流程,给学生带来真实的工作体验和感受,发展设计、操作、团队合作等职业能力。其中三四年级每学年第一学期开设,每周 1 课时;五年级每学年第一学期开设,每周 2 课时;六年级全学年开设,每周 2 课时;七年级每学年第二学期开设,每周 2 课时,该课程由信息科组管理和实施。

此外,中小学体育课程、中小学数学课程、中小学美术课程、小学科学课程、中学生物课程等,都根据课程标准的要求,在国家课程的教学中,有机融入关于自我认知、社会适应、生涯规划的教育,引导学生在角色扮演、职业体验等活动中认识自己、了解社会、适应未来。

(三) 关注个体差异,发展生涯兴趣爱好

每位学生都是丰富多彩的个体,每位学生都可以发展成为更好的自己。因此,为了进一步引导学生探索自己的兴趣、能力与学科特长,我校着力开发了各式各样的生涯个性化课程。生涯个性化课程是指在校内延时服务阶段开展的各类课程,这些课程有效促进了学生的自我认识、社会理解与职业体验的发展与完善。学生在各类课程中探索了解自身的兴趣爱好、能力与个性、学科特长与不足,在活动中提升自我调控、人际交往与社会适应能力;学生也能在各类课程与社团活动中增进对社会的理解,理解个人与团体的关系,了解各类社会角色和社会分工以及不同分工的素养要求,并能在实际的课程与社团活动中,在实际的工作岗位中见习、实习,体认职业角色,获得对各类职业分工的真切理解,发现与发挥自己的特长。在学生选择、参与和体验个性化课程与活动的过程中,学生能够自觉培养职业兴趣,锻炼职业技能,形成正确的人生志趣与理想信念。

1. 文体类生涯课程

文体类生涯课程是指由学校文体学院在延时服务时间开展的课程活动。文体类课程可以引导学生在艺术和体育领域充分探索,更清晰具体地了解自己的兴趣爱好,意识到自己的学科特长,同时培养学生的职业技能,使学生有初步的职业角色意识。学生通过体验不同类别的课程与实践活动,对职业产生兴趣,发展正确的职业观念,增强合作精神并培养对职业的兴趣。文体类课程以项目普及为课程理念,以全员参与为基本目标,以兴趣激励为实施手段,切实培养学生"勤练"的习惯。学院课程包括以管乐三团、舞蹈二团、弦乐团、油画社、综合创意水墨社为代表的艺术类社团,以足球社团、篮球社团、乒乓球社团、羽毛球社团为代表的体育项目类社团。这些课程可以让学生从不同角度了解并亲身体验自己的兴趣爱好和能力个性,从而发展对职业角色与劳动实践的真切兴趣,并能促进学生在团体性艺体类活动中增强自身的合作精神,有效提升学生的人际交往和社会适应能力。

2. 培力类生涯课程

培力类生涯课程是指由学校培力学院在延时服务时间开展的课程活动,兼具学生活动指导职能。学生能够在组织、管理、参与校园活动的过程中了解自己的能力与个性,提升人际交往、沟通与合作能力,能够深刻领悟到不同角色分工协作的必要性和重要性,初步体会并理解职业与劳动精神,并能在实践中体认职业角色,提高职业能力。其中,联结校园与社区服务的社团以东纵儿童团、坪外志愿服务队为代表,学生通过参与并宣传公益项目与活动,锻炼了沟通交流能力,感受了公益活动的魅力;为提升学生校园生活质量提供服务的社团以学生会、学长团、朋辈社团、少年邮局,及各职能部门包括教学处、德育处、总务处培养的部门小管家为代表,充分发挥学生主动参与学校管理、主动为校园建设建言献策的主人翁精神,积极引导学生培养自我管理、自我领导、自我组织的能力,在服务他人的过程中成为优秀的组织管理者、合作者与领导者;以培养学生职业素养、劳动技能为目标的社团以我是小主播、我是主持人为代表,社团为校内各级各类活动输出专业人才,学生在实践中学习,在学习中实践,成为具有专业职业精神、专业职业技能的优秀人才。学生在实践活动中成长,从服务中赋能,成为更好的自己。

3. 创新类生涯课程

创新类生涯课程是指由学校创新学院在延时服务时间开展的课程活动。课程目标是通过构建科学完备的创新课程体系,使学生能够运用所学习到的科学文化知识与实践相结合,帮助学生拓宽知识面,激发学生对科技创新的兴趣,帮助学生脚踏实地地学好知识,并且在此基础上融会贯通,逐步培养学生的创新意识、创新精神和创新能力,将智慧与劳动相结合,成为具有创新精神的新时代职业工作者与劳动者。现代科技与劳动技能结合的社团,如图像化编程社、Python 程序设计、机器人竞赛、趣味编程、3D打印、未来之城建筑模型工作坊、编程机关王等,让学生在实践中掌握劳动技能,培养学生的创新能力,使学生认识到自我的能力、特长与兴趣爱好,在进行团体合作的过程中提升人际交往和自我调控的能力。这些课程增强了学生的创新与创造能力,也引导学生认识并体验了不同职业角色和社会分工。创新学院关注科技类相关的竞赛活动,在课程设计中加入与此相关的内容,鼓励学生参赛,以赛促学,真正将学生的创新能力与科学文化素养落到实处,让学生在活动中实践创新,更能引导学生热爱生活、关注生活、享受生活,创造生活乐趣。

4. 博雅类生涯课程

博雅类生涯课程是指由学校博雅学院在延时服务时间开展的课程活动。博雅类生涯课程内容是在国家课程内容之外的各领域（包括但不限于语言、数学应用、人文、科学、劳动技术、闲暇兴趣活动等），通过短周期（1学期）的大众性、入门性课程，激发并维持学生的学习兴趣，培养相应领域初步的知识或技能。该课程主要采取表现性评价，重点关注学生的沟通与表达、过程性的学习表现、产出的学习作品等，并在国际文化周、Science Fair等大型校园活动中给予学生平台进行成果展示和能力表现的机会。其中，以科技实践社、四年级超脑麦克斯、职业探索家、模拟联合国、无人机社团、英语戏剧社、生命密码等课程为代表，各类各具特色的课程打开了学生了解自我的一扇扇小窗，学生可以在课程中充分探索自己的学科兴趣爱好与特长，可以发现哪些是自己非常感兴趣的，哪些是可以长期坚持的，哪些是需要调整方向的兴趣和特长。学生在博雅类课程的学习过程中不断了解更为真实而全面的自己，树立更为清晰的自我认知，从而能够逐渐厘清自己的学业及职业生涯规划，并作出相应的安排和行动计划。

5. 社会情感学习课程

社会情感学习课程是指在生涯教育课程整体设计中，有机融入社会情感学习内容，旨在帮助学生培养处理与自我、与他人以及社会的关系的社会情感能力，帮助学生获得发展所必需的对自我、对他人、对集体的认知与管理意识以及知识和能力，培养学生的自信心、责任意识，帮助学生建立积极的人际关系，形成良好的情感和道德品质，有效地面对成长过程中的挑战，获得身心的全面协调发展。《中共中央关于制定国民经济和社会发展第十四个五年规划和二〇三五年远景目标的建议》中明确提出，"十四五"时期经济社会发展要以推动高质量发展为主题。关注学生社会情感能力提升是新时代中国社会发展的必然要求。社会情感学习强调社会是渗透着价值、信仰、习惯、准则、技术、方法、行为的具有互动作用关系的人类集合体，通过教育使学生具备适应社会所需要的社会人格，实现学生社会性的建构。同时，我校培养目标中"个人—他人—社会"三大层面与社会情感能力的概念框架高度契合，通过社会情感学习课程的实施，能够更好地促进学生"悦纳自我，对话世界"。

6. 生涯辅导课程

生涯辅导课程是指基于各学段学生的发展需求，为提升学生生涯规划能力，学校有针对性地开展各类生涯辅导课程及活动。职业是不断发展变化的,新的职业不断产生,旧的职业不断消亡。这丰富了职业选择的多样性,同时也对人们的生涯规划能力提出了新要求,要求我们必须具备一定的生涯规划意识和能力,在进行就业择业时能够根据个人志趣、生活愿景等因素进行相对稳定的职业定位与生涯规划,从而适应不断变化的职业及社会发展,最终于变化的职业与社会发展中实现个人生涯的理想追求与价值体现。生涯辅导课程培养学生的生涯规划能力,具体包括:让每位学生,不论能力、志向和就读年级,都能够了解自己的事业/学业抱负,培养积极的工作和学习态度,把事业/学业抱负与全面发展和终身学习结合起来。面临生涯决策时,能运用所学的知识、技能和态度作出知情和负责任的选择。同时,生涯辅导应与学生不同成长阶段的发展需要互相配合,依据舒伯生涯发展阶段理论和我校具体学情,学校为不同发展阶段的学生提供了不同的生涯辅导服务。

(四) 关心社会发展,提升生涯适应能力

所有个体都生活在社会中,关心并适应社会发展是每个个体都需要面对的重要生涯发展问题。为此,我校着力引导学生利用寒暑假等闲暇时间去了解社会发展,开展了生涯寒暑假作业活动,学生在活动中切实提升了自己的生涯适应能力。生涯寒暑假作业是指学校在寒暑假期统一布置的"六个一"特色活动,包括"一起做一项生涯小调查"活动。该活动针对每个年级学生不同的生涯发展特点和需求,有针对性地设计开发了各年级生涯寒暑假作业,旨在引导学生充分利用寒暑假期开展生涯探索活动,开学后组织以班级/年级/学部为单位的寒暑假期作品展,以生涯作品展示、生涯调查成果交流、生涯心得演讲等形式,让学生分享自己的生涯调查结果,展示自己的生涯作品,交流自己的生涯心得等。同时,为推进学生积极参与社会调查与实践活动,鼓励学生利用课后时间,尤其是在寒暑假期间从事社会实践活动,学校对参与义工活动的学生进行记录和激励,还设置了"热心公益奖"若干名,面向学生群体树立生涯榜样。

(五) 举办校内活动,丰富学生生涯体验

举办校内活动是丰富学生生涯体验的重要途径,可以让学生在校园活动体验中获

得额外的社会和职业体验，从而为学生未来职业生涯做好准备。为此，我校着力打造了以下校内生涯体验活动。

1. 职业导师进校园

职业导师进校园活动是为了促进学生的职业生涯发展，学校邀请各行业的代表人物作为职业导师为学生分享职业见闻和职业故事，讲解具体工作内容，探索职业劳动背后蕴藏的职业价值观。真实的见闻分享有利于唤起学生对未来职业的向往，并让他们和具体的职业进行面对面接触，理解抽象的职业背后的具体内容。该活动在六、七、八三个年级举办，目前已累计邀请40多位职业导师入校进班，与学生面对面交流与分享，如生物医药工程师、警察、麻醉科医生、核电高级工程师、人力资源师、建筑电气工程师、国际贸易采购员、会计、电子工程师、市场营销……职业导师与学生面对面交流，分享自己的职业体验和见解，描绘职业故事，给学生呈现更加真实、立体的职业生活，帮助学生探索职业生涯的无限可能。

2. 大型学生活动

大型学生活动是指学校举办的各类跨学部、跨年级、跨学科的校园活动，如Science Fair科技节、Hi World国际理解周、足篮球联赛、体育嘉年华等。学生在这些校园活动中参与实际工作岗位或在模拟情境中见习、实习，学生在体认工作岗位的过程中，能够自觉获得对职业生活的真切理解，并能挖掘自己的专长，培养相应的工作技能和职业兴趣，形成正确的劳动观念和人生志向。如学生在体育赛事中担任裁判、体育记者、检录员等角色，深刻理解并真实体悟了体育相关职业的工作要求和职业价值，对自己将来是否有兴趣、有能力选择该职业进行了初步的职业体验和探索。又如在Science Fair科技节中，学生可以自己创业当老板，以班级为单位，每个班以某一个职业为主题，开设职业体验店。学生以小组合作的方式自主完成店铺经营全流程，包括销售策划、产品制作、店铺装饰和运营等工作，学生深度体验创业全流程，赚取"校园币"，自负盈亏，体验创业的成就与挫折。

（六）开展校外活动，拓展学生生涯实践

开展校外活动是拓展学生生涯实践的重要方式，可以让学生在真实的社会环境中获得更多生动而具体的实践经验和生涯体验，从而提高学生对社会的认识和了解。为此，学校积极联结家校社区域资源，着力打造了以下校外生涯拓展活动。

1. 无围墙学校活动

无围墙学校活动是指学校利用自身的地理区域优势,联合学校周边企业,启动校企合作计划,开展学生走进企业、了解企业文化、参观生产车间、体验生产技术等活动内容,引导学生深入了解社会,增加职业体验,是促进学生获得对生涯发展新理解的重要活动方式。整合学校力量和校外资源,开发"无围墙学校"课程平台,增强了企业的社会教育属性,也增加了学生的社会学习受教育机会。该课程以参观周边企业为主要形式,综合生涯科组已多次前往企业对校企合作"无围墙学校"课程进行验收和完善,在确保学生安全、家长放心、课程内容丰富有趣的基础上,共与 7 所企业合作实施了近千人次的校企合作课程,并不断总结经验教训。

2. 社会实践活动

社会实践活动是指学校为学生提供校内外各类社会实践服务平台和机会,让学生有机会以志愿者的身份,以社区参与者、校园建设者、城市维护者的角色参与社区、校园、城市的公共事务,它是提升学生社会参与意识和能力的重要活动方式。其中,志愿服务活动是指学生作为志愿者,自愿参与活动,为活动贡献个人的时间和精力,在不计物质报酬的前提下保障活动顺利开展。学生通过参与校内外的志愿服务活动,探索了解自身的兴趣与爱好、能力与个性,发展积极的自我概念,提升自我调控、人际交往和社会适应能力,能够有效唤醒自我生涯发展意识,树立正确的人生理想和价值信念。

同时,学校在校内举办了丰富多元的志愿服务活动,如植树节志愿服务、校园建设志愿活动,以及各种大型校园活动中的专业志愿服务等。学生在参与志愿服务的过程中,履行岗位职责、掌握相应的技能,参与关于专业操守、工作纪律的培训。活动结束后,学生可以获得相应的工作或服务证明,促使其全面、多元化发展。此外,学生还可通过"深圳义工"系统,利用假期参与义工服务,积累志愿服务学时,在志愿活动中增强社会意识和社会理解,培养社会责任意识、合作精神和创新精神。

五　课程评价

为认真贯彻落实中共中央、国务院印发的《深化新时代教育评价改革总体方案》文件精神,扎实推进"双减"工作,确定了评价应为相关决策者提供关于学生学习情况的有用信息、应当主动寻找学生成功的证据、应有效促进学生学习等理念,结合我校生涯课程具体情况,分别对生涯教育通识课和各年级分散实施的生涯课程进行评价。

1. 生涯教育通识课

生涯教育通识课评价分为形成性评价和终结性评价两部分。形成性评价主要采取质性评价,关注学习过程中学生的成长表现与收获。终结性评价采取量化评价方式,关注学生学习成果的质量。

2. 各年级分散实施的生涯课程

结合我校生涯课程具体情况,以学校学生评价系统为载体,设计了一到九年级各年级分散实施的生涯课程评价方式。评价采用积分制,主要考查学生参加各类生涯课程的落实情况,学生对有关职业体验、生涯规划理念、精神和方法的学习质量,以及学生对生活规划、学习规划的行动和实践能力。考查的项目包括生涯寒暑假作业、生涯学科渗透课程、生涯活动课程等。

六　课程管理

我校成立校本教研专项课题"生涯教育课程建设"项目组,包含生涯教育主管领导、各项课程主管部门负责人及全体生涯教育专兼职教师,负责生涯教育的教研,推进各项生涯教育课程的开发工作。成立校本教研专项课题"学科＋生涯融合课程"项目组,包含全校各学科教师代表,负责生涯学科融合课程的专题教研,推进生涯学科融合课程的设计与落实工作,最终形成覆盖全学科、全年级、全过程、多角度的生涯教育学科融合课程体系。学校各部门、各学科、各年级、各学院按生涯教育融合课程工作分工各尽其责,并于每学期末将所开发的生涯教育教案、课程资源等汇总整理。

（撰稿者：深圳市坪山区同心外国语学校　刘欢　赵丹妮　高攀　刘丹圆）

课程创意 2－1　生涯教育通识课

一　课程背景与目标

基于学生感兴趣的真实问题"这个职业残疾人能做吗?",教师提炼"大问题"——身体因素对职业选择有何影响,为学生创设了"残障人士就业交流会"的模拟情境。学生扮演深圳市残疾人劳动就业服务中心的工作人员,每个小组就是其中一个就业帮扶小组,根据教师提供的残障人士资料(改编自真实人物)为其推荐一份最合适的工作并说明理由。引导学生探究身体因素对职业选择的影响,认识身体因素与职业选择的适配性,体验并理解残障人士就业的现实困境,并鼓励学生对如何解决残障人士就业困境提出自己的思考和解决办法。特设计小学六年级课例"他们的梦想也值得辉煌——残障人士就业交流会"。

二　学习环境与学习方式

(一) SOLE 学习空间

该课程在配备了台式电脑的专用 SOLE 教室进行。教室按照 50 人班额,配备 15 台电脑,间隔摆放,以便有足够空间让 4 名学生共用一台电脑。课程实际用到的电脑数量约为 12 台,3 台为备用机位。在电脑中安装学生探究活动所需的各种软件,借助机房管理软件由教师电脑统一管理学生电脑,安装计时器,便于学生把握任务进度。使用在线文档软件石墨文档制作一个网页,将其设置为学生电脑的浏览器首页,供学生使用。同时,为学生配备了《职业百科》等纸质图书资源,供学生阅读使用。

(二) 学习方式

将班级(班额 50 人)分为 12 个 4 人小组(其中两个小组为 5 人),保证组内在性别、学力、性格等方面互补,组间则能够公平竞争。以角色扮演的方式进行分工,组内成员分别扮演助残志愿者、职业排雷师、职业推荐师、职业咨询师,并承担相应的工作职责。

三　教学流程与实施

根据学生的年龄特点、知识基础和学习风格,基于为学生参与学习活动提供针对性指导的宗旨,设计了教师的教学过程与学生的学习过程。

(一)课程导入环节

课程导入环节旨在以残障人士就业现状视频为刺激物,通过残障人士坚强就业的画面触动学生,引发学生的探究欲望。为此,教师引导学生观看"残障人士就业现状"视频,并向学生讲述 12 月 3 日为国际残疾人日等相关拓展信息,增强学生课堂学习价值感和参与感。

(二)布置学习任务

该环节旨在以真实元素模拟情境的方式设置任务,教师主动询问学生对任务的疑惑和建议,充分倾听学生的声音,学生树立"我的任务"意识,充分投入探究活动中。为此,教师面向学生呈现探究情境和探究任务,即为每个就业帮扶小组随机分配一位残障人士,并向学生介绍任务细则、学习资源、学习方法、学习交付物和评价方式。学生能够即时了解学习任务,并和自己的伙伴商定好组内分工,进一步投入思考"我"该如何帮助这位残障人士找到合适的工作。

(三)自主探究阶段

该环节旨在为学生构建并努力维持一个自主探索、小组合作的学习空间。学生是主体,课堂以支持学生开展自主探索的小组研究活动为中心,教师作为课堂支持者,为学生提供学习支持和情感支持,并管理课堂,引导学生自主解决学习困难,并持续观察和记录课堂情况,对学生学习过程中涌现的好人好事好方法给予及时的正面反馈,引导同伴间的双向帮助、知识流动与资源共享。

该环节中,学生使用电脑查找残障人士的专业、学历、身体素质等详尽信息,如查找"电子商务专业""自闭症""中专学历""侏儒症"等,以小组合作的方式,组内商定残障人士不适合和适合做哪些职业,并填写就业帮扶单,以PPT(演示文稿)形式展示调查结果。其间,教师扮演"好奇的倾听者",表现出对学生正在探究的内容的高度好奇,以平视的姿态与学生共同学习探索。教师还是"温暖的支持者"的角色,关注学生在学习过程中的情感体验,当学生敢于质疑、勇于探索时表达鼓励和欣赏;当学生产生消极情绪时表达尊重和理解,鼓励学生面对困难。教师同时也要管理课堂,包括管理可能出现的人际冲突和整组开小差现象,应来回巡视、观察各组的学习进度、学习过程、学习策略等。

(四)展示评价环节

该环节旨在以展示、汇报等方式交付探究成果,不仅评价了各组的学习结果,而且通过充分的生生互动和师生互动使学生从他人的发现中受益,促进自我反思,因此属于一种"教育性评价"。为此,教师设计并实施了"他们的梦想也值得辉煌——残障人士就业交流会",从学生中选举助教团队,主持人负责主持展示汇报环节,计时员负责把控各组展示汇报时长,管理员负责课堂秩序,总结员负责记录课堂精彩瞬间,摄影师负责拍摄各组展示汇报画面等,每小组按照顺序展示汇报自己的研究作品。每个小组以深圳市残疾人就业服务中心的就业帮扶小组的身份,上台展示汇报自己为相应残障人士推荐的职业,并说明理由。展示小组对观众提出的疑惑,或更好的职业推荐进行解释性讨论和交流。教师作为"好奇的倾听者"和台下的学生一起倾听就业帮扶小组的工作成果,并适时引导学生对"身体要素对职业选择有何影响"进行深度思考和探究。

四 实施成效

每个小组都能为自己负责的残障人士找到一份合适的工作,并从中获得启发。在成果展示性评价中设置问答环节,展示者的解说与听众的回应(包括提问、补充、反驳和点评)共同构成了关于"如何帮助残障人士找到最合适职业""身体要素对职业选择有哪些影响"等解释性讨论过程,引发学生对相关问题的深度思考,在充分的解释性讨论后,大家一起为自闭症患者找到了宠物日托这个职业,不仅考虑了该残障人士的就业局限,也有利于其康复和融入社会。

五 实施反思

(一) 教学设计理念

课程主题来源于学生日常学习中真实感兴趣的问题"这个职业残疾人能做吗?",充分尊重并挖掘了学生学习的主观能动性,引导学生思考"身体要素对职业选择的影响",讨论并尝试解决残障人士就业困境这个社会问题。

(二) 教学实践过程

采用小组合作和自组织的方式使用一台电脑,通过上网查资料来完成老师布置的研究任务,以展示汇报的方式将自己的研究结果分享给他人,设置问答环节,进一步引发学生的深度思考与理解。

(三) 教学方法

根据学生年龄特征、认知基础和学习风格,教师采用了多种切实可行又行之有效的教学方法和工具。具体包括如下方面。

(1) 搭建自组织学习支架。组建班级助教团队,将课堂管理权力交给学生团队。

(2) 拓展学生获取学习资源的信息渠道。在电脑教室设置阅读区,精选与课程相关的纸质图书资源和网络资源。

(3) 搭建合作学习支架。一是进行团队建设,让学生为小组设计组名、口号,在为团队赢得荣誉的过程中体验集体凝聚力。二是进行角色扮演和分工,让学生找到自己在小组中的位置,积极参与小组合作。

(4) 教师扮演"好奇的倾听者"。表现出对学生正在探究的内容的高度好奇,以平视的姿态与学生共同学习探索。

（5）教师扮演"温暖的支持者"。关注学生在学习过程中的情感体验，当学生敢于质疑、勇于探索时表达鼓励和欣赏；当学生产生消极情绪时表达尊重和理解，鼓励学生面对困难。

（6）持续地观察和记录。教师来回巡视，观察各组的学习进度、学习过程、学习策略等，从而很快发现教学设计上的漏洞并及时调整。

（7）正面管教。教师对学生学习过程中涌现的好人好事好方法给予及时的正面反馈，引导同伴间的双向帮助、知识流动与资源共享。

（四）教学创新

本教学采用了跨学科融合课程设计，形成"大问题"——身体要素对职业选择有哪些影响；采用"多人一机、深度探究、小组流动、知识共享"学习环境和学习方式，学生以合作和自组织的方式完成教师布置的研究任务；采用成果展示性评价，设置问答环节，引导学生就残障人士就业问题进行解释性讨论，将评价过程设计成学生的又一次学习机会，从而获得对职业选择的深度理解。

（撰稿者：深圳市坪山区同心外国语学校　刘欢）

课程创意 2－2 生涯教育学科融合课程

为构建坪外覆盖全学科、全年级、多角度全面而完善的生涯教育学科融合课程体系，学校成立"学科＋生涯"融合课程项目组，每学科遴选一位教师加入项目组。项目组以研带教，引导教师在日常教育教学中，根据本学科教学内容及特点，贯彻落实生涯教育学科渗透的规定和要求，参考生涯教育学科渗透维度和要求，自主设计本学科生涯学科渗透内容，为学生提供覆盖全学科、全年级、全过程、多角度的生涯指导，促进学生的自我认识、生涯规划、职业体验和社会理解的发展与完善（见表 2－2）。

表 2－2 生涯教育学科渗透维度

学科渗透	具体渗透点（时长：2～5 分钟）
职业启蒙	职业人物故事，职业角色扮演，生涯观影
职业认知	职业人物传记，职业地位，入行门槛，学历要求，职业技能，工作要求，工作内容，工作体验，薪酬福利（不局限于工资），工作环境，地域选择，雇用方式，工作交际圈，职业刻板印象，性别与职业的关系，职业精神，未来前景
职业规划指导	认识学科与专业的关系：了解学科对应的高等学校或中等专业学校所分的专业门类，升学渠道，升学政策和资讯
	认识学科与职业的关系：了解职业/岗位中所需的学科知识和技能，了解专业对应的职业群以及社会的职业需求
职业支持	社会环境与发展机遇，求职技巧与就业趋势，职场人际与亲密关系，信息平台与工具使用，劳动法律与就业政策

经过多年的研制与实践探索，项目组成功梳理出符合学科课程实际，在学科日常教学中合理拓展生涯教育内容的"学科＋生涯"课程计划和实施路径，以中学历史学科为例（见表 2－3）。

表2-3　中学历史生涯教育学科渗透安排

年　级	学　期	章节/主题	教材内容	职业名称	渗　透　点
七年级	上学期	统一多民族国家的建立与巩固	两汉的科技和文化	科学家	人物故事
		社会变革	百家争鸣	自由职业者	职业选择与社会发展趋势
	下学期	统一多民族国家的巩固与发展	明朝的科技建筑与文学	医生	如何跳出社会评价体系挑选适合自己的职业
		民族关系发展与社会变化	宋代经济的发展	商人	创新与职业发展
八年级	上学期	资产阶级民主革命与中华民国的建立	革命先行者孙中山	革命家	人物故事
		新民主主义革命的开始	新文化运动	家庭主妇	性别与职业的关系
	下学期	中国特色社会主义道路	对外开放	商人	社会环境与发展机遇
		国防建设与外交成就	钢铁长城	军人	了解职业/岗位中所需的学科知识和技能
九年级	上学期	拜占庭帝国和《查士丁尼法典》	罗马法	律师与法官	认识到法律职业对社会生活的重要性
		新航路开辟	发现新大陆	探险家与船长	远洋航行的相关知识
	下学期	联合国与世界贸易组织	联合国	国际志愿者	进入国际组织的途径与工作内容
		工业革命	第二次工业革命	科学家	西门子、爱迪生等发明家人物

（撰稿者：深圳市坪山区同心外国语学校　刘欢　梁英）

课程创意 2-3　生涯教育寒暑假作业

每年,家里人都要准备丰盛的年夜饭。在他们准备年夜饭的时候,请你在旁边仔细观看,并且为你们家的年夜饭画一个绘本。绘本的纸张自备,建议使用较硬 A3 纸。内容可以包括年夜饭的原材料、做饭的工具、年夜饭成品、与年夜饭有关的故事等。同时,也可以在家人做饭的时候为他们拍摄一些照片,贴在绘本上,留住这团聚的美好时刻。请认真观察,并充分发挥你的想象力,为我们画出一顿丰富的年夜饭吧!

一年级生涯教育暑假作业——定格职业内容

作为一名光荣的小学生,你已愉快地度过了一学年,成功闯关到暑假啦!在之前的寒假里,我们一起闯关,通过与职业从业者合影留念的方式,成功知道了 4 种职业。而在当下这个暑假里,想邀请你继续闯关,在家长的陪同下,走出家门,寻找 3 位正在工作的职业从业者,着重观察他们的工作内容,礼貌地询问他:"您好!您正在做什么呢?您的职业是什么?"将他的职业和工作内容记录下来,然后,邀请他与你合影留念。请注意,这次的闯关要求是合影照片要能体现这位职业从业者的工作内容,如厨师正在切菜。

基本要求:自选纸张(至少 A4 大小),制作一张"定格职业内容"海报,将你的 3 张合影照片彩色打印,粘贴在纸上,每张照片旁边须注明"(职业)正在(工作内容)",如"厨师正在切菜",你还可以画出或写下你的观察感受与心得。最后,不要忘了在海报上写上你的班级和姓名呦!

二年级生涯教育寒假作业——我家的手艺人

亲爱的同学们,偷偷告诉你,我们身边的家人其实都是身怀绝技的手艺人哦!他们拥有精妙绝伦的技艺:笔墨挥散间,红红火火的春联就完成了;穿针引线间,一顶可爱的帽子就完成了;时光流逝间,一道道独具风味的酱菜温暖了餐桌;浅斟细饮间,茶香溢满庭室,沁人心脾;几个修理动作后,家里的灯又亮了起来;欢声笑语间,一个又一个杂耍惊艳了所有人……

寒假正值新春佳节阖家团圆、亲友相聚之际,请用你那明亮的双眼找出一位家里的手艺人,仔细观察、欣赏并记录这项手艺的制作过程。记录的形式可以是自选纸张,在纸上呈现这项手艺的完成过程(有照片就更好了),也可以在家长的帮助下制作 PPT、小视频等,开学后,你就可以向全班同学介绍自己家的手艺人啦,快去行动吧!

二年级生涯教育暑假作业——我是生活家

同学们,暑假即将到来,你是否充满期待?请你环顾自己的房间,是比较脏乱,让人看了心烦意乱,还是整洁有序,让人看到心情平静?这次暑假,让我们来提高自己的生活品质,在一点一滴中享受生活吧!从早晨起床开始,仔细观察自己的生活,有哪些事是我们做了就可以提高生活品质的呢?有哪些是我们已经可以独立完成,却让他人代劳的呢?如整理打扫自己的房间,收纳整理自己的物品等,请找出 1—2 件这样的事情,在这个暑假开始坚持自己的事情自己做。

最后,制作"我的生活,找不同"手抄报。要求:手抄报至少 A4 大小,将"独立完成前"和"独立完成后"的照片彩色打印至少两组,在照片下注明"独立完成前"和"独立完成后",写下三个小技巧,要记得写上你的班级与姓名。我们会挑出优秀作品在开学后的暑假展上展出,让同学们找不同,你还可以作为品质生活家分享你的心得体会。

三年级生涯教育寒假作业——年货手账

过年的时候,办各种年货是必不可少的。请你帮家人一起选购年货,了解每种年货的价格,做一份年货手账。手账的纸张需要自备,建议使用较硬的 A3 纸。手账的内容需要包括:至少 5 种类型的年货,每种年货的样子、中英文名称、单价、数量和总价等。可自行对手账进行美化设计,开学后让我们看一看谁的手账内容丰富、形式多样、美丽有创意!

三年级生涯教育暑假作业——家庭职业大模拟：我是我家的_____

同学们，暑假就要到了。未来漫长而又快乐的两个月，你可以在家享受假期，而爸爸妈妈们还要继续工作。即将升到四年级、变成一个大孩子的你，是否曾经想过，在暑假可以为你们的小家庭做些什么呢？想不想和爸爸妈妈一样，也拥有自己的职业，尝试一下在家里就可以完成的职业大模拟？快来跟着老师的指引，一起完成这个挑战吧！仔细观察你们的家，想一想爸爸妈妈平时在家里经常做哪些事情，这些事情中有没有你可以独立完成的，在家长的指引下尝试着做一做。选择一件你愿意坚持去做的事情，和父母商量后，将其命名为一种职业。

四年级生涯教育寒假作业——家谱制作

春节是团圆的日子，在家族相聚时，你是否了解你们的家族成员呢？请你借此机会，为自己的家族设计一份包含家庭成员信息的创意家谱。家谱的内容须包括：家族成员的姓名、年龄、职业、常居地、与你的关系（称呼）等。如果你还能在家谱中向大家展示你们家族的更多信息，那就更好啦！我们希望看到内容丰富、设计美观有创意的家谱。通过制作家谱可以增进你和家人们的感情哦，加油吧！

四年级生涯教育暑假作业——观察一日工作

根据《中华人民共和国职业分类大典》数据显示，我国已有1481种职业，快数一数你了解多少职业，你知道这些职业的具体工作内容吗？你知道需要具备哪些能力和素养才能胜任这份工作吗？这个暑假，邀请你一起遨游职业世界，走进家人或亲戚的工作场所，观察他的一日工作，看看他的工作环境，观察他工作时的心情，还可以帮助他一起完成工作事务……我们赶快开始吧！

观察对象首选父母，也可以选择值得信赖的亲戚朋友；观察过程中，监护人请做好看护工作，务必保证孩子的安全；自选纸张（至少 A4 大小），制作一张"观察一日工作"海报，在海报上标注你的班级和姓名。你可以重点关注以下信息：他的职业是什么；他主要负责哪些工作事务；他每天几点上下班，可以画出他的工作作息表；他的工作时长你觉得是否合适,并说明原因;描述/画出/拍摄他的工作环境,并说明你是否喜欢这种工作环境;描绘他工作时的心情,并说明为什么;描述/画出/拍摄他常用的工作设备;还可以列出他掌握的工作技能,你和他一起做的工作事务,并把你的职业体验与工作心得写出来。

五年级生涯教育寒假作业——新闻专栏·我的重要他人

亲爱的同学们,在我们的人生旅途中,有一些人让我们记忆深刻,或许是他们的一句话、一个行为对我们产生了重要影响,我们的性格和行为也因此被打上了深深的烙印。这些人就是我们的重要他人。试着梳理自己与他人的关系,找出那些对你的性格和行为有着重要影响的重要他人。选择其中一位,向他发出采访邀请,以记者的身份采访他,并制作新闻报道。你可以问:

谢谢您接受我的采访邀请!您对我来说是重要的人,对我产生了重要影响。今天我想以记者的身份采访您,一边交流一边向您学习。

请问您目前的工作具体要做些什么?

在您的工作中,您觉得最有成就感的事情是什么?

在您的工作中,您觉得最辛苦的事情是什么?

目前为止,您换过工作吗? 为什么换/不换工作?

目前为止,哪些人对你造成了重要影响,具体发生了什么事?

目前为止,您做过的最重要的选择是什么? 这个选择对您造成了哪些影响?

目前为止,您最遗憾的一件事是什么,如果能重来,您会怎么做呢?

采访后,你一定对他有了很多新认识,不妨试着向他表达你的新发现。

最后,不忘表达谢意:"谢谢您的支持与配合,等我把新闻报道做完,给您看看。"

自备一张纸制作新闻专栏,纸的大小不限。为你的重要他人拍张照片,将你的采访过程也拍下来,将照片贴在新闻专栏上,还可以用剪贴画、彩笔装饰你的新闻专栏。

五年级生涯教育暑假作业——职业星档案

亲爱的同学们,善于观察的你们,看到了奋斗在抗疫一线的医护人员的汗水;看到了校门口迎着朝阳、身披晚霞的保安叔叔的每日身影;看到了老师们在黑板上奋笔疾书的智慧……在每个平常的日子里，各行各业的从业者在自己的工作岗位上认真履职，绽放光芒，贡献力量。

请选择一位自己敬佩的职业从业者，对他进行职业访谈，自选纸张（至少 A4 大小），自选绘画工具，为他制作"职业星档案"，记得写上班级和姓名。你可以重点关注以下信息：他的基本信息，包括姓名、性别、兴趣爱好；他的求学经历，包括学历、毕业院校及所学专业；他的求职经历，包括职业名称、选择这份工作的原因；他的工作内容，包括工作时间、主要职责、工作要求；他的职业故事，包括工作中的职业成就感、会面临哪些问题或挑战；他的职业体验，包括喜欢和不喜欢的工作内容及原因；他的闪光点，通过职业访谈，你从他身上学到了什么等。

六年级生涯教育寒假作业——职业灯谜

在本学期六年级的生涯课上，我们开展了职业接龙、职业小剧场等活动，探索了体育、销售等职业领域，还了解了不同职业对人的身心能力有何要求。2024 年元宵节即将来临，让我们以猜灯谜的形式来认识更多的职业吧。灯谜是一种汉族传统娱乐活动。每逢正月十五元宵节，民间都要挂起彩灯、燃放焰火，后来有人把谜语写在纸条上，贴在五光十色的彩灯上供人猜。因为谜语能启迪智慧又迎合节日气氛，所以参与的人众多，猜灯谜因此逐渐成为元宵节不可缺少的节目。

开学后，学校要举办一次职业灯谜展，现向六年级同学征集灯谜！请同学们创作职业灯谜（就是以职业为谜底的谜语）。基本要求如下：① 太容易猜的谜语没有意思，太难猜的谜语也没有意思，最好的谜语应该是让人思考一段时间后能猜出来的；② 谜面可以是该职业的职业特点、工作内容、所需技能等；③ 谜底可以是已消失的职业，但不能是未出现的职业；④ 谜底不能有违法的内容；⑤ 谜语中不使用低俗、歧视性、侮辱性的字词，谜底应该是正式的职业名称，不要用非正式称谓，例如，应该用"外卖员"而非"外卖小哥"，用"清洁工"而非"清洁阿姨"。

六年级生涯教育暑假作业——初中生活情报站

亲爱的同学们，恭喜你们成功开启新篇章，即将迎来期待满满的初中生活。"小升初"的你是否好奇，初中生活将是怎样的光景？作为一名初中生，我们将学习哪些课程,可以参加什么活动……了解初中生活,是迈向中学的第一步! 这个暑假,你可以主动咨询初中的学长学姐,提前了解初中的学习及课余生活,并将所获信息制作成一份"初中生活情报站"海报,完成后还可以与同伴一起分享和交流。

考试科目情报:初中考试科目有语文、数学、英语、历史、道法、物理、化学、生物、地理、体育。内容具体包括:有些科目从七年级开始就有,有些科目八年级才有,还有些科目九年级才有,请找出来。有些科目纳入中考,有些科目纳入会考,请找出来。此外,每个科目每天需要花多少时间做作业? 每个科目在中考/会考中占多少分值,考试时间是多久? 针对每个科目的学习,学长/学姐给你的建议是什么?

非考试科目情报:初中有哪些非考试科目,请找出来。列出这些非考试科目的学习内容和活动,学长/学姐认为这些科目最吸引人的地方在哪里。

重要考试/考核情报:初中重要的考试和考核有中考、会考、综合素质评价,包括每种考试/考核的时间点;每种考试/考核的内容、要求与通过标准;每种考试/考核的重要影响与意义。列出在这些考试/考核中,学长/学姐成功和失败的经验与教训。

课余生活情报:初中有丰富多样的社团,列出你最感兴趣的 3 个。初中有一些学生组织,请列出它们的功能,并说明你最想加入哪个。初中会举办很多校园活动,列出你最感兴趣的 3 个。

七年级生涯教育寒假作业——我的未来简历

又是新的一年到来,同学们有没有想过二十年后的你从事什么职业呢? 那时候的你已经工作十年了,可能已经成为某个领域的专业人士,生活充实而幸福……请大胆想象一下,你未来在做着什么样的工作,过着什么样的生活。请你为二十年后的自己制作一份简历,记录你二十年来的职业成就吧。

你可以在这张作业纸上完成你的简历,也可以自选纸张,根据自己的喜好和想法,发挥自己的设计与美工能力,自己设计简历,让自己的简历更加精美。如果你自己设计简历,简历中要包含作业纸上的所有内容。开学后,你可以选择将这份简历收藏在你的生涯档案袋中,还可以参选优秀作业,为自己积累更多荣誉。教育背景主要是写自己的学历,可以写自己的第一学历(本科、专科等)和第二学历(硕士等),也可以写其他受教育经历。请详细描述自己的日常工作内容和所完成的项目并举例说明,可以写在两个公司及以上的就职经历。在自我评价方面，请就自己在这个领域的成就、技能熟练程度、其他工作能力等方面进行评价。

七年级生涯教育暑假作业——To Be A Volunteer(成为一名志愿者)

同学们，暑假快乐！一整个假期闷在家中会不会有点无聊呢？不如和同学一起出去找点事情做，体会一下"今天多亏有我帮忙"的快乐。你可以帮助图书馆整理书籍，也可以在高铁站、地铁站协助指引旅客，还可以在社区进行垃圾分类的督导，凡是能给他人带来安全、方便或快乐的无偿服务都是公益性的。

深圳市初中综合素质评价要求每位同学每学期参加 8 小时公益服务，赶快利用这个暑假完成吧！参加校内外的各种公益服务或义工活动，至少完成两次完整的志愿服务(总时长不少于 4 小时)。不方便外出的同学，也可以在家中或社区里承担一定的服务工作。请家长或同伴用视频(至少 1 分钟，勿超过 3 分钟)记录下服务的过程。在视频的末尾请说说你服务中的收获或服务后的感想，用自己的话来说(不要念稿子)，哪怕说得不太通顺也没事，只要表达你真实的感受就行。切勿摆拍！拍摄下你服务过程的真实画面即可，尤其是你遇到的困难或不容易做好的环节。不必追求完美，关键是从失败和错误中不断学习。也可以拍一拍服务场所的工作人员，看看他们每天的工作内容是什么、工作环境是什么样的、在这份职业中有哪些痛苦与乐趣。可以发挥创意，为视频配上字幕、音乐、旁白等。

八年级生涯教育暑假作业——我的生命曲线图

亲爱的同学们，生涯课已经伴随你走过了接近 4 年的时光。在课上，我们一起分享过兴趣，探索过能力，在课堂里碰撞职业价值观，也一起了解过不同的职业，我们思考，我们体验，有遗憾，也有收获。生涯是将会伴随我们一生的课程，因为我们永远可能面临选择。你选择用怎样的方式度过接下来的初中时光？毕业后选择高中还是职校？选择怎样的学校？培养哪些兴趣与专长？进入大学要选择什么专业？就是这样一个又一个不同的选择组成了我们的人生。

人生的路将要通往哪里，我们无法预测。但我们可以依据现有的经验和对自己的了解，试着想象我们的未来会是什么样的，在每一个重要的人生节点，我们都在做些什么。在生命曲线图上,画下你生命中重要的经历,想象未来将会经历的重要事件。可能是你进入一个心仪的学校,又或者是你找到第一份工作,也可能是你的升职、换工作、结婚、退休……你可以在这张作业纸上完成你的生命曲线图,也可以自选纸张,自己确定时间节点。除了文字,你还可以根据自己的喜好和想法,发挥自己的设计与美工能力,利用画画、剪贴画等方式装饰自己的生命曲线图。

八年级生涯教育暑假作业——Dream School

同学们暑假快乐!新学期,我们即将升入毕业班,每个人都在为梦想拼搏。让我们一起利用暑假的空闲时间,了解一下初中毕业后,人生的下一个阶段是什么样的,深圳又有哪些各具特色的普高、中职、技校等可供我们选择。请你先选定一所 Dream School(你梦想的学校,可以是普通高中、职业学校或技师学校等,任何有特色的高一级学校都行),在通过网络加以了解之后,将关于这所学校的重要信息画成一幅海报,帮助有兴趣报考的同学了解这所学校。

自选纸张(至少 A4 大小)、自选绘画工具,结合图像和文字来展现这所学校的风貌。可采取思维导图的形式。你可以重点关注以下信息:学校在什么位置,交通方便吗? 校园是什么样的? 有哪些"景点"或"传说"? 学校会举办什么样的活动? 这些活动吸引人的地方是什么? 学校里有哪些有趣的社团或组织? 他们有什么样的"传奇"? 学校开设哪些特色课程(如果是职校、技校,可以看看有哪些特色专业)? 学校有哪些厉害的或有趣的老师? 学生宿舍是什么样的? 学校的图书馆、运动场、实验室等有哪些特色? 这所学校的学长学姐们是怎样评价学校的? 这所学校发生过哪些有意思的故事? 为了让同学们了解这所学校的真实情况,你既可以呈现它的优点,也可以呈现它的缺点或不足。

(撰稿者:深圳市坪山区同心外国语学校 刘欢 赵丹妮 高攀 黄睿)

课程创意 2－4 无围墙学校活动

一 背景与理念

根据舒伯的生涯发展理论、金斯伯格的职业发展理论，八年级学生(14—15 岁)处于职业探索期，逐渐形成自我概念与职业概念，出现职业偏好，开始尝试把兴趣与能力统一到自己与职业的关系中。为此我校特带领学生实地参观真实的工作环境，为学生亲自体验工作流程、挖掘个人职业兴趣和能力开创更多机会。同时，邀请企业职员把他们的"生产车间"搬进校园，以职业导师的身份与学生团队一起策划、经营自己的职业体验摊位，让学生获得丰富而真实的职业体验。

二 目标与追求

1. 通过实地探索，学生能够初步了解真实的职场生活。

2. 学生可以亲自操作各种生产工艺和流程，体验创业当老板的过程。

3. 学生将自己的兴趣与能力统一到自己与职业的关系中，逐渐发展出清晰的自我概念和合理真实的职业偏好。

三 框架与内容

活动一共分为三个板块，板块一是通过线下实地参观、线上搜集图文资料的方式，引导学生了解真实的职场生活，包括工作时间、工作环境、工作内容、工作要求等。板块二是为学生创造实践实操的机会，鼓励学生亲自动手操作相关的生产工艺和制作流程，其间，企业职员作为职业导师手把手指导学生操作，学生学成之后，再教会其他人。

板块三是活动收尾阶段,学生对活动过程进行收获总结和心得分享,在交流和分享的过程中,引导学生将自己的兴趣与能力统一到自己与职业的关系中,逐渐发展出清晰的自我概念和合理真实的职业偏好。

四 流程与实施

为了丰富且深化学生的职业体验,既为学生提供具体而生动的职业参观和体验机会,又能引导学生内化吸收外在的职业信息,最终引导学生将外部的职业世界与内部的生涯探索结合起来,深入思考自己的职业规划,特设计了如下活动流程和实施环节。

(一)亲自实地参观企业

通过前期的企业调研和学生兴趣调查,确定了五家合作企业,生涯老师带领学生团队去企业参观,包括办公环境和生产车间观察,生产流程和技术工艺观摩等。学生可以身临其境,置身于真实的工作环境中,沉浸式观察、体验式感受真实的职业生活。

(二)体验生产流程和制作工艺

学生以小组为单位选择一项自己感兴趣的生产流程或制作工艺,在企业职员的指导下,亲身体验并学习相应的技术和工艺,如制作口红(包括口红原料配比、口红调色、口红脱模、口红质量检测等环节)、制作头盔(包括外壳和内胆材质选择、五金装配、安全测试等环节)等。

(三)职业导师面对面访谈

沉浸式观察和体验结束后,学生可以邀请企业职员作为自己的职业导师,在公司的休闲空间里进行一对一、一对多的深入访谈,进一步了解导师们的工作情况和工作感受,如导师的求学经历(院校和专业)、求职经历(实习、找工作和换工作),以及当下的从业感受,如工作中最有成就感的事情、工作的瓶颈或矛盾等。学生可以通过面对面访谈的方式,进一步绘制职业蓝图。

（四）学生与职业导师共同创业摆摊

为进一步将学生的职业蓝图落地，学生将和职业导师结对子，共同组成创业团队，在校园里设置摊位，向所有同学介绍职业内容、操作工艺流程、展示工艺成品，从而赚取"校园币"。这一活动能够让学生体验用自己掌握的职业技能成功创业的职业成就感。同时，参加完整个活动流程的、拥有真实职业体验的学生也可以成为其他学生的职业导师，以学生的力量去影响更多学生，点亮更多学生的生涯。

五　成效与反思

此次活动突破了学校围墙，引导学生在真实的社会环境中学习，鼓励学生通过实践和体验获得必要的知识和技能，生成对社会生活具体而生动的生涯感悟。活动更关注学生生涯探索的自主性和实践性，尊重每个学生的兴趣和特长，注重培养学生的自我探究和生涯规划意识，强调培养学生的自我觉察、动手实践和社会适应能力。

（一）活动成效

1. 增强了学生的实践能力

学生通过亲自参观自己感兴趣的企业，观摩并亲自操作了生产流程和制作工艺，拓展了生产实践，视野尤其是工业生产实践视野，切实地增强了实践能力，能够深刻体悟实业生产背后的劳动价值和意义，树立积极的实践观念和劳动精神。

2. 提升了学生的生涯规划能力

学生能够突破课堂和课本的局限，亲临工作现场，获得真实的职业见闻，并就自己真实的职业见闻与职业导师面对面交流，获得丰富且深刻的生涯体验，从而更易激发自我职业生涯规划意识，有意识地规划自己的学业和职业生涯，并做出切实可行的行动规划。

（二）活动反思

1. 负责讲解的企业讲师须提前培训

活动中，由企业讲师向学生介绍公司产品和生产工艺，他们不太了解中小学生的知识基础和学习风格,因此讲解时习惯用专业术语或抽象概念,导致学生容易对其一知半解。为此,活动准备阶段,学校需要对企业讲师进行一对一培训和共创,根据学生的年龄特点和学习基础,协助讲师把成人化的表达转化成学生能够理解的语言。

2. 时间和环节安排须灵活调整

此次活动共四个环节,活动前期,学校和企业会共同确定每个环节的内容和时长。经过实践,学生年龄和性别的不同、参观企业类别的不同、参观制作工艺内容的不同等因素都会影响学生参观学习的投入程度和学习质量,如参观化妆品企业时,学生对打扮靓丽的企业职员更感兴趣,参观五金制造企业时,学生对动手实操制作五金零件更感兴趣。为此,活动要以满足学生个性化的学习需求为核心,灵活调整活动环节和时间。

(撰稿者:深圳市坪山区同心外国语学校　刘欢)

第三章
开放性：让学生与世界对话成长

全球化时代，学校课程需要培养学生的国际素养和跨文化理解能力，让他们能够为未来社会的变化和需求做好准备，为塑造更加包容和公平的未来社会作出贡献。课程应通过让学生了解不同国家和文化的背景和特点，培养他们的跨文化交流能力、全球视野和批判性思维，帮助他们更好地适应全球化时代的需求。

课程内容的开放性是指学校在设计和实施课程内容时,要兼具计划性、灵活性和多样性,要允许学生、教师及课程开发者在课程实施过程中拥有充足的自主权和参与度。开放性的课程内容不应局限于传统的教材,因此,教师应整合和开发多元的学习资源,为学生提供更广泛的学习选择和学习体验,让学生在个性化的学习路径中,根据自己的学习进度和学习风格,挑选合适的内容,开展交互性、合作性的学习活动,并鼓励学生进行自主学习、批判性思考和问题解决,为他们未来的发展打下坚实的基础。

《义务教育课程方案(2022年版)》强调,课程应着力"培养学生适应未来发展的正确价值观、必备品格和关键能力,引导学生明确人生发展方向,成长为德智体美劳全面发展的社会主义建设者和接班人"。[①] 这要求课程须具备"开放性",面向未来,打通学校、家庭、社会以及过去、现在、未来的联系,指向个人的终身发展和社会发展所需要的正确价值观、必备品格和关键能力,最终促使人能适应时代对人的自我实现的新要求,适应工作世界、社会生活源源不断出现的新挑战。

为实现课程的开放性,学校要主动关注以下几个方面。一是注重教育公平性。学校课程及相关教育资源应面向全体学生,而不应局限于少数学习成绩优异的学生,不差别对待,使人人均可在课程中学习和成长。二是培养学生面向未来终身发展的能力。未来社会需要什么样的人?我们需要培养什么样的人?这些问题值得我们深思。在课程设置上,我们应该转变课程观念,不仅重视最基本的知识与技能,而且需要重视学生的学习过程和方法,让学生体验学习的过程,感悟和掌握学习的方法,学会学习,为终身学习打好基础。同时,我们在设置课程时需要关注对学生世界观的培养,即在尊重和欣赏本民族、本国文化的基础上,培养具有全球意识和开放心态、通晓世界规则、适应未来并致力于为全人类共同福祉而努力的未来世界人才。三是课程要能看见学生,尊重每位学生的兴趣特长和个体差异。具体而言,开放性课程通过提供多元化的学习方式和适应不同学习需求的教学策略,满足学生的个性化需求,从而促进学生的全面发展。接下来,以学校国际理解教育课程为例,具体阐述课程的开放性特点。

我校以"国际理解教育,让学生在对话世界中成长"为课程核心理念,以开放性作

---

① 中华人民共和国教育部.义务教育课程方案(2022年版)[S].北京:北京师范大学出版社,2022:2.

为课程设计原点，致力于培养悦纳自我、关爱他人、理解世界，勇于行动、有一技之长的社会参与者。其中，"理解世界"强调"国际理解"，即了解人类面临的全球性挑战并理解人类命运共同体的内涵，在理解世界的基础上，从自己开始积极采取行动、创造更加美好的世界。经过多年实践探索和积累，我校打造了义务教育阶段国际理解教育课程实施体系，系统构建了从时间层面串联课堂教学、延时服务，从空间层面覆盖校内国际理解教育活动和校外国际理解人文交流活动的国际理解教育课程实施框架。为了进一步打造开放性课堂，学校在国际理解教育课程建设方面做了诸多创新举措。一方面，学校为每位学生提供了高质量、多元化，全员覆盖的国际理解教育课程。另一方面，学校打破了课堂界限，统筹家校社国际理解教育力量，积极参与校内外国际理解教育活动。在设计上，紧扣义务教育课程方案和课程标准（2022 年版）对核心素养的培养要求，注重在多样化的国际理解课程中培养学生面向未来的国际理解核心素养。

（撰稿者：深圳市坪山区同心外国语学校　李宇颖）

让学生与世界对话成长的国际理解课程

一 课程理念

《义务教育课程方案(2022年版)》明确提出,课程应重点培养学生的核心价值观、必备品格和关键能力,引导学生确立未来发展目标,成长为全面发展的社会主义建设者和接班人。我校认真贯彻党和国家立德树人的根本任务,全面推进素质教育。学校遵循教育发展规律和学生成长规律,以"国际理解教育,让学生在对话世界中成长"为核心教育理念,将国际理解教育作为培养学生核心素养、促进教育公平的重要途径,引导学生树立正确的世界观、人生观和价值观,培养德智体美劳全面发展的社会主义建设者和接班人。

学校国际理解教育课程以开放性作为课程设计原点,以"国际理解教育,让学生在对话世界中成长"为核心理念,致力于培养在尊重和欣赏本民族、本国文化的基础上,培养具有全球意识和开放心态,通晓世界规则,适应未来并致力于为全人类共同福祉而努力的未来世界人才。

二 课程目标

我校开展国际理解教育,致力于全面贯彻党的教育方针,切实落实立德树人根本任务。我们将国际理解教育融入学校育人全过程,旨在培养学生的国际视野和跨文化交流能力。我校依据2001年教育部颁发的《基础教育课程改革纲要(试行)》提出的三维目标,同时,为强调"行动"在国际理解教育目标中的重要性,在认知、能力、情感态度三个维度的基础上增加了行动目标维度,经过多方多年打磨与实践,制定了我校国际理解教育目标分析框架。

在知识获取层面上，学生需要充分了解不同国家和文化的核心要素及特色，深入探究国际事务和全球议题的背景及动因。基于此层面的认知，学生应熟悉以下关键领域：全球化的内在联系与相互依赖、国际和平与安全的维护、文化多样性与多元文明的交流互鉴、国际组织和国际体系的运作机制、可持续发展战略以及构建人类命运共同体的理念与实践。

在能力目标方面，课程致力于全方位培养学生的各项关键能力。这包括跨文化沟通技巧、团队协作精神以及问题解决能力。具体来说，这些能力涵盖了以下核心维度：学生的中外文化交流能力。学生应具备流利的外语口语和书面表达能力，能够自信地进行跨文化沟通。同时，学生需要深入了解不同文化背景下的交流习惯和礼仪，以便与各类背景人士进行高效而得体的交流。我们强调培养学生的分享与合作精神。学生应具备积极参与公共事务的意愿，愿意尊重并理解不同的意见、主张和观点。他们应具备清晰、有逻辑的表达能力和沟通技巧，能够有效地传达自己的观点和想法。我们重视学生讲述中国故事的能力。学生应善于发现和分享身边的优秀故事，并具备良好的书面和口头表达能力。与此同时，课程强调独立思考与思辨能力的培养。学生应具备独立思考的能力，尊重事实和证据，不盲从权威，勇于提出疑问并寻求答案。通过培养思辨能力，学生将能够更加理性、客观地分析问题，并作出明智的决策。

在情感与态度目标方面，课程积极引导学生形成与其学段和认知水平相符的观念。尊重和宽容是基础，包括对生命、自然和环境的尊重，对国家和民族的热爱，以及对多元文化的理解和接纳。同时，学生应秉持善良和公正的原则，对待他人、事物都应持有善良、仁慈和正义的立场。责任感和同情心也是学生必须具备的品质。学生应勇于承担责任，关心社会和环境，养成关注人类生存环境和地球可持续发展的素养和态度。最后，我们应倡导平等与共生的观念，帮助学生形成开放、包容和平等的心态。学生应愿意分享，具备尊重和包容不同文明文化、民族、国家、人与自然等领域特点的意识。

在行动目标方面，课程致力于引导学生多途径关注国际问题，并鼓励他们针对这些问题采取个人或集体行动。同时，学生将通过多种渠道了解世界文化，深入探究不同文化的特点，并积极与不同文化背景的人建立交往关系。此外，学生还须时刻关注国际发展动态，针对国际连接问题采取相应的行动。

三　课程内容

我校在深入剖析"国际理解"概念的共性后,结合新课标要求与国际理解教育课程目标,将课程内容划分为六大板块:全球化与相互依存、世界和平与安全、文化多样性与文明互鉴、国际组织与国际体系、可持续发展、人类命运共同体(如图3-1)。

图3-1　学校国际理解教育课程模块

四　课程实施

国际理解教育是一种跨领域、跨学科的综合教育,需要结合学校的实际情况来实施。我校通过与现有学科课程的有机结合,将国际理解教育的内容融入学校的整体课程体系。具体途径包括学科课程渗透、跨学科主题式学习、校本选修课、社会实践课程和对外交流活动等。在实施过程中,我们注重整体统筹和规划,引导学生积极参与、体验和领悟国际理解的内涵,最终实现国际理解教育的培养目标。

(一)学科渗透: 在现有学科中渗透国际理解教育内容

国际理解教育内容主题广泛,涉及多个学科,需要运用多学科知识和分析方法来展开。我校在开展国际理解教育学科渗透课程时，立足于学科育人目标，结合学科核心素养，根据各学科中国际理解核心素养培养要求，梳理出义务教育课标中的国际理解教育渗透点，形成清单，落实在学科日常的课堂教学、主题活动、文化氛围营造的全过程之中。

（二）主题课程：以国际理解为主题的跨学科主题课程

根据 2022 年发布的义务教育课程标准，每学期每个学科应安排 10％ 的课时用于开展跨学科主题性学习。为了贯彻这一标准，我校以国际理解教育为核心内容，每学年的下学期实施一项跨学科主题学习活动。在活动中，由两位或更多学科教师共同参与，进行跨学科教学，旨在促进国际理解教育的深度融合与渗透。

（三）校本选修：开设校本选修课程，支持学生个性化发展

我校致力于为每位学生提供个性化的国际理解教育，以激发他们的兴趣、能力和学科特长。为此，学校设计国际理解校内延时服务课程，旨在培养学生的跨文化交流能力、全球视野和批判性思维。这些课程旨在引导学生深入探索国际理解的核心素养，促进他们全面发展，并为他们的未来成长奠定坚实基础。

文体类课程是文体学院在延时服务时间开展的一系列课程活动，旨在培养学生的综合素质和文体才能。作为文体学院的重要组成部分，这些课程不仅涵盖了体育、音乐、舞蹈、戏剧等多个领域，还注重培养学生的国际视野和跨文化交流能力。

在国际理解教育课程方面，文体学院开设了多种相关课程，包括国际象棋课程和奥林匹克体育常识等。这些课程不仅能让学生了解不同国家和地区的文化和传统，还能通过实践和体验，培养学生的跨文化交流和合作能力。以国际象棋课程为例，学生不仅能够学习国际象棋的基本规则和技巧，还能够了解国际象棋在各国文化中的地位和意义。通过与来自不同国家和地区的学生对弈，学生可以更好地理解不同文化和思维方式，提高自己的跨文化交流能力。奥林匹克体育常识课程则让学生了解奥林匹克运动的历史、文化和价值观，以及各项体育项目的规则和技巧。通过参与各种体育活动和实践，学生可以培养自己的体育精神和团队协作能力，同时也可以提高自己的身体素质和健康水平。总的来说，文体类课程是培养学生综合素质和文体才能的重要途

径。通过参与这些课程,学生可以拓宽自己的视野,提高自己的跨文化交流能力和艺术鉴赏能力,为未来的学习和生活打下坚实的基础。

培力类课程旨在培养学生的综合素质,让他们在参与校园活动的过程中锻炼自己的人际交往能力、沟通与合作能力、领导力等。这些课程通常由培力学院在延时服务时间开展,形式多样,包括学生会、学长团、朋辈社团、少年邮局等。

通过参与学生会,学生可以锻炼自己的组织和管理能力,学会如何策划和执行各种活动。在学长团的活动中,学生可以向高年级的学长学姐学习,了解更多的校园文化和社交技巧。朋辈社团为学生提供了一个展示自己才华的平台,让他们在团队合作中发挥自己的优势。少年邮局则是一个培养学生独立解决问题和承担责任的平台,他们可以在这个平台上锻炼自己的沟通能力和协作精神。这些课程有助于培养学生的国际视野,让学生更好地适应全球化时代的发展需求。

博雅类课程旨在拓宽学生的知识视野,激发他们的学习兴趣,并培养他们在各个领域的初步知识和技能。首先,博雅类课程的内容丰富多样,涵盖了语言、数学应用、人文、科学、劳动技术、生涯以及闲暇兴趣活动等多个领域。这些课程通过短周期的大众性、入门性课程,帮助学生建立起对各领域的初步认知,激发并维持他们的学习兴趣。无论是国际音乐经典、国际名著阅读还是国际礼仪等课程,都旨在培养学生的国际视野和理解能力。其次,博雅类课程主要采用表现性评价。这种评价方式不仅关注学生的知识掌握程度,更重视学生的沟通与表达能力、过程性的学习表现以及产出的学习作品等。通过这种方式,博雅类课程能够更全面地评价学生的学习成果和能力表现。此外,博雅类课程还为学生提供了展示成果的平台。在国际文化周、Science Fair 等大型校园活动中,学生有机会展示他们在博雅类课程中所学到的知识和技能。这种展示不仅有助于增强学生的自信心和表达能力,还能够促进他们之间的交流和学习。

(四)实践活动:在行动中理解世界

学校致力于为学生打造一个国际化的学习环境,通过组织一系列实践活动,培养学生的国际视野和理解能力。学校定期举办模拟联合国活动,模拟真实的联合国会议场景,让学生扮演不同国家的代表,参与国际事务的讨论和决策。通过这种方式,学生可以深入了解联合国的工作机制,提高国际政治素养,增强全球意识。此外,学校还举办国际议题主题辩论赛,学生可以针对当前国际社会关注的热点问题展开讨论。这不仅锻炼了学生的思辨能力和表达能力,还激发了他们对国际事务的关注和思考。通过辩论,学生可以更全面地了解问题的各个方面,培养自己的独立思考和判断能力。为了让学生亲身感受世界各地的文化,学校特别安排了 Hi World 国际理解周活动。在这一周里,学生可以通过项目式学习,深入了解不同国家和民族的历史、风俗和文化。这种跨文化的交流与互动有助于培养学生的跨文化沟通能力,增进对世界多样性的尊重和理解。除了大型活动,学校还鼓励学生参与各种社团组织。这些社团经常组织国内外实地考察、志愿服务等活动,让学生将理论知识与实践相结合,提高自己的综合素质。通过与不同背景的人合作,学生可以锻炼自己的团队合作和领导能力,培养自己的社会责任感和奉献精神。学校通过这些实践活动为学生提供了拓宽国际视野、增强跨文化理解的机会。这些活动不仅有助于提高学生的综合素质和能力,也为他们未来的发展奠定了坚实的基础。

(五)人文交流:在与世界对话中成长

学校国际理解人文交流课程致力于拓宽学生的国际视野,培养他们的跨文化交流能力。通过实施具有校本特色的对外交流校本课程,我们力求将人文交流理念融入国际理解教育全过程。这门课程不仅有助于提升学生的人文素养,还有助于增强他们的国际交流意识和能力。在课程的组织形式上,我们注重多样性,主要包括中外学生对话交流、国际理解研学课程以及中外文化交流课程。

中外学生对话交流课程为学生提供了一个与世界各地同学交流的平台。在这个平台上,学生可以深入了解彼此的文化背景、价值观和生活方式,从而提升自己的跨文化沟通能力。同时,通过与外籍学生的交流,学生可以锻炼自己的语言表达能力,增强自己的自信心。

国际理解研学课程则注重引导学生深入了解不同国家和地区的文化、历史和社会制度。通过参加国际交流活动,学生可以拓宽自己的国际视野,增强自己的跨文化交流能力。同时,研学课程还可以培养学生的独立思考和批判性思维能力,让他们在面对多元文化时能够保持客观和理性。

中外文化交流课程则是为了让学生更好地了解中外文化传统、艺术形式和风俗习惯等知识而开设的。通过参加中外文化交流活动,学生可以深入了解不同国家和地区的文化魅力,增强自己的文化素养和跨文化交流能力。同时,这些活动还可以培养学生的跨文化沟通和组织能力,让他们在未来的人才交流中更具竞争力。

总的来说,学校国际理解人文交流课程旨在让学生在与世界对话中成长,提升他们的人文素养和跨文化交流能力。我们相信,通过这门课程的实施,学生将更好地适应全球化时代的需求,成为具有国际视野和跨文化交流能力的人才。

五 课程评价

在国际理解教育课程的评价方面,学校始终坚持以学生发展为核心,充分发挥评价的预测、诊断、反馈、导向和激励功能,重视表现性评价和过程性评价。为了建立基于国际理解核心素养的课程评价机制,学校主要从以下几个方面展开评价工作。首先,学校注重学生的全面发展,将学生的国际视野、跨文化沟通能力、全球意识等方面的表现纳入评价体系,以确保学生能够在国际环境中顺利地进行交流和合作。其次,学校将学生的认知发展、情感态度和社会适应等方面的表现作为评价的重要指标,通过观察学生在课程学习中的表现,及时发现学生的优势和不足,并提供有针对性的指导和支持。此外,学校还注重评价的导向作用,将国际理解核心素养的要求贯穿于整个评价体系中,以引导学生逐步提升自身的国际素养和跨文化交流能力。最后,学校强调评价的激励功能,通过及时地反馈和激励措施,激发学生的积极性和主动性,促进学生在国际理解教育课程中取得更好的成绩和发展。

(一) 学生发展评价

对学生的全面发展进行评价时,我们不能仅局限于传统的学业成绩,而应从更广阔的视角去审视学生的成长。这包括他们在国际和全球维度上的知识理解,对相关技能和能力的掌握,以及态度、情感和价值观的养成。在全球化的时代背景下,让学生理解和尊重世界各地的文化、历史和习俗变得尤为重要。这不仅能培养他们的跨文化交流能力,还能帮助他们更好地应对未来的挑战。因此,对学生的发展评价应当注重他们在国际和全球维度上的知识储备和理解能力。

除了知识理解,技能和能力的发展也是评价的重要方面。学生需要具备创新思维、批判性思维、解决问题的能力以及团队合作和沟通技巧等。这些能力不仅对学生的学业成绩有重要影响,更是他们能否适应未来的关键因素。因此,对学生的评价应全面考查其对这些能力的掌握情况。

此外,学生的态度、情感和价值观的养成也是评价的重要方面。个性特点、情感态度和价值观等因素共同塑造了学生的独特人格。通过关注学生的兴趣爱好、自信心、学习态度和社会责任感等方面的表现,我们可以更全面地了解他们的内心世界,并为他们提供更有针对性的指导和支持。通过关注学生对国际和全球维度的知识的获得与理解、对相关的技能与能力的掌握和形成以及态度情感价值观的养成等方面,我们可以更全面地了解学生的发展状况并为他们的成长提供有益的反馈和指导。

(二) 教师发展评价

在全球化日益加深的今天,教师的国际理解核心素养显得尤为重要。它不仅关乎教师自身的专业成长,更影响着学生未来的全球视野和跨文化交流能力。为了提升教师的国际理解素养和技能,首先,学校组织教师深入理解国际理解核心素养的内涵,确保每位教师都能准确把握其核心要义。其次,围绕国际理解核心素养培育,精心设计教学活动,注重理论与实践相结合,以确保教学效果的有效性。在此过程中,学校采取多种形式,如邀请专家进行指导、组织课堂观摩校验、开展理论学习以及课题研究等,帮助教师发现国际理解核心素养与学科课程的渗透方式和方法。最后,学校多途径鼓励教师结合核心素养的培育过程进行深入反思,不断调整教学策略,以期实现教师国际理解素养和技能的提高。

(三) 课程发展评价

学校分阶段邀请专家对学校国际理解教育整体课程建设进行评估,重点考查课程内容设置的合理性、过程设计的实践性和探究性以及教育资源的有效利用。通过科学的评价机制,及时发现并解决课程建设中存在的问题,以推动课程的持续优化和发展。

六　课程管理

国际理解课程没有固定的学科组织架构,需要依托教学部门和学科组以学科渗透、学科融合的方式实施。从课程组织上,学校任命一名副校长作为国际理解教育课程的总负责人。该副校长将领导课程设计团队和实施团队,分别负责国际理解课程的规划与开发以及课程的实际推行工作。通过这样的组织安排,学校能够确保国际理解课程的顺利实施并达到预期的效果。

其中,课程设计小组是学校为推进国际理解教育而成立的重要团队。这支团队由学校内部的各个部门和教师代表组成,他们共同承担着国际理解教育课程的设计和开发任务。在国际理解教育课程开发方面,学校特别成立了校本教研专项课题"九年一贯制中小学国际理解教育课程建设"项目组。这个项目组由国际理解教育课程开发主管领导、各项课程主管部门负责人及相关科任教师组成,他们共同负责国际理解教育课程的教研工作,并积极推进各项国际理解教育课程的开发。这个团队的目标是为学生提供更加全面、深入的国际理解教育,培养他们的全球视野和跨文化交流能力。除了此项目组,学校还成立了校本教研专项课题"学科＋国际理解教育课程"项目组。项目组由全校各学科教师代表组成,他们负责国际理解学科融合课程的专题教研与课程开发。通过将国际理解教育与各个学科相结合,项目组旨在提高学生的跨学科能力和综合素质。

课程实施小组是教育体系中的核心力量,由教学处领导,由各个学科的教师组成。这个小组的主要任务是将课程设计小组设计的课程方案转化为实际的教学活动,以实现教育"开放性"的目标。在实施过程中,课程实施小组始终坚持基于学校的育人理念,特别关注中小学的国际理解教育。为了确保国际理解教育课程的顺利实施,学校内部的各个部门、学科、年级和学院都积极参与,分工合作。他们共同承担起实施国际理解教育融合课程的任务,确保每一环节都得到有效执行。这种协作机制使得学校的国际理解教育课程得以全面推进,为学生的全面发展提供了有力支持。在每个学期结束时,课程实施小组会将所开发的国际理解教育教案、课程资源等整理汇总,反馈给课程设计小组。这一反馈机制为课程设计小组提供了重要的参考依据，使其能够对现有的课程实施方案进行反思、优化和升级。通过这种方式，课程实施小组与课程设计小组形成了一种良性互动，共同推动国际理解教育课程的改进与发展。

（撰稿者：深圳市坪山区同心外国语学校 李宇颖）

课程创意 3 – 1   国际理解周之 World Expo

一   活动理念

学校以"悦纳自我,对话世界"为校训,致力于培养悦纳自我、关爱他人、理解世界、勇于行动、有一艺之长的社会参与者。校训"悦纳自我,对话世界"中的"对话世界"蕴含树立海纳百川,面向世界并勇于行动的全球意识与视野;"悦纳自我"中蕴含着中国根基,强调坪外学子扎根于中国优秀传统的厚土,认清自我身份,建立文化自信,积极继承与发扬中华民族精神。这是"对话世界"的前提。培养目标中的"理解世界"强调"国际理解",即了解人类面临的全球性挑战并理解人类命运共同体的内涵,并在理解世界的基础上,从自己开始积极采取行动,创造更加美好的世界。因此,在"以课程建设引领学校内涵发展"的学校办学理念引领下,学校将国际理解课程体系建设列为四年发展规划重要内容,开展基于核心素养的国际理解本土化课程体系建设研究,将其作为落实学校培养目标及育人理念的重要途径。Hi World 国际理解周之 World Expo 作为国际理解课程的重要组成部分,以班级为单位,在学校三至八年级中开展班班之间的交流活动"国家展馆",展出各班所代表的国家的特色、风土人情,以及学生优秀的项目式学习成果,通过真实的情景体验、深度的项目式学习,让学生在问题的驱动下开展自主学习和合作交流,从学生的角度了解世界,了解各国文化。

二   活动目标

Hi World 国际理解周旨在通过课程活动让学生了解本民族传统文化及其他国家的历史、文化、社会习俗等,尊重并理解世界多元文化的独特性和差异性,学生在探究与体验的基础上,促进批判性思维的形成,提高学生运用国际交流语言的能力与国际交往等方面的综合能力,成长为具有全球意识、跨文化交际能力的人才。

三　活动内容

Hi World 国际理解周之 World Expo 由班级构成的"国家展馆"组成，每个班级为一个国家展馆，本届 World Expo 由全校三至八年级各班组成，班级代表的国家身份由抽签产生，展馆中将展出学生优秀项目式学习成果。同时，学生通过装饰布置国家展馆、设计有创意的互动体验活动，吸引"各国"参观者。

四　活动实施

本活动课程以 Hi World 国际理解周之 World Expo 为载体，以班级构成的国家展馆之间进行交流互动的方式，让学校三至八年级各班学生进班进行文化交流与碰撞。学生手持护照去各个"国家"游览、打卡，从而了解不同国家和文化的背景和特点，培养跨文化交流能力、全球视野和批判性思维。在此之前，学生也会对本班所代表的国家进行研究学习，帮助自身更好地了解本班所代表的国家文化，为深入开展项目式合作学习进行知识性的积累。同时，活动对于学生的国际知识和技能的掌握，如外语学习、国际礼仪、跨文化沟通技巧等，也大有裨益。

（一）活动准备

1. 前期培训

各班主任结合本班实际，选出一位具有一定表达、沟通与组织能力的学生担任本班的联络员。由组委会组织专门的培训会议，对联络员进行培训。活动利用班级联络员的机制保障活动的实施以及实现信息的传达。

2. 班级宣导

组织各班的联络员，下发 Hi World 国际理解周主题日中学部学生手册。由班级联络员对活动进行宣传动员，介绍活动的目的、流程以及学生手册的使用方式。

3. 确定国家

通过抽签形式选出各班将代表的国家后，小组按照学生手册的任务指引单对具体国家进行研究性学习。

4. 中期推进

有效利用综合生涯课的课堂时间,组织各学科教师共同参与课堂。前期,指导学生做好选题工作;中期,由各组组长对活动的设想、进展、中期成果进行汇报。中期汇报会上,学科教师要了解各小组的活动进度、亮点及存在的问题,形成过程性评价,并对如何进一步优化成果展示进行指导。

5. 后期跟踪

学科教师要根据各班各小组的具体选题,在汇报诊断的基础上,结合小组亮点及存在的问题进行专业的指导。班主任要根据过程性评价,追踪小组活动进度,推动各小组有序完成成果展示。

(二)活动开展

1. 准备阶段

三至八年级各班根据抽签抽到的国家对本班进行班级文化风情布置(包括设计体验互动部分以及确定文化体验票价等),并在班级门口张贴 PBL 项目一览表(包括项目小组成员、内容等),以及张贴"本国海关要求"。

2. 开展阶段

各班学生可以进行"跨国访问",学生凭活动护照通行并进入"各国"参观,根据"各国海关政策"参与文化体验,充分了解参观"国家"所展示的多学科、多角度的项目式学习成果。此环节中,也会邀请各年级学生、教师、家长评委对各班所展示的国家文化、互动体验活动进行打分考核。

3. 结束阶段

每班选派最有代表性的"本国使者"参加校园集体大游行,游行代表可携带自己最具价值或代表性的物品,入场亮相 Hi World 国际理解周主题日舞台,依次介绍及宣传"本国特色"。

五　活动评价

课程评价应从多个维度对学生进行评价,注重过程性评价,基于此,本活动课程通过对学生个人的活动手册、活动项目制定相对应的评价方式,以评价主体的多元化、评价过程的全面化等,对学生进行科学性、准确性的评价。

(一) 实施过程评价

项目指导教师填写项目评价表,包含推荐小组班级、小组名称(作为小组的标识,后续不可再更改)、小组主题、小组亮点,同时对小组语言表达、项目进展、问题回答、合作精神、亮点等方面进行评价。

(二) 中期汇报评价

由一名地理老师、历史老师、综合实践老师组成指导团队在综合实践课堂上对汇报小组进行评价,并填写中期汇报评分表和教师推荐表。指导团队教师推荐优秀小组并写明推荐理由,后续由该班的科任老师进行跟踪并深入指导。根据项目小组的中期汇报对其进行评价、指导,并填写中期评分表。

(三) 成果展示评价

评委团队需要包含各学科教师、年级教师、家长代表以及学生代表,进行年级之间的交叉评价,在活动当天的第二阶段,前往国际文化展会进行现场打分,在学生展示完毕之后,评委老师进行现场提问。

评价标准如下:① 展示的主题以及展出的展品切合"本国特色",能够体现"本国"最具代表性的文化、科技和产业的成果;② 展示的形式新颖又多样,精致有创意,能够吸引游客参观了解;③ 制作的展品必须体现原创,同时使用环保材料;④ 配有专业的讲解员和解说词,解说要生动形象、逻辑清晰,使用双语解说可以加分;⑤ 小组之间分工明确、团结协作,每个人都能充分地发挥自己的特长,自由地表达自己的观点;⑥ 展板要包括主题名称、主题简介、选题说明、小组成员和职责以及参考资料等(其中,主题简介要有创意,选题说明要包含3条以上的理由和依据,参考资料有3种以上);⑦ 如果有额外的宣传手段,如手绘海报等,将会成为加分项。根据评价标准和学生实际的展品、展板、现场表现,使用评分表进行评价。

(撰稿者:深圳市坪山区同心外国语学校　张雪妮　张颖)

课程创意 3 - 2　国际理解周之戏剧节

一　活动理念

Hi World 国际理解周之戏剧节,是一台超级大戏。戏剧节通过学生剧组现场演出与优秀国内外戏剧展播的相互融合与碰撞,让戏剧艺术与学生近距离接触,推进国际理解教育,拉近学生与全球优秀文化的距离,使学生在学习外国文化的同时,了解中国传统文化的趣味性和可贵性。此外,戏剧节通过英语情景剧的形式,让学生以小组为单位在"戏里戏外"了解各国优秀文化,传承戏剧文化,同时,让学生通过情景化、戏剧化的演绎挖掘自身的英语学习潜力,提高开口说英语的能力,培养自主能力和团结协作精神。

二　活动目标

Hi World 国际理解周之戏剧节是学校国际理解活动课程的核心课程之一。该活动以戏剧为教学媒介,从舞台、创作、沟通、剧场等四个方面将戏剧教育应用于学校的英语教学活动中,提升学生的综合素养,并提升其国内外艺术鉴赏能力、情感演绎能力,增强学生对国内外戏剧文化的理解。

(一) 知识构建

在教师的教授下,学生学习戏剧的基本知识和技巧,如剧本分析、角色塑造、舞台表现等;了解戏剧文化,并感知经典中外故事,走进世界文化,同时学习相关基础英语知识;并通过直观、形象的戏剧学习与表达方式丰富自身情感世界。

（二）知识应用

戏剧节将戏剧艺术带入校园，丰富校园文化生活。学生在教师的指导下，尝试"中译英"、训练英语口语表达等对国内外经典故事的戏剧演绎。他们需要一起合作、共同完成剧本改编、角色分配、排练等工作，呈现一幕幕学生视角下的经典戏剧。

（三）实践与创造

戏剧节通过戏剧演绎的形式，激发学生的创作兴趣，提高学生动手能力、创造力及舞台表现力，让学生拓宽视野，增进对不同文化的了解和尊重，并感知不同文化所呈现的不同世界观。

三　活动内容

（一）戏剧基础知识入门

1. 戏剧基础知识入门

帮助学生了解戏剧的不同类型、如音乐剧、话剧、喜剧、悲剧等；介绍舞台设计包含的基本元素，包括布景、灯光、音效、舞台的方位，让学生了解不同元素的运用在舞台上的表现意义，以及如何通过不同元素去展现角色的情感。

2. 舞台表演初体验

带领学生认识舞台，感受什么是舞台。带领学生参观学校的舞台、剧场设施，让学生了解舞台的布景以及各种道具、设备，了解其使用方式；组织学生进行简单的角色扮演，亲身体会站在舞台上的感觉，引导学生理解走上舞台的自豪感。

（二）优秀音乐剧赏析

带领学生观看经典舞台剧，选择一些经典的音乐剧作品，如《猫》《悲惨世界》，让学生观看并了解音乐剧的特别之处、引导学生关注音乐、舞蹈、戏剧表演的融合；教授学生分析总结音乐剧的特点；通过观看经典剧目片段，让学生了解主要角色的性格特点及其造型设计，以及在舞台上的表演方式；教授学生如何欣赏音乐剧，包括理解剧情、配乐、舞台和表演之间的关系,分析人物的性格特点、发展变化等。

(三) 剧目的学习

1. 面试

组织学生面试,给予学生平台展示自身才艺和表演水平;引导学生思考自己适合什么样的角色;引导学生学会观察他人的表演,提高自身的审美能力和判断力。

2. 剧目排练

引导学生确明确每一幕的出场角色,包括角色的心理、动作,该幕的场景等,把握每一幕的主要剧情;教师要适当根据学生的表演技巧和情感表达,给予指导和建议。

3. 联排

引导学生进一步明确每一幕的出场角色,包括角色的心理、动作,该幕的场景等,把握每一幕的主要剧情;同时,教师要关注学生之间的配合和默契度,以确保演出的流畅和完整。

4. 演出

组织学生参加演出,配合服装、灯光、背景、音乐等元素,在舞台上将剧目呈现给观众。演出结束后,组织学生交流感受及收获,总结经验,为后续的演出及表演奠基。

四　活动实施

(一) 宣传工作

宣传工作主要包括宣传方案的拟定,收集学生剧组海报以及活动相关物料的制作。宣传主要通过海报以及校内网络信息平台传播。学生剧组海报将由学生自行设计,组委会统一收集并印刷。各剧组门票部分由各剧组自行设计,组委会统一收集并印刷。其余部分物料包括门票、活动海报、签名墙则交由广告公司设计。

(二) 剧组征集

全校范围内招募各类型优秀剧组,以学生自主报名为主。学生填写报名表(纸质及电子形式均可)并交到对应老师手中进行报名。参演作品必须是舞台戏剧作品,剧本类型、语言不限(话剧、音乐剧;中文、英文等),内容积极健康,构思新颖,内涵丰富,不限剧目类型,大力支持原创剧本。后续公布正式入选剧组名单。

(三) 场地租赁及演出顺序

演出场地由各剧组商议后,向学校提出租赁申请,学校根据申请情况,对场地进行评估和分配,以确保每个剧组都能在合适的场地进行演出。演出顺序由戏剧项目组组织各剧组代表抽签确定。

(四) 剧组培训

总负责人召集各个剧组负责人对相关事项进行说明,说明内容包括剧目创作、排练、表演技巧等。

(五) 剧组排练

1. 前期排练

入选剧组和对应年级指导老师沟通,安排彩排时间。在专业老师的指导下,进行舞台排练、熟悉剧本、角色和动作。

2. 后期排练

入选剧组与专业老师提前预约进入演出场地进行正式彩排,这一阶段除舞台排练外,还应包含灯光、走位、布景等方面的调整和优化。

(六) 正式演出

各剧组按照场地安排和时间表,在展演场地提前候场,并于对应时间前往黑匣子剧场或蓝花楹剧场进行正式演出。

(七) 学生工作人员职责

学生工作人员将主要负责承担活动学生部分的组织,如活动宣传、主持、会场布置、现场指引、维持秩序、摄影等工作。

五　活动评价

戏剧课程评价重过程、重激励，是过程性评价和终结性评价的有机结合，主要分为两部分：过程评价、展演评价。

1. 过程评价

评价考查学生在戏剧学习中的兴趣值，即学生是否更愿意学，是否具备积极的情感与活跃的思维；考查学生在戏剧学习中的方法值，即学生是否更会学，包括能否掌握良好的学习方法和能力；考查学生在戏剧学习中的意义值，即学生是否学得更有意义、更有价值，包括学生学习时是否对自身成长有促进作用，以及在实践中的运用。

2. 展演评价

评价分为自我评价、学生自评、教师评价三部分。评价标准为参演学生在舞台上现场展示表演自信、大方、仪态得体；参演学生在演出时清晰表达，能够演绎自己的思想和情感，语言流畅准确，声音洪亮有力。

（撰稿者：深圳市坪山区同心外国语学校　邢雪枫　张颖）

课程创意 3-3　把握世界之变·合作共赢创未来

一　背景与理念

随着全球化的不断推进,国际交流合作变得日益密切。然而,在国际交往中,国家之间的利益冲突、历史遗留问题、周边地理环境等各种因素很容易导致摩擦和矛盾,甚至,局部战争也时有发生。近期巴以大规模冲突的再度爆发,引发了全球的关注和担忧。这场冲突不仅给两国人民带来了巨大的痛苦和损失,无辜平民成为受害者,也对整个地区和国际社会造成了重大影响。战争没有赢家,我们在国际交往中如何去把握世界之变,合作共赢创未来,是当代中学生可以去了解和探讨的主题。

"认识不同的区域既各有特色,又相互联系,增强热爱家乡的情感和国家认同感,增进对世界的理解,逐步形成人类命运共同体意识"是《义务教育地理课程标准(2022年版)》提出的目标之一,本项目以"巴以冲突"为切入点,结合我校国际理解课程中关于跨学科理解的内容进行设计。课程面向七年级学生,主要利用地理、历史、道法课堂和寒假时间实施。课程主要分了解项目背景、查阅资料、交流讨论、提出合作方案、课程总结五个阶段。本课程涉及地理、历史、道法以及国际理解教育内容。

二　目标与追求

(一)知识构建

以巴以冲突为切入点,学会综合运用地理、历史与道法的跨学科知识,了解国家的发展历史,国家与周边国家曾经面对的危机及应对措施,分析本国目前与周边国家的关系,问题产生的历史背景、现实成因以及对国家经济、社会等方面造成的影响。

（二）素养与能力

综合历史、地理、道法的跨学科素养，能够针对国际问题，结合本国实际，客观分析并解决问题，理解人类命运共同体提出的重大意义，培养应对全球挑战、关心人类命运的世界公民意识。

（三）实践与创造

运用写作、演说、多媒体、模型等形式创造性地表达研究成果，针对问题，结合本国实际，提出符合国情的分析结论及可行的解决方案，为保障国家安全建言献策。

三　框架与内容

本项目以"在国际交往中如何去把握世界之变，合作共赢创未来"为核心问题，分成四个板块进行建构：一是分别了解冲突和合作带来的影响，二是分析原因并思考应对方法，三是对本国历史与现实形成系统的认知，四是结合本国实际提出符合国情的分析结论及应对方案。

驱动性问题：在国际交往中如何去把握世界之变，合作共赢创未来？

子问题一：以巴以冲突为例，了解国家间的冲突和摩擦给国家发展（包括经济和社会、国民生活等方面）带来的影响。

子问题二：国际社会为缓和巴以冲突做了哪些努力？请从国际合作角度思考本国可以为缓和巴以冲突做些什么。

子问题三：本国与周边国家的关系如何，历史上曾经有过哪些冲突和合作，对国家当时的发展带来怎样的影响？

子问题四：在全球化背景下，你认为本国在国际合作中面临着哪些挑战，应如何应对这些挑战？

子问题五：未来在国际合作中可以与哪些国家进行哪些领域的合作？

四 流程与实施

本项目以小组合作的形式,通过学生查阅资料、交流讨论等方式,让学生了解国家的发展历史,国家曾经面对的危机及其应对方式,分析国家与周边国家的关系,问题产生的历史背景、现实成因以及对国家经济、社会等方面造成的影响,并针对国际合作,结合本国实际,提出符合国情的分析结论及可行的解决方案,认识到人类社会各领域是相互关联的,理解人类命运共同体提出的重大意义,培养应对全球挑战、关心人类命运的世界公民意识(如图 3-2)。

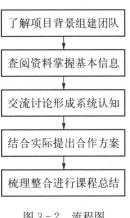

了解项目背景组建团队

查阅资料掌握基本信息

交流讨论形成系统认知

结合实际提出合作方案

梳理整合进行课程总结

图 3-2 流程图

(一)了解项目背景组建团队

通过播放关于巴以冲突下同龄儿童生活的采访视频,激发学生的落差感,引发学生对本课程主题的兴趣,进行入项并组建小组合作团队,同时引入本节课的子问题:巴以冲突给两国带来了什么样的影响。

(二)查阅资料掌握基本信息

小组成员分工合作,查阅资料,了解国家间的冲突和摩擦给国家发展(包括经济和社会、国民生活等方面)带来的影响,面对巴以冲突,国际社会为缓和巴以冲突做出的努力。

(三)交流讨论形成系统认知

讨论:本国与周边国家的关系如何,历史上曾经有过哪些冲突和合作,对国家当时的发展带来怎样的影响?在全球化背景下,你认为本国在国际合作中面临着哪些挑战?应如何应对这些挑战?

（四）结合实际提出合作方案

未来在国际合作中可以与周边国家进行哪些领域的合作？

（五）梳理整合进行课程总结

教师指导学生梳理项目学习过程，整合学习内容形成成果。项目小组成员根据分工分别收集素材、撰写文字稿、图片创作等，根据主题筛选，调整素材，完成最终的宣传海报和现场讲解稿。研究作品将在 Hi World 国际理解周 World Expo 的"国家展馆"内展出，并由学生、家长、教师进行评价。学生以小组为单位反思并总结本次活动的收获。

五　成效与反思

本项目内容以时事新闻为切入点，结合现实生活，引导孩子们从兴趣开始，在好奇中成长，不断探索，不断学习，寻找更好的方法，去解决现实生活中的疑问。在项目研究过程中，孩子们对问题不断完善和修正，经历了质疑和修正后，孩子们对世界当前的变局及人类命运共同体有了更加深刻的理解，学习态度更加严谨、认真，思维方式得到了一定的改善。但是本项目相关内容的主题范围太广，难度太大，初中学生很难提出行之有效的解决措施，因此引导学生去思考是本项目的主要目标。

（撰稿者：深圳市坪山区同心外国语学校　张春慧）

课程创意 3－4　世界非物质文化遗产高峰论坛

一　背景与理念

《义务教育语文课程标准(2022年版)》指出：义务教育语文课程培养的核心素养是学生在积极的语文实践活动中积累、建构并在真实的语言运用情境中表现出来的，是文化自信和语言运用、思维能力、审美创造的综合体现。七年级学生刚刚步入中学，对世界的理解还停留在较为肤浅的吃喝玩乐层面而非其背后更为重要的文化与文明。在此背景下，本项目试图引导学生在寻找和学习各国非物质文化遗产的过程中，深入探索和理解一国根植于血脉的风情和文化，在交流和分享中凝聚力量共话未来，在此过程中提升语文核心素养，具备适应终身发展和社会发展需要的必备品格和关键能力。本项目在实施过程中主要利用语文课堂和国际理解周活动时间，主要涉及语文、历史、地理、音乐、美术以及国际理解教育内容中的文化多样性与文明互鉴部分。

二　目标与追求

1. 通过各种途径搜集世界非物质文化相关资料，组内开展头脑风暴，确定具体的项目内容和多样化的呈现形式，促进思维发展与提升。

2. 通过寻找、走近、探索各国非物质文化遗产的过程，深入理解其映射的该民族的文化基因、精神特质及价值观念等，培养审美鉴赏与创造能力。

3. 通过借鉴其他国家的优秀做法，反思我国非物质文化遗产的传承与传播，提升文化自信心和民族认同感，促进文化传承与理解。

4. 通过高峰论坛上对该国非物质文化遗产的分享展示以及与其他国家的交流探讨，培养语言建构与运用能力。

三 框架与内容

(一)世界非物质文化遗产

世界非物质文化遗产记录着人类社会生产生活方式、风俗人情、文化理念等重要特性,蕴藏着世界各民族的文化基因、精神特质、价值观念、心理结构等核心因素,是全人类共同的宝贵财富。联合国教科文组织《保护非物质文化遗产公约》将其分为五大门类:口头传统和表现形式,包括作为非物质文化遗产媒介的语言;表演艺术;社会实践、仪式、节庆活动;有关自然界和宇宙的知识和实践;传统手工艺。

(二)国际理解教育

国际理解教育是我校的校本课程内容,本项目与其中的文化多样性与文明互鉴部分高度契合,具体内容有:有多少国家和民族就有多少文化;多彩文明的传承、发展与互鉴;世界文化遗产;尊重他国文化与文明,避免偏见与刻板印象;学习、了解和热爱自己的传统文化与文明,坚定文化自信;做中外人文交流小使者,让中外国家人民相互了解彼此的文化和文明。

(三)设计思路

布鲁姆教育目标分类法是 20 世纪 50 年代以布鲁姆为代表的美国心理学家提出的一种教育的分类方法。该方法将教学活动所要实现的整体目标分为认知、情感、心理运动三大领域,并从实现各个领域的最终目标出发,确定了一系列目标序列。其中,认知领域的目标分为知识、领会、应用、分析、综合和评价六级水平。依据这一理念,本项目将学习过程主要分为三个层次。

1. 知识、领会,了解并掌握非物质文化遗产、文化多样性与文明互鉴的相关知识。

2. 应用、分析,对该非物质文化遗产项目的相关材料进行分解,在理解各部分材料相关性的前提下进行小组分工合作解决问题。

3. 综合、评价,将相关知识的各部分重新组合,形成对该非物质文化遗产项目的整体理解,和其他国家其他非物质文化遗产项目进行比较,做出价值判断。

（四）驱动性问题

驱动性问题：在全球化和现代化的当今世界，保护非物质文化遗产为何尤其重要？

子问题 1：什么是非物质文化遗产？世界各国是如何定义其价值的？

子问题 2：该国适合展示且具有研究价值的非物质文化遗产项目是哪一项或哪几项？其历史发展和内容形式是什么？怎样可以尽可能地搜集到更多相关资料？

子问题 3：该国是如何对其进行传承保护及对内对外传播的？

子问题 4：与我国同类型非物质文化遗产项目相比较，存在哪些异同点？这对我国非物质文化遗产的传承与传播有何借鉴意义？

子问题 5：可以以哪些形式在高峰论坛上展示该非物质文化遗产项目？展示重点是什么？

子问题 6：与高峰论坛上其他各国展示的非物质文化遗产项目负责人交流分享后，有何启示？

子问题 7：我们身边存在哪些非物质文化遗产？我们能为其保护与传播做些什么？

四　流程与实施

本项目的学习主要通过语文课堂和国际理解周活动进行。学生在语文教师的指导下习得非物质文化遗产、文化多样性与文明互鉴的相关知识，结合本校国际理解周活动，进行具体实践。通过探索一国非物质文化遗产，深入了解该国的文化与文明，其间会涉及历史、地理、音乐、美术等学科知识，从而达到切实提升语文核心素养的目的。

（一）前期准备计划方案

在本阶段学生需要了解非物质文化遗产的定义和内容、非物质文化遗产名录、保护传承、展示传播以及非物质文化遗产保护的重要意义，为帮助学生理解，教师可先从介绍中国的非物质文化遗产项目着手，激发学生的学习兴趣。学生开始撰写计划方案，初步确定小组成员分工和完成进度。该阶段的驱动子问题是：什么是非物质文化遗产？世界各国是如何定义其价值的？

（二）探究过程

在本阶段学生需要结合世界非物质文化遗产名录和中国非物质文化遗产名录，小组共同确定代表国一、二项典型的非物质文化遗产项目分配任务，进行知识梳理、信息收集与整理。该阶段的驱动子问题是：该国适合展示且具有研究价值的非物质文化遗产项目是哪一项或哪几项？其历史发展和内容形式是什么？怎样可以尽可能地搜集到更多相关资料？

小组成员对收集和整理的信息进行分析和综合，以小组头脑风暴的形式讨论出该非物质文化遗产项目的重要内容、特殊意义和展示形式。在此基础上与中国同类型的非物质文化遗产项目在文化内涵、内容形式、传承传播、创新发展等方面进行比较，归纳其优秀做法，提出问题或建议。该阶段的驱动子问题是：该国是如何对其进行传承保护及对内对外传播的？与我国同类型非物质文化遗产项目相比较，存在哪些异同点？这对我国非物质文化遗产的传承与传播有何借鉴意义？

（三）展示交流

小组讨论设计适合展示该非物质文化遗产项目的各种形式，着手制作形成成果，如手抄报、手工艺品、绘画、音视频、海报等，撰写研究报告，在高峰论坛上与其他各国进行分享交流。认真倾听和了解其他各国的非物质文化遗产项目，进行比较和评价。该阶段的驱动子问题是：可以以哪些形式在高峰论坛上展示该非物质文化遗产项目？展示重点是什么？和高峰论坛上其他各国展示的非物质文化遗产项目负责人交流分享后，有何启示？

（四）总结汇报

高峰论坛结束，回顾整个项目式学习过程，教师引导学生进行总结和反思，形成最终汇报成果。教师和学生共同完成"合作学习评价单""作品展示评价单"。该阶段的驱动子问题是：我们身边存在哪些非物质文化遗产？我们能为其保护与传播做些什么？

五　成效与反思

在本项目实施过程中,学生展示出了令人惊喜的创造力和表现力。合理设计和开展综合实践活动,能够极大地丰富学生的学习体验,激发学生的学习兴趣,使学生与社会、自然、生活之间的关系变得更加紧密,以此促进综合素质的发展。身为语文教师,应转变教学观念,充分发挥语文教学对学生核心素养的培养优势。

当然,本项目也存在一些不足,前期对学生深入理解非物质文化遗产文化内涵的引导不够,致使在后续的探究和展示过程中,部分小组没能深入探究该国的文化基因和精神特质,只是流于表面地展现了相关形式。如果在前期给学生提供一个详细案例供其参考,也许会有更好的效果。

(撰稿者：深圳市坪山区同心外国语学校　段小燕)

课程创意 3-5 亲 善 大 使

一　背景与理念

本课程以沪教版英语教材八年级下册第一单元 Helping Those in Need 为主要学习内容,结合我校国际理解课程中关于跨文化理解的内容设计。课程面向八年级学生,在实施过程中主要利用英语课堂和寒假时间,以 GoPBL[①] 为课程实施平台。课程主要分情境入项、知识与能力建构、探索与形成成果、成果展示、反思与迁移五个阶段。本课程涉及英语、美术、音乐以及国际理解教育内容。

二　目标与追求

(一) 语言能力

学生能读懂、听懂、理解并获取与志愿服务和国际事务主题相关的信息;能够使用 to do 的结构表达未来的计划;能够运用阅读策略对报道进行预测、扫读、略读,梳理基本信息,如时间、地点、问题、解决办法、影响等;能够描述一次志愿服务活动,包括时间、地点、问题、解决办法等信息。

(二) 文化意识

学生能了解不同国家志愿服务与公益活动的现状,树立人类命运共同体意识,学会做人做事,成长为有文明素养和社会责任感的人。

---

① GoPBL 为一家专业项目式学习平台,帮助教师实现师生互动教学。——编者注

（三）思维品质

能发现身边需要帮助的儿童，发现司空见惯但被忽略的侵犯儿童权益的行为与现象，分析背后的根本原因并结合实际生活以及文献资料提出切实可行的解决办法。通过了解各国儿童权利维护状况，以跨文化和多元视角观察和认识世界，对事物做出正确的价值判断，批判性思考，选择性接受与改变，从而深化认知和学习。

（四）学习方法

能学会一定的英语学习策略，如阅读预测、信息检索、总结概括、梳理分析、听力预测、关键信息提取等。掌握词缀猜测和学习词汇的方法，以此指导自己的学习。

三　框架与内容

（一）内容分析

沪教版牛津英语教材八年级下册第一单元主题为 Helping Those in Need。该主题属于"人与社会"范畴，涉及"社会服务、国际事务"。本单元以公益活动为大观念，介绍志愿者活动，让学生关注身边需要帮助的人群和事件，了解志愿者活动的基本情形、不同公益组织存在的意义和价值、儿童权利的保障等，从而知道如何做公益活动并用自己的力量为改变世界贡献力量。各国儿童权利维护状况有所不同，学生以跨文化和多元视角观察和认识世界，进行批判性思考，选择性接受与改变，深化认知和学习，树立人类命运共同体意识，学以致用，用自己所学解决身边的问题，成为关爱他人、理解世界、勇于行动的社会参与者。学生需要在这一课中从听说读写各方面提升有关公益活动主题的语言表达能力和思维能力，从认识志愿者活动到了解公益活动的种类以及相关公约法令条文，深入体会志愿者活动对社会的深远影响，并参与志愿者活动、组织公益活动，为世界变得更美好贡献自己的一份力量。

本单元涉及五个语篇。第一个语篇是三位青少年志愿参加暑期志愿工作后的活动报告。该语篇旨在使学生通过阅读同龄人的假期生活，了解志愿者服务是什么，以及如何进行志愿服务活动。第二个语篇是一篇听力文本，是一段以募捐活动为主题的对话。通过听两个学生关于本班募捐活动的介绍,了解募捐活动的意义。第三篇是一个配图对话,通过几个学生讨论明天的计划,学习如何表达计划。第四篇是一篇记叙文,从一个被帮助的小女孩的视角介绍了中国青少年基金会"春蕾项目"为她带来的变化,旨在使学生深入理解志愿活动对被帮助者带来的影响。第五篇是一篇短小的说明文,从文化理解的角度,引入了国际公益组织——联合国儿童基金会(UNICEF),从而引发学生对国际公益事业的关注。

本单元的五个语篇从不同角度谈论了公益活动,单元内各语篇之间彼此联系。从第一篇理解公益活动,到第二、第三篇实践公益活动(募捐),再到第四篇通过深入理解公益活动的意义体会到志愿者工作的意义与价值,而第五篇将国际事务引入主题,把学生的视野带入国际社会与国际公益事业,也体现了今天在"全球命运共同体"理念下对国际理解素养的培养。

(二)"国际理解教育"的引入

国际理解教育是我校的校本课程内容。我校关于国际理解课程的理念是以学科渗透的方式融入国家课程。本节课的主题与国际理解相吻合,同时考虑到学生仍处于儿童阶段,针对课文中提及联合国儿童基金会以"为了每一个儿童"为使命,本项目将补充《儿童权利公约》(英文版)内容,作为第六个语篇。

(三)设计思路

根据以上分析,本项目按照学习理解、应用实践与迁移创新三个层次逐步开展,循序渐进,螺旋上升。将零散的知识内容有意义地联系起来,构建基于主题的结构化知识,发展语言运用能力,形成正确的价值判断。

本项目以"公益"为大概念,分成四个模块进行建构,第一模块为了解公益活动,属于理解层面。第二模块为公益组织和需要帮助的人。第三模块为公益活动的意义。第二、三模块重点在理解的基础上的应用与实践。第四模块如何实施公益活动是在前三个模块的基础上将学习到的知识与自己的实际活动相结合,并进行一定的个性化创新。

（四）驱动性问题

如何让更多的人关注并愿意支持本国的儿童权利(筹到更多的捐款)？

联合国儿童基金会是一个国际公益组织,它致力于拯救儿童的生命、捍卫他们的权利并帮助他们实现最大潜能。联合国儿童基金会在全球 190 多个国家和地区开展工作,与当地政府合作,促进当地儿童权利的落实。联合国儿童基金会在许多国家都会设立亲善大使,呼吁社会采取积极的行动关注儿童权利,守护儿童权利。那么,你作为一名联合国驻某国的亲善大使,你的职责就是让更多的个人、组织关注本国儿童权利,支持维护儿童权利的行为,其中最直接的支持就是资金的支持,怎样能够使得大众愿意为我国的儿童权利组织付出金钱(龙珠)呢？ 具体问题依次为：好的公益宣传是什么样的？ 什么是志愿活动？ 国际上有哪些有影响力的公益组织？ 他们的使命是什么？ 它们是怎样呼吁和宣传并进行募捐的？ 什么是儿童权利？ 什么是儿童权利大使？本国的儿童权利落实情况如何？ 我在哪里可以获得相关信息？ 作为本国的儿童亲善大使,我们可以怎样宣传和呼吁？

四　流程与实施

本项目的实施包括课内学习和课外学习两部分,课内学习主要是针对英语教材中需要精读的语篇,处理语言知识。课外学习以小组为单位,以教师指导,学生自己阅读、讨论、探究的方式进行。流程如下。

（一）情境入项

情境入项阶段的学习目标是通过播放"儿童权利公约"的公益宣传视频,激发学生对本课程主题的兴趣。同时,引入本节课的子问题：优秀的公益宣传具备哪些特质？其评价标准又是怎样的？

教师将展示联合国儿童基金会关于《儿童权利公约》的海报和公益宣传片,供学生们深入欣赏和讨论。我们将共同探讨公益宣传的多元视角和展现方式。为了引导学生思考,教师将提出驱动性问题,并组织小组讨论。通过讨论,学生将学会如何分解问题,形成连贯的思考路径和问题链。在此基础上,我们将进行头脑风暴,探讨一个成功的公益宣传所必需的内容和要求,并整理出初步的成果要点及评价量规草案。根据选择的国家背景,学生将被分成若干项目小组,明确各自的职责和小组目标。教师将指导学生明确学习活动的进程、时间节点以及提交材料的规范。

学生须上网搜索一个触动自己的公益活动宣传海报或其他形式,并阐述其打动自己的原因。下次课上,各小组将进行汇报交流。

(二) 知识与能力建构

此部分为项目的主要实施部分,分课堂实施 3 课时以及课后自主学习 4 课时。

1. 学习目标

学生通过对子问题 2—5 的学习和讨论,能够理解并表达志愿活动的形式和目的;能够理解好的公益项目能为受益者带来什么样的影响。

2. 课堂学习内容

(1) 学习课本第一个语篇 Voluntary Work,根据教师提供的学习框架,理解并梳理志愿活动的形式和目的。

(2) 学习课本听力和口语表达两个语篇,总结表达计划的语言结构。

(3) 学习语篇 Success for Spring Buds,了解中国影响力最大的春蕾公益项目以及它对受益人的影响。

(4) 学习 Culture Corner:了解联合国儿童基金会,并总结其主要的工作使命。

3. 课后探究内容

(1) 阅读并理解《儿童权利公约》。

(2) 根据小组所代表国家,上网查询本国儿童权利现状,结合《儿童权利公约》,讨论本国哪些儿童权利受到了侵犯。

(3) 小组讨论结合本国实际,选择哪一条(几条)儿童权利作为宣传重点,从而使公众关注度更加集中。

(三) 探索与形成成果

本阶段为教师指导,并由学生课后实施形成成果的阶段。主要学习步骤如下。

1. 每个项目小组已经明确了自己宣传的主题和主要内容，列出任务清单，细化完成任务的日程表。

2. 项目小组成员根据分工分别收集素材，撰写文字初稿、图片创作或搜索相关图片、配合适的背景音乐、制作等。

3. 汇总所有素材，根据主题再次筛选，调整素材。

4. 分工合成最终的宣传海报和现场讲解的第一稿。

（四）成果展示

学生将自己的研究作品在国际理解周 World Expo 的"国家展馆"内展出，并由学生、家长、教师进行评价。

（五）反思与迁移阶段

在本阶段，学生以小组为单位反思并总结本次活动的收获与遗憾：本次团队合作中同伴之间有分歧吗？如何解决的？下次遇到类似问题如何处理？本次海报构图如何？图文音乐之间是否匹配？下次如何改进？

五 成效与反思

本项目内容源于教材，又超越了教材。学生对课程内容有比较大的兴趣，尤其是在与其他国家儿童生活环境相比较的时候。但是课程相关内容难度较大，对学生的理解力有一定的挑战，需要教师对学生阅读材料有更加充分的准备，即需要精心挑选并进行一定程度的简化，以便于学生能够更好地理解。

（撰稿者：深圳市坪山区同心外国语学校 王恺骊）

第四章
境脉性：让学生在创造中成长

学习者的记忆、经验、动机和反应，构成了一个完整的内部世界，学习者在处理新的信息或知识时，会与其内部世界形成关联。因此，学校课程应以真实情境为媒介，将学科知识和学生经验全面联结起来，引导学生开展基于问题解决、综合运用知识、涵育元认知素养的学习活动，培养儿童在特定情境下运用知识的能力。

课程的境脉性是指教学与学习的环境及其脉络。这一概念强调,教学或学习并非孤立存在,而是嵌在特定的时空背景中,这个时空背景就是境脉。它包括了学习发生的具体情境以及这些情境在时间上的持续性和相互关联性。境脉性课程注重构建有主题、有逻辑、有连续性的脉络化情境,以实现学生在情境中主动、建构地学习,在做中学、学中做。这种教学策略认为,通过将知识与学生的实际生活经验相结合,能够帮助学生更好地理解和应用所学知识。此外,课程的境脉性还强调对课堂情境的掌控,认为这直接决定了学习过程的质量与效果。因此,我们认为,教师需要关注学习者在课堂学习时的具体情境,进而掌控这些情境,创设有利于学习进行的环境。这包括提供适当的学习资源、设计有效的学习活动以及营造积极的学习氛围等。

在构建现代课程体系的过程中,课程的境脉性被赋予了重要的学术价值和实践意义。境脉性,作为一个教学理论的核心概念,强调将知识与实际情境紧密结合,以促进学生深度理解、知识应用和问题解决能力的发展。通过创设丰富、真实的情境化学习环境,课程境脉性不仅能够激发学生的学习兴趣和认知主动性,更能引导他们在情境交互中实现知识的有效建构和迁移。这种基于情境的教学设计符合学生的认知发展规律,有助于提升学习效果和培养学生的综合素养。因此,教师在课程建构中应注重知识与情境的有机融合,创设具有挑战性和探究性的学习环境,以支持学生在实践中学习、在学习中实践。成尚荣教授认为,实践是境脉的根基和生命力所在,二者紧密相连,不可分割。境脉不仅蕴含着实践的本质,更是实践性学习活动的核心体现。因此,我们可以说,境脉学习正是"实践育人"理念与原则的具体展现。通过境脉学习,我们不仅能够获得知识,更能在实践中不断磨砺和提升自己。

根据古德莱德课程层级理论①,课程实施最终要转化落实为学生的经验课程。而为了丰富学生的学习经历,促进学生获得有价值的经验课程,学校在准确把握学科知识的育人价值的基础上,还应全面联结学科知识和学生经验。因为课程既包括静态的知识体系,也包括动态的学习过程,知识体系和经验世界共同构成了课程的风景。学科知识中的概念归纳、逻辑推理、事理演绎,都必须以学生的生活经验为基点,使学科

---

① Johnson, M. The Translation of Curriculum into Instruction[J]. Journal of Curriculum Studies, 1969, 01(02): 115-131.

知识贴近学生的生活体验，让知识逻辑变成学生可感的经验表达，促使琐碎的经验事实不断地向系统的知识逻辑发展。经验是具体的尝试过程，学生不能在被动静听中获得经验，只有在亲自"做"的过程中才能发展出真实的经验。教学要为学生提供经验探索的环境，引导学生主动尝试、积极求索，在发现问题和解决问题中获得经验。①

为了让课程实施满足境脉性的特点，教育者可以综合运用多种策略。通过将抽象知识与实际生活情境相结合，教育者可以让学生在具体环境中感知和应用所学知识。通过引导学生解决真实、复杂的问题，教育者可以激发他们的学习探究兴趣，培养他们的问题解决能力。跨学科整合的综合学习也是提升课程境脉性的重要途径，通过打破学科壁垒，将不同学科的知识和技能进行有机融合，教育者可以促进学生形成全面的知识体系。这种整合能够让学生更好地应对现实生活中的复杂问题。

境脉课程以"和"为境界，以"学"为核心，以"脉络"为纽带，以"任务解决"为途径。学校课程应以真实情境为媒介，将学科知识和学生经验全面联结起来，引导学生开展基于问题解决、综合运用知识、涵育元认知素养的学习活动。以学校小学科学教育课程为例，学校以"创新教育让学生创造着长大"为小学科学教育课程核心指导思想，尊重每一位学生的个性，设计基于核心素养的具有"境脉性"特点的小学科学教育课程。通过创设真实丰富的博物学习空间，构建基于真实问题情境的项目式学习课程，探索多元化的科学课程实施路径，开展多彩有趣的科创科普活动，完善教育教学评价体系等，真正让科学教育走向学生的生活，让学生在生活中认识与理解世界，让创新教育走向每一个孩子。学校已成功构建小学科学教育课程的"大单元课程项目化、'科学＋'课程融合化、科创课程个性化、拓展课程活动化"多样化实施路径，全面培养学生自主学习能力、创新能力、科学思维能力的发展，为学生终身发展奠基。

（撰稿者：深圳市坪山区同心外国语学校 杨苗）

---

① 徐燕萍.境脉学习：一种引导学习转型的新范式[J].江苏教育研究,2017(29)：23-27.

让学生在创造中成长的小学科学课程

一　课程理念

以习近平新时代中国特色社会主义思想为指导，落实立德树人根本任务，实现"五育并举"。科学教育面向全体学生，立足素养发展，遵循"少而精"原则，聚焦学科核心概念，精选课程内容。基于学生的认知水平和知识经验，科学安排学习进阶，形成有序结构。倡导设计喜闻乐见的科学活动，保护学生好奇心，激发学习动机，加强探究实践，构建素养导向的重视综合评价体系，促进学生德智体美劳全面发展。

二　课程目标

学校以"创新教育让学生创造着长大"为课程核心指导思想，以核心素养为导向，坚持人本性原则、发展性原则、科学性原则，尊重每一位学生的个性，设计面向全体学生的科学课程。通过创设真实丰富的博物学习空间，探索多元化的科学课程建设，发挥过程性评价的激励和促进作用，支持学生形成基本的科学观，提升科学思维能力、科学探究和实践能力，树立科学态度与社会责任感，真正让科学教育走向生活，让探究学习走向日常，让创新教育走向每一个孩子。科学课程立足培养学生的核心素养，让学生在学习科学课程的过程中，逐步形成适应个人终身发展和社会发展所需要的正确价值观、必备品格和关键能力。

三　课程内容

小学科学课程是以培养学生科学素养为宗旨的启蒙课程，课程内容设计应考虑学科知识、社会发展以及学生经验。科学 AIM 课程体系，A 即 All，意指全员参与，课程体系设计基于全员参与开展；I 即 Innovation，强调创新，以培养学生创新思维与创新意识为内核；M 即 Multivariant，主张多元，多元科学评价实现多维度测评，因此科学 AIM 课程体系即面向全员的创新、多元教育课程体系。此课程体系立足培养学生的核心素养，助力学生在学习科学课程的过程中，逐步形成适应个人终身发展和社会发展所需要的正确价值观、必备品格和关键能力。学校通过项目式问题驱动学习、跨学科学习活动设计、学院课程促进特长发展，实现小学科学课程建设的大单元课程项目化、"科学＋"课程融合化、科创课程个性化、拓展课程活动化，这有助于提升学生自主学习能力、创新能力、科学思维能力的发展，为学生终身发展奠基，实现教与学方式变革（如图 4-1）。

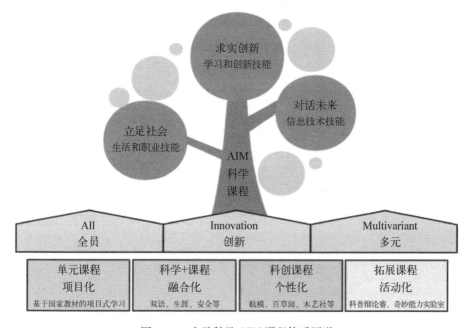

图 4-1 小学科学 AIM 课程体系图谱

四 课程实施

在过去近十年的科学教育探索中，我校始终致力于寻求科学教育普及实践的有效路径，在课程的设计与实施中，积极调整课程结构，打破原有的单一课程模式，实现学科间的有机联系与融合，从课程单一性向多元性转变。因此，在小学科学课程实施过程中,我们不仅关注现实需求,更注重整体规划制定实施方案,开足开好开齐各类课程,基于此,我校小学科学课程实施可分为以下四类推进落实。

(一) 大单元课程项目化

大单元课程项目化以培养学生核心素养为目标,为解决"让核心素养落地"的问题提供了崭新的解决路径,整合小学科学大单元教学优势,探索出基于课程标准的学科项目化学习。大单元课程项目化将教材中的某一单元作为基础框架,进行项目化的设计,通过设计与学科核心知识相关的基于真实情景的驱动性问题,引导学生在项目化学习中通过自主或合作的方式逐步解决所遇到的各种问题,增强对学科核心知识的深度理解,培育核心素养。

我校一、二年级的项目课程以融合课形式开展,每一单元均设计为项目式单元,具体包括"我的植物朋友""我是小小收纳师""集合啦!神奇动物宝贝""佩奇帽子秀"等项目。三至六年级的项目基于科学课开展,每个学生每学期都要完成至少一个项目的研究学习,具体包括"疯狂过山车""赛龙舟""桥梁设计师"等。与传统小学科学课程相比,项目化课程更具有趣味性、创新性、融合性,旨在提升学生的科学核心素养,实现对国家课程的校本化与特色化实施(见表4-1)。

表4-1 小学科学项目式学习课程一览表

类 型	课 程 内 容			
	年级	科学研究	项目制作	学科核心素养
学科项目课程	一年级	我是小小收纳师 我的植物朋友	集合啦!神奇动物宝贝	课程围绕"科学理念""科学思维""探究实践""态度责任"四大核心素养层面设计并实施。
	二年级	我的大课间日历 小小地球代言人	佩奇帽子秀 消防员	
	三年级	蚕宝宝的前世今生——丝绸之路	空气玩具 放飞热气球 疯狂过山车 坪山天气日历	

续　表

类　型	课　程　内　容			
	年级	科学研究	项目制作	学科核心素养
学科项目课程	四年级	给蚕设计"家"	动力小车 家有小电工 音乐之声 一米花园 房屋亮化工程	
	五年级	环境与我们 哈哈哈生态池塘	时间管理达人 赛龙舟 追光者	
	六年级	设计智能生态鱼缸	桥梁设计师 自制净水器 机械世界——我们的桌上乐园 不可思议的微观世界	

（二）"科学＋"课程融合化

结合教育部印发《义务教育课程方案（2022 年版）》，学校对课程内容进行了优化调整，强调学科内知识及学科间关联性，并以"学科＋"模式形成八大统整跨学科课程，具体课程包括"小学低年段跨学科融合课程""学科＋生涯""学科＋双语""学科＋国际理解教育""学科＋安全教育""学科＋思维训练""学科＋法制""学科＋博物建设"八大课程系列。在此基础上，小学科学课程积极探索并形成了"科学＋双语""科学＋生涯""科学＋安全"三大科学跨学科学习课程。这三类课程分别是学校"双语课程实施方案""生涯课程实施方案""安全课程实施方案"中的学科子课程，"科学＋双语"课程旨在通过学习科学知识，培养学生运用双语进行沟通和表达的能力，使学生在掌握科学知识的同时，提高英语应用能力。"科学＋生涯"课程则通过将生涯教育渗透到科学学习中，引导学生规划个人职业生涯。"科学＋安全"以增强学生的安全意识为目标，使学生在遇到安全隐患时能够采取正确的应对措施。

1. 科学＋双语

"科学＋双语"课程面向一至六年级全体学生,主要以学科渗透与主题活动形式组织,通过搭建双语教学场景、活动场景,促进学生对专业英语的学习、理解,加强学生的专业双语表达,发展创新思维,成为专业型、复合型人才。

在初步实践阶段,以年级为单位,由备课组进行学科专业英语的搜集、整理、校订,在教案以及教学活动组织中适量呈现,初步实践。在深入实践与模式提炼阶段,学科教师在活动组织、学生评价中增加双语应用环境,鼓励学生双语互动,形成典型应用案例和模式,最终实现常规科学课堂、科学活动的双语组织、双语表达;师生专业英语实践、应用能力显著提升;整理"科学＋双语"课程成果,形成范例推广。

2. "科学＋生涯"课程

"科学＋生涯"课程面向一至六年级全体学生,主要以学科渗透、职业体验等形式组织,旨在通过"职业"相关的科学教学背景或科学活动组织,强化学生在实际情境中对"某职业"的认知与体验,建立生涯学习的载体,激发学生在常规学科学习中的生涯探索。以小学科学教科版四年级下册的生涯渗透课程为例,基于第一单元"植物的生长变化"的学习,我们向学生介绍花艺师这一职业,让他们了解成为花艺师所需要具备的相关知识,如专业花艺知识、手绘能力和创新能力等;通过第二单元"电路"的学习,我们引导学生了解如何成为一名合格的电工师傅,一个合格的电工需要在理论层面掌握电工基础知识、电工学等知识,实践中能独立排除电气故障、熟练进行电路接线等操作;第三单元"岩石与土壤"的学习则向学生展示地质勘探员的艰辛与付出,及在矿产普查中发现的有工业意义的矿床。将生涯教育融入日常教学,有助于学生了解不同职业,为未来人生道路规划奠定基础。

3. "科学＋安全"课程

"科学＋安全"课程面向一至六年级全体学生,主要以学科渗透及安全专题学习形式组织,课程内容符合新课标对科学教育提出的重要要求,有目的有主题地在科学探究活动中凸显"安全教育",有助于学生养成科学的行为、习惯,在掌握科学常识的基础上增强安全防护意识,学会保护自己和他人。

（三）科创课程个性化

科学科组本着培养坪外"龙娃"科学兴趣、提升生活品质、更好地悦纳自我的宗旨,依据"在实践中汲取知识，在快乐中启迪智慧"的科学社团课程理念，依托学校的创新学院、博雅学院和培力学院的创社要求构建了以项目式学习为指导的科创社团课程架构。

科创社团课程是科学科组的教师发挥自己的专业特长，面向有不同科学学习需求的学生设立的：一类是社团指导老师结合当下热点科技赛事、热点实践活动，对有创客、编程、信息技术、"三模"等特长的学生进行专业级的指导和培养的创新学院科学社团课程；一类是为了满足有着不同科学探索方向，不同科学基础知识，不同科学类兴趣爱好的坪外"龙娃"们发展需要创立的博雅学院科学社团课程；最后一类是为培养有志于服务于学校百草园管理事务和学校环保工作的学生志愿者的培力学院科学社团课程。结合坪外"龙娃"不同科技探索需求建立的科学类社团课程满足了"龙娃"们的科学探索需求，为坪外"龙娃"营造了一个个性化、多层次、全方位的科学探索氛围。

1. 创新学院

为挖掘培养出具有创新精神、科学探究意识，并对科技具有浓厚兴趣和动手能力的科技种子，小学科学组根据我校的创新学院制定的招生规则，在结合中国教育部科技赛事白名单进行有针对性的选择后，在创新学院开展了如图形化编程、木艺实验室、航空车辆模型、编程机关王等一系列课程。有这方面特长和需求的学生可按照创新学院的招生规则参加创新学院的招生考试，再经过层层把关的面试，最终考查合格后被录取到创新学院科学社团。经过层层选拔后的学生将会在上述社团得到专业化的训练，拓展科学知识和技能。创新学院科学社团不但激发了学生对科技创新的兴趣，帮助学生脚踏实地学好知识，还帮助学生在此基础上将知识与实践融会贯通，逐步培养学生的创新意识、创新精神和创新能力，使学生有机会在各项正规科技赛事上绽放光芒。

2. 博雅学院

为满足坪外"龙娃"对植物的生长过程、动物的生活习性以及对各类物品的设计和使用等方面的科学探索需要，科学科组在结合科学已有的特色资源的基础上，以 PBL 为驱力作为课程设计的基础，精心开发了一批如百草园社团、衣物设计坊、真菌子等社团。学生可根据博雅学院的要求，在开学初通过自主报名选择此类社团。此类社团极大地满足了学生对丰富科学知识和实践的需要，激发了学生对科学探索的兴趣和对生活的热爱。

3. 培力学院

为促进我校环保课程的建设开发,为培养一批热心公益,具有团队意识与互助精神,具有乐于服务他人和社会的价值观念的学生团体,科学科组特开展了服务于日常环保事业的环保一部和二部。环保社团的学生通过教师选拔加入,利用课余和周末时间参与社团志愿活动。在导师团队指导下,社团学生在班级、年级和全校,甚至社区范围内进行垃圾分类、废物利用、环保宣传等活动的传达、组织管理、宣导、监督、活动策划和实施等,发挥社团辐射作用,引领师生开展环保活动,实现了社团学生的个性化课程和全级、全校的普及性课程两者的整合,形成了"以大促小""以小促大"的良性互动氛围。

(四)拓展课程活动化

学生除了在课堂实验教学中亲历动手实验,体验科学学习的过程和方法,还可以通过各类课外拓展性活动进行自主探究。小学科学课外拓展性活动聚焦科学核心素养,尊重学生个性差异,为学生创设实践体验的机会,从而促进学生全面而又个性化发展。每学期有计划地开展一系列拓展性活动,以此落实科学学习的课后延伸和运用,真正增强学生创新意识和实践能力,从而提高学生的科学素养。

科学拓展性活动课程充分挖掘和利用校内外科学学科的课程资源以及各类大大小小的活动场所,设计了适合我校不同年级、不同学生的多样化课程,通过科普讲座、探究实验、自主阅读、现场辩论赛等形式,鼓励学生在活动参与过程中积极学习与思考,实现自我内在的体验和探索,得到内在丰盈的收获与成长。拓展课程主要围绕以下 4 个原则来设计。

层次性。以培养小学科学核心素养为目标,体现不同时代的教学要求,尊重学生的个性差异和学习科学的基础,让不同层次的学生能学习适合自己的课程。

综合性。创设有意义的小学科学拓展课程建设的学习情景,设计有趣味、项目式、体验式的学习活动,完善小学生的科学认知结构,满足学生的个性化发展的需求。

实践性。体现对小学科学课程的互补性,着重丰富学生的科学学习的经历,为学生提供更多的科学实践、合作探究、实践体验的机会,促进小学科学的学习方式的转变。

多样性。充分考虑小学生的认知和发展特点，满足每一位学生的学习需求，帮助学生学习科学的潜能和培养科学特长，提高学生的协作学习和自我规划的能力。

1. 奇妙能力实验室

本活动整合实验室教学资源，提高实验室利用效率，为学生主动获取物理科学知识、体验科学过程、领悟科学方法提供机会。活动主要在每年9—11月份，面向三至五年级，以年级为单位开展。每年设定不同的活动主题，比如小水滴历险记、空气的传说等，学生将穿梭在4间不同项目的实验室中沉浸式体验各种特色实验。

2. 科普进校园

本活动通过丰富多彩的科技教育和科普活动，激发广大学生爱科学、讲科学、用科学的热情，提高我校学生的科学文化素养，培养学生的创新精神和实践能力，丰富学生的精神文化生活。活动以班级为单位，依次体验各个开放式项目，体验时间约40分钟。体验项目如下：科学实验秀、魔幻泡泡秀、神奇辉光、橡筋动力飞机、穿越火线、水果键盘、对战机器人。

3. 科普辩论赛

本活动是学生在小学阶段六年的科学学习所积累的批判性思维的一场集中检验，对标"4C"能力中关于"批判性思维"的等级评价量表中最高级别的要求，以"一场比赛"的形式，即一份项目成果，反向推动师生在各年级批判思维教学的渗透和承接。参赛选手从六年级学生中选拔，初赛为年级各班两两对抗赛，在初赛中脱颖而出的8位优秀辩手进入决赛。

4. 实验漂流箱

实验漂流箱活动面向三年级学生，每次活动每个班级有五个名额，科学表现突出的小组或个人可以优先获得租赁机会。学生可以通过坪外校园币获得龙珠租赁箱子，在家中进行实验，租赁时间为一周。实验漂流箱活动旨在通过科学实验箱漂流的方式，激发学生对科学的兴趣和热爱，提高学生的科学素养和实验能力，同时也为学生提供一个自主学习和交流的平台。

5. 科普阅读

本活动以"讲座促进阅读"形式，将阅读与科普主题讲座相结合，从而培养学生对阅读的兴趣,增强学生的阅读能力,使学生从小养成良好的阅读习惯。如"探中国恐龙,约书香之旅"科普主题讲座,邀请专家现场开展关于中国恐龙的讲座,激发学生对恐龙的深入探索欲望,课外继续进行相关书籍的阅读,形成用兴趣带动阅读的良好循环。

6. Science Fair 科技节

本活动努力营造浓郁的科学文创氛围,丰富学生的科技文化生活,积极推动校园科技文创活动的蓬勃开展,让学生在活动中充分体验、参与、成长,提升科学素养,推进素质教育在我校深入发展。活动分为 PBL 花式成果展区、互动体验区、竞赛挑战区、新鲜市四个形式鲜明的大型区域开展,同一时间覆盖全校师生的大型校级活动,项目内容覆盖数学、科学、信息、物理、化学、生物等多学科,其中小学科学活动项目重点在 PBL 花式成果展区、互动体验区、竞赛挑战区这三个区域体现。此活动是小学科学课堂 PBL 优秀成果的展示舞台,是各类丰富的科技体验项目的游乐场所,是紧张刺激的科技竞赛的重要赛场,是让全校学生狂欢的一场科技盛宴。

五　课程评价

评价是课程的重要组成部分。我们的评价理念为:以学生为中心为本,扩大评价视角;强化过程,档案袋追踪溯源;全面发展,挖掘师生潜能。小学科学学科对学生科学素养的评价主要以"学生成长档案袋"的形式呈现。学生成长档案袋主要包含:学生在科学学科的成长过程中的史实材料,如实验记录单、实验反思,学生在科技类比赛中获得的证书、奖品和作品等;每学期一份的"学生综合素质评价报告单",对该生在科学基础知识、实验操作技能、项目式学习成果三方面的综合表现进行等级评定。

(一)基础知识技能评价

每学期对学生基础知识技能的评价用学业成绩来认定,以卷面形式考核,满分为100 分,以 40％的比例折算后计入最终期末成绩。该项测评题型设置为客观题(选择题和判断题)、主观题和综合素养题(涉及双语、阅读、科普热点等),各题型比例为6∶2∶2。

（二）实验操作技能评价

以《深圳市初中理化生实验操作考核》为参考，主要从实验器材、实验操作、实验习惯三大方面评价实验技能操作水平，满分为 20 分，以 100％计入。考核内容：由每一个年级自行根据该学期科学的实验内容、实验难度、可操作性等因素，从科学教材上选择其中两个实验内容拟定实验考核标准，学生选择其中一个进行考核。考核形式：组内推选组内成员作为实验主考官，对小组其余成员进行评价，为了确保评价的公平公正与客观性，本组内成员在他人考核时作为监督员，对主考官的评价过程进行全程监督。评价角度：为了有效规范每一个学生的实验操作，从实验器材的合理选择，实验操作的规范性与准确性，以及爱护实验器材、整理实验器材的意识与行为习惯上，对学生进行点对点评价。

（三）项目学习技能评价

项目式学习注重学习的成果，但也强调学生在学习过程中的心理和能力发展。因此，我们将评价内容定为过程和成果的评价；评价主体由学生本人、合作小组、任课教师等多方组成。具体考核方式如下。

1. 项目过程评价

在项目式学习的过程中，主要考查学生在成功素养方面的表现，如解决问题的能力、团队协作的能力、创新创造的能力、自我管理的能力。这些能力体现在每一个子任务中，可根据子任务完成情况来对学生以上方面的能力表现进行合理评估。项目实施过程中小组讨论的材料、项目半成品以及总结的材料都会作为重要的参考依据，而要对学生完成项目的过程进行规范、全面的评价，可以用美国巴克教育研究所开发的评价工具和量表，或根据项目实际情况设计相应的量表，借助量表工具对学生进行有效评价。

2. 项目成果评价

评价的主体从以往的教师评价学生，到现在评价公开展示的学生作品，如将作品在小组、班级，甚至全校范围进行公开展示，学生也可以利用展报、PPT、视频、表演等多种形式面向项目评价者做汇报。评价小组包括校长、教师、家长、同学等所有看到作品的人。学生的作品能获得什么样的评价取决于它是否符合项目的要求或解决了特定的真实问题。

每学期评价结束后,各班要将"班级科学学科评价结果汇总表"进行班内公示,无异议后将呈报表上报到评价办公室。每一学期末,任课教师应在龙创系统录入所有任课班级学生在基础知识技能(40%)、实验操作技能(20%)、项目学习技能(40%)三个方面的分数,按照比例折算后累加从而得到每个学生的学期末最终得分,根据对应的分数等级表填写学生的"科学综合素养评价报告单"。

为了全面、系统地记录和评估学生的成长过程,学校特制定了"学生成长档案袋"管理制度,确保其规范、有序地运作。具体管理办法如下:"学生成长档案袋"在学校评价办公室(教学处)备案,由学生个人保管。其中的相关材料,主要由学生本人负责整理填写或寻找相关人员协助填写。科学任课教师则负责指导学生如何正确填写档案袋内容并定期检查其完整性。为确保档案袋内容的真实性和有效性,评价办公室还会定期进行抽查。"学生成长档案袋"中的"学生科学综合素养评价报告单"在每学期末由学生、任课教师和家长共同参与填写和签字,学生在下学期开学初统一上交学校,由学校进行保管。

(撰稿者:深圳市坪山区同心外国语学校　杨苗　付良颖

黄玲　黄素杏　郑泽华　孙瑶瑶　赖林生　李臻臻)

课程创意 4 - 1　赛龙舟项目式学习

一　案例概述

赛龙舟这一课程是基于科学教科版五年级下册"船的历史"单元的学习目标与概念,对教学内容进行重构,以终为始,设计的大单元主题项目式学习课程,旨在设计并建造一艘具备优异载重能力、稳定行驶性能和高速行驶速度的龙舟。

本项目引导学生学习"平衡""安全""工程""规则""精确""估计"等大概念,同时深入学习"密度""浮力""体积""重量"等相关知识,以此提升学生的核心素养。项目重视工程设计思维的培养,以驱动性问题"如何建造一只载重强、行驶稳、速度快的龙舟?"为主线,引导学生制作真实的龙舟并参与比赛。在课程中,我们着力培养学生的体育道德、团队合作精神以及公平竞争的意识,推动学生德智体美劳全面发展。项目内容既符合我国义务教育小学课程标准中对五年级学生在技术与工程领域的要求,也符合小学体育课标中的培养目标。跨学科课程立足于多学科核心概念与能力,助力学生对世界进行深度理解,培养其适应现代社会发展的能力。

二　案例目标

学生通过赛龙舟课程的学习了解船的基本结构及浮沉原理,熟悉龙舟的制作、载重量与稳定性控制,深入了解船的发展史,认识到科技进步对社会发展的深远影响,感受合作学习的快乐,在分享、倾听中体验探索的快乐。

三　案例实施过程

赛龙舟跨学科融合课程以驱动性问题"如何构建一艘载重能力强、行驶稳定、速度迅猛的龙舟?"为核心,课程跨科学、美术、数学、体育等四个学科,项目覆盖五年级学生多达 550 人,真正做到全员参与,课程时长为 7 周,包含 14 个课时。课程按照龙舟入项、问题探究撰写方案、雏形搭建、测评原型、成果展示等五个环节有序进行,旨在提升学生核心素养。

(一) 识别问题、明确要求

我们基于小学科学课程标准,结合课程开展的时间,设置了如下情境:端午节很快就要到了,这是中国的一项传统节日。端午节有很多特色的民俗活动,为纪念屈原,民间自发开展龙舟比赛。作为聚龙山脚下的"龙娃",龙舟赛自然少不了我们的身影,可是我们上哪去找一艘龙舟呢? 引出紧扣课程标准的驱动性问题:如何建造一只载重强、行驶稳、速度快的龙舟? 入项以后,教师将带领学生进行课本共读,整体把握教材上的单元内容,并细致解读驱动性问题当中的"载重量""稳定性""速度"等,让学生更加明确最终要达成的目标。

(二) 撰写方案、提供支架

通过前期的师生课本共读,学生已对龙舟有初步认识,在此环节,教师可充分利用线上教育平台的优势,引导学生在课堂上围绕驱动性问题展开小组讨论,应用头脑风暴方法,思考龙舟制作的相关问题,完成资料单。学生将利用课下时间,根据问题查阅资料,获取有效信息,并形成以组长为领导的问题解决小组。

研究过程中借助云教育沟通平台——钉钉、微信、QQ 等,在龙舟项目中尝试让学生打破地理空间的限制,积极开展线上小组互助式学习,完成团队组建、问题交流、信息收集和汇总等任务。学生通过线上讨论平台,如课堂直播、语音通话、文字交流等形式,小组内进行二次头脑风暴,并汇总整理讨论结果,最终将内容整理成海报进行汇报。展板汇报形式可以有效锻炼学生的交流与表达、批判性思维能力。

（三）创意设计、原型制作

未来教育具有无定化的特点，实践活动必将从单一的学科性探究转向跨学科性融合，赛龙舟项目正是非常典型的跨学科融合案例。本案例有机融合科学、数学、体育、美术等，并在项目的不同阶段，对各学科理论知识加以实践应用。例如：教师将带学生回顾数学课堂中有关比例尺和长度、面积、体积等计量单位的知识，该部分与五年级下册数学课本的内容紧密关联，可寻求细节上的跨学科融合，运用美术课上所学的绘画技巧，使用直尺、圆规等工具，设计并绘制龙舟初稿设计图，并通过正面示范和反面示范引导学生掌握设计图纸的绘制规范。

本次学生制作的龙舟大，所需耗材较多，为了保证在龙舟制作时，学生有充足的材料进行创作，在正式入项后，教师要鼓励学生全员收集材料，充分利用身边的废弃的可回收材料，这也是一次非常契合的环保教育。在龙舟制作环节，学生可利用实验室开放的机会进行探究实验，并填写实验单，课上分享；在每节制作课后撰写"制作反思"存于档案袋中，教师每周收档案袋给予定性反馈。龙舟制作相对耗时，课堂时间无法满足时，可开放实验室，提供物理环境让学生课下继续制作。

（四）测试评估、优化改进

评价量规是 STEAM 项目化学习的常见操作，通常由教师根据学习目标制定，学生对量规的标准缺少主观能动性。本课程案例在学生龙舟测评之前，由学生通过品评教师制作的龙舟，用"找茬儿"的方式，得出"体积""重量""载重""形状""排开的水量"等关键词和其对应的评价维度，深入加工知识，理解评价，指引学习。

测评环节是本课程的核心，学生需要将制作的龙舟带到水池进行两轮真实的下水测试。第一轮为无重物测试，第二轮为载重测试。测评的设计分为：制定测评维度—测评—介入评价—获取数据—数据分析—猜想假设—实验验证—得出结论，共 8 个层层递进的环节。通过引导学生提问，深入探究，解决问题。

本案例始终把握紧随课程标准的大原则，为了让学生"做龙舟"时产生更直观、更深入的思考，让学习真实发生，学生需要根据测评结果制作龙舟信息卡片，针对"体积""重量""载重""形状""排开的水量"等词汇进行龙舟数据的测量、归纳、整理。这些由学生自己"生产"出来的数据,在下一环节的数据分析—猜想假设—实验验证—得出结论环节中,将会起到更好的引领作用,用最真实的情境、最真实的数据,来做最接近真实的研究。

(五) 展示分享、总结评价

伴随项目过程的所有学习材料都将放于由小学科学科组精心定制的项目式学习档案袋中,作为学生的过程性评价凭证。教师根据各小组船只制作情况、载重测评表现、档案袋完成情况,评选出可参与我校每年的科技盛会——Science Fair 活动赛龙舟比赛的队伍。

学生通过制作展板、展示龙舟、讲解龙舟的方式进行公开展示,汇报项目成果,教师和家长组成"专业评审团",依据评价量规对汇报进行评分;同时,其他学生自由参观展板,为喜欢的展板贴上小红花,最终统计红花数和汇报评分,以确定龙舟展演的评价等级。这种多元且综合的评价方式,更能反映学生的学习情况。我们重视的不仅是学生在卷面上的高分,更看重他们在科学学习过程中展现的成功素养,如批判性思维、问题解决的能力、团队协作的能力、创新创造的能力、自我管理的能力等。

四 案例实施成效和反思

(一) 案例实施成效

在学生层面,赛龙舟项目案例通过设计真实的驱动性问题,引导学生独立探索、设计并制作龙舟,以培养其批判性和创造性思维,提高问题解决和表达能力,进而激发学习积极性,提升全面素养。在教师层面,该案例的设计者还在学校期末教职工大会上分享了赛龙舟项目式学习的专题,其撰写的项目式案例在广东省中小学幼儿园STEAM课程案例评选中荣获三等奖。在项目式学习的过程中,教师从陌生到了解、认同、实践,并深入思考,其学科素养和专业发展得到了显著提升。

(二) 项目反思

"赛龙舟"跨学科融合项目式学习课程在初期筹备和预实践阶段,已获得学校、年级及学科的大力支持和广泛关注，其特色鲜明，契合我国新课程改革导向，顺应全球教育发展潮流，该课程为推动项目式、跨学科教学模式的发展及教研进步擂响了战鼓。在学生和教师群体中，跨学科融合和项目式学习也逐步成为学生学习、教师教学的常态教学模式，从教育意义上来讲，成效深远。学生在"做中学""玩中学"，既提升了科学素养，培养了科学思维，又增强了运动能力，活动也赢得了良好口碑。

（撰稿者：深圳市坪山区同心外国语学校　付良颖　黄玲　张可）

课程创意 4–2　科学和生涯的融合

　　小学阶段是学生个体生涯发展中的初始环节,是学生开启青少年职业梦想的关键时期,及时的生涯规划指导有利于帮助学生在发展过程中平衡自己的生活角色,探寻未来职业角色,进而确立适合个人发展的学习目标。"科学＋生涯"主要以学科渗透、职业体验等形式组织,通过介绍相关职业及必备技能,增强学生在实际情境中对特定职业的认知与体验,促进学生在常规学科学习中进行生涯探索(见表4–2)。

表4–2　"科学＋生涯"课程安排表

年级	学期	章节/主题	教材内容	职业名称	渗透点
一年级	上学期	植物	认识植物,我的植物朋友	植物学家	植物学家基本素养
		测量	简单地比较与测量	测绘人员	认识建筑学相关的工作
	下学期	认识我们身边的物体	认识物体的特征	收纳师	分类原理
		动物	认识动物,了解动物的基本特点	动物学家,动物园管理员等	神奇的动物朋友
二年级	上学期	材料	认识材料,利用材料做一顶帽子	帽子设计师	材料的分类及材料的特性
		地球家园	认识土壤,了解土壤特性	农民	土壤的组成及作用
	下学期	我们的身体	认识人体的结构	医生	人体的结构及功能
		我们的身体	人的营养器官及其功能	营养师	膳食宝塔

续　表

年级	学期	章节/主题	教材内容	职业名称	渗　透　点
三年级	上学期	天气	天气预报是怎么来的	气象学家	天气的组成及预报流程
		空气	空气的特性	玩具设计师	空气可以被压缩等特性
	下学期	运动	运动的快慢	过山车设计师	物体运动的快慢与什么有关
		蚕的一生	蚕的发育过程	蚕农	蚕在发育过程中会有怎样的形态变化和生长需求
四年级	上学期	呼吸与消化	营养均衡	营养师	工作内容和技能
		运动和力	汽车设计与制作	车辆工程师，车辆销售员	工作内容和技能
	下学期	电路	电路出故障了	电工	电路的连接及障碍处理
		植物的生长变化	凤仙花开花了	花艺师	工作内容和技能
五年级	上学期	项目式课程光影之战	有关光的思考	炮兵，工程兵，侦察兵，军事研究员	工作内容和技能
		健康生活	学会管理和控制自己	心理咨询师	工作内容和技能
	下学期	船的研究	制作与测试我们的小船	工程师	船的结构和原理
		环境与我们	解决垃圾问题	环卫工	工作内容和技能
六年级	上学期	微小世界	观察水中微小的生物	微生物学家	微生物的特征及生活习性
		能量	神奇的小电动机	电机工程师	电机的工作原理

续　表

年级	学期	章节/主题	教材内容	职业名称	渗　透　点
六年级	下学期	小小工程师	认识工程	工程师	工作内容和技能
		生物的多样性	多种多样的动物	生物学家	动物的特征及生活习性

（撰稿者：深圳市坪山区同心外国语学校　付良颖　孙瑶瑶　郑泽华

黄玲　黄素杏　赖林生　李臻臻　沈艺　杨苗）

课程创意 4－3 奇妙能力实验室

一 活动目的

在我们生活的地球上，空气无处不在，深刻地影响着各种生物的生存和人类的生活。本次活动围绕空气这一主题，探讨与之密切相关的各个方面，如空气的基本特性、组成及性质等，旨在培养学生的环保意识和对大自然的热爱，使他们具备社会责任感。通过整合实验室教学资源，提高实验室利用效率，活动为学生主动学习科学知识、体验科学探究过程、领会科学方法创造了机会。

二 活动简介

本次奇妙能力实验室活动以"空气的传说"为主题，从寻找空气、认识空气真身、探索空气力学三个角度设置丰富多样的探究实验，旨在提升学生的实验探究能力与动手能力。参与对象为三至六年级学生，分年级开展本活动，便于活动组织管理、人员培训。活动时间是每周五的课后延时服务时间，时长 60 分钟。地点在科学实验室。

活动过程中，学生运用各种实验器材，探究空气的性质，观察空气的流动，亲身体验空气的力量。在寻找空气的环节，学生通过观察自然现象，明白了空气的存在。在认识空气真身的环节，学生学会了用实验验证空气的成分，了解了空气的珍贵。在探索空气力学的环节，学生通过动手实践，感受到了空气的力量，进一步理解了力学原理。学生在"做中学""玩中学"，既提升了科学素养，又培养了科学思维，活动也获得了良好口碑（如图 4－2）。

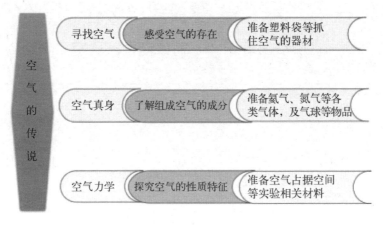

图 4-2 "空气的传说"活动主题图

三 活动内容

为了保证奇妙能力实验室活动顺利开展,我们按照活动前期、活动中期、活动后期来做准备和开展相关工作。

(一) 前期工作

活动前期,科组成员需要完成活动方案的制定,明确人员任务分工,统筹活动材料的采购与准备,以及小助手的招募与培训,此外,活动宣传工作由科学老师利用课堂时间进行。学生报名采用自由购票方式,每张门票价格为 30"龙珠"。各年级负责人需提前与年级沟通,了解奇妙能力实验室开放事项,并明确"龙珠"可用于购买奇妙实验室体验券。同时,通知开放对象活动时间与地点,确保年级活动宣传工作落实到位。

(二) 中期工作

活动当天,务必遵循预定的流程和环节,妥善安排现场的各项活动。同时,明确人员分工,确保现场的安全、纪律和秩序,制定应急预案,预防意外事故的发生。活动期间,每个实验室仅留一名教师负责指导与维护纪律,另有 10 位小助手协助。学生将分流至三个实验室，可在各实验室入口处排队等候，凭体验券兑换奇妙能力实验集章卡，按照设定路线展开实验探险。为确保实验室内人数适度，每间实验室仅限 30 人，后续学生可选择其他实验室进行自由体验。此外，安排教师进行活动摄影，搜集活动素材。

（三）后期工作

向学生发放活动满意度调查问卷，做好调查结果反馈，各实验室负责教师确保实验室安全，整理回收实验材料，做好活动收尾工作，科组长安排人员撰写活动反思推文或者视频宣传。

四　活动评价

通过设置学生收集实验章和完成调查问卷的环节，以定性为主量化为辅、自评与他评相结合的多维评价方式，对学生参与实验探究活动过程中的学习态度、合作精神、探究精神与学习能力、收获与反思进行评价。学生在收集实验印章过程中凸显参与态度以及探究精神和学习能力。观察学生在实验过程中的探究精神与实践能力表现，以及其对探究成果的阐述。对于全部完成任务的学生，通过转幸运转盘的形式获得正向反馈，实现评价闭环。学生通过填写调查问卷，对于整个活动过程进行自我评估与反思。

（撰稿者：深圳市坪山区同心外国语学校　郑泽华　李臻臻　杨苗）

课程创意 4 - 4　科普热点辩论赛

一　活动目的

学校小学科学特色活动"科普热点辩论赛"是对学生在小学阶段六年的科学学习所积累的批判性思维的一场集中检验,对标"4C"能力中关于"批判性思维"的等级评价量表中最高级别的要求,以"一场比赛"的形式,即一份项目成果,反向推动师生在各年级批判思维教学的渗透和承接。在科普热点及辩论赛选题的设计上,以课本知识为底层知识基础,串联不同年级的知识框架,形成完整、全面、适应科普辩论赛基本知识诉求的小学科学知识体系,作为科普热点选择的重要参考;以"科普阅读"为主要支撑,鼓励学生扩大阅读量、关注科普热点、养成在生活中探究科学、积累科学、表达科学的素养,营造课内、课外两手抓,教学、自主学习齐头并进的科学学习新氛围。

二　活动简介

本次赛程涵盖了从培训到比赛的全过程,旨在全面提升学生的批判性思维和辩论能力。首先,学生将参加为期 10 课时的批判性思维课程,每课时 40 分钟,在综合实践课堂中进行。这一课程不仅注重理论知识的传授,还融入了预辩环节,让学生在实践中锻炼思维能力和辩论技巧。完成课程学习后,学生将进入科普辩论初赛阶段,比赛时间为 60 分钟,安排在延时服务时间进行。初赛将采用严谨的赛制和评判标准,选拔出表现优异的选手晋级决赛。

最终,科普辩论决赛将在学校大型活动场馆举行,比赛时间长达 90 分钟。决赛将是一场激烈的思想交锋和才华展示,学生将在这里充分展现自己的批判性思维、辩论能力和团队合作精神。整个赛程不仅是一次知识的竞赛,更是一次全面提升学生综合素质的宝贵机会。

三 活动要求

本次辩论比赛面向全体六年级学生开放。初赛阶段，我们将以班级为单位进行对抗赛，部分学生将有机会参与其中，展示自己的才华。经过初赛的激烈角逐，将选拔出16名优秀选手进入决赛，其中包括8名辩手和8名团队核心成员。参赛选手在比赛过程中必须自觉遵守比赛规则，以确保比赛的公平公正。每支辩论队将由8名队员组成，领队须负责组织队伍并确定队名及口号，展示团队的风采。决赛阶段，我们还将设置学生评委1名、学生会主席1名、学生主持人2名以及学生宣传员1名，共同营造紧张而有序的比赛氛围。

四 辩论题目

1. 初赛辩题：引进小龙虾利大于弊，还是弊大于利

正方：引进小龙虾利大于弊；反方：引进小龙虾弊大于利。

2. 决赛辩题：应不应该引进外来物种

正方：人类应该引进外来物种；反方：人类不应该引进外来物种。

五 活动流程

（一）前期准备

为了宣传科普辩论赛，我们将制作精美的宣传海报并展示在学校展板上。辩题将由辩论赛筹备组精心拟定，并严格保密以防外泄。科学科组将撰写详尽的辩论培训手册，供学生学习和参考，同时负责全面培训参赛学生。此外，我们会提前确定活动场地，予以精心布置并提供必要的话筒设备。各组辩论赛的主席和评委名单也将及时确定。最后，我们将筛选并确定进入决赛的选手名单，并组织相应的培训，以确保比赛的顺利进行。

(二)赛程安排

从批判性思维课程的深入学习,到班级预赛的自由辩论,再到紧张的班班对抗赛,每一步都是对知识与能力的考验。经过初赛的选拔,16 名决赛选手将脱颖而出,迎接更加激烈的角逐。赛前培训将为他们提供最后的准备,而决胜巅峰赛则是展现他们才华的舞台。具体赛程安排见表 4-3。

表 4-3　赛程安排

赛 程 阶 段	时间	赛 制 安 排
批判性思维课程	第 1—5 周	组织查找资料、整理和筛选资料; 学习如何批判地辨别事实与观点
班级预赛——自由辩论	第 6 周	全班范围内参与辩论,综合实践课给出评价反馈
班班对抗赛	第 7 周	延时服务时间,每个班级选出 4 名选手参赛
决赛名单	第 7 周	通过初赛和培训情况选出决赛选手 16 名(每个班级两名),分为两个团队,每队包含 8 名辩手
赛前培训	第 8 周	第一场:① 辩位和团队培训 (大课间培训并抽签选择正反方、推举产生辩手＋中午学生准备)② 辩题框架和辩论流程培训 (大课间培训并确认辩位名单＋中午学生准备) 第二场:① 辩词撰写和辩论技巧培训(大课间培训并检查框架＋中午学生准备);② 做 PPT 第三场:试辩检查 PPT 情况 周五中午:学生评审团培训
决胜巅峰赛	活动当天	1. 决赛团队针对辩题展开辩论,通过学生评审团的投票结果选出"辩论优胜队" 2. 依据评委打分,评选出"最佳辩手"1 名 3. 为"辩论优胜组"及"最佳辩手"颁发奖状

六　活动评价

班级初赛阶段,综合组老师(即跨学科评委老师)将全程观摩学生的辩论表现,并基于他们的表现给予相应的评价和推荐信息，以此作为初赛评分的重要依据。进入决赛的选拔环节，我们将优先考虑那些在辩论培训中展现出优秀才能和潜力的学生。根据初赛的综合表现，我们将筛选出 16 名学生进入决赛名单。同时，为了确保每位表现出色的学生都能获得认可与机会，那些培训和初赛表现良好但未能入选决赛的学生，将直接被吸纳进入学生评审团队，该团队由 25～30 人组成。在决赛的决胜时刻，评审团将由专业评委和学生评审团队共同组成。他们将根据既定的评分标准，投票选择支持正方或反方，最终得票多者将赢得比赛。评委席也将根据每位辩手的表现评分，并评选出"最佳辩手"，以此表彰在辩论中表现最为出色的学生。

本次辩论赛设立两大荣誉奖项："最佳辩手"1 名，以及辩论赛冠军 1 组（包含 8 名学生）。决赛评分标准如下。

（1）辩论技巧（25 分）：辩手是否言语流畅、立场明确，能否从多角度、多层次分析、理解、认识辩题，叙述是否有层次性、条理性，论证是否具有说服力。

（2）内容资料（15 分）：论据是否充分、合理、恰当、有力，引述资料是否正确、翔实。

（3）自由辩论（25 分）：能否始终坚持自己的立场，主动、准确、及时、机智地反驳对方的观点，思路清晰、立场坚定、逻辑正确、应对灵活。

（4）整体配合（20 分）：是否有团队精神，能否相互支持，论辩衔接是否流畅，论点结构是否完整，是否形成一个有机整体。

（5）表情风度（15 分）：辩手表情、手势是否恰当、自然、大方，不强词夺理，尊重对方，尊重评委和观众，富有幽默感。

（撰稿者：深圳市坪山区同心外国语学校　张可　杨苗　付良颖）

课程创意 4－5　讲座促进阅读

一　活动目标

为了让学生"多读书、读好书、好读书",促进学生全面、主动、可持续发展,增强校园阅读底蕴,营造阅读氛围,学校通过讲座的方式促进学生更好地阅读。为使"讲座促进阅读"常态化可持续发展,学校在此次活动中将阅读与科普讲座相结合,在传播科学思想、弘扬科学精神的同时,增加学生对阅读的兴趣,培养学生的阅读能力,引导学生养成阅读的兴趣。学校通过举办科普讲座活动,推动学生在兴趣的基础上更深入地探寻恐龙的奥秘,增强科学素养,更重要的是以此为契机,努力营造浓郁的校园阅读氛围,激发少年儿童从小"多读书、读好书、好读书"。学校借助阅读兴趣,积极推动校园阅读活动的蓬勃开展,让学生在活动中充分体验阅读的乐趣,发展能力,进一步提升文化素养,同时推进我校素质教育的深入发展。

二　活动简介

本次活动以"探中国恐龙,约书香之旅"为主题,旨在激发全校学生对恐龙知识和阅读的兴趣。活动面向全体在校学生开放,其中三年级和四年级的学生可以在科学老师处购买活动入场券(科学畅玩卡一类卡),其他年级的学生则可在少年邮局处购买入场卡。所有持票的学生均可凭票参与。活动定于下午延时服务时段(16:20—17:55)在学校的大型活动场地举行,期待每位同学的积极参与,共同开启一段充满探索与书香的奇妙旅程。

三 活动流程

为了确保活动的顺利进行，团队进行了周密的前期准备与分工。首先，关于活动的性质和宣传对象，我们明确了全校所有年级均可参与，并特别强调了针对三、四年级的重点宣传。这一策略在一周内完成规划和实施。同时，专门负责此活动的团队成员撰写了详尽的活动方案，确立了活动的整体流程，为后续工作奠定了坚实的基础。在宣传材料制作方面，我们分别为三、四年级和其他年级设计了具有针对性的宣传PPT。

为了提升活动的互动性和参与感，我们还精心设计了学习卡的内容。这包括采用KWL模式①进行问题设计，并以问卷调查的形式将其分为活动前问题收集和活动后阅读追踪反馈两个环节。为了方便学生参与，这两个环节的二维码被印刷在门票上。在宣传海报的制作与张贴方面，我们与坪山图书馆紧密合作，获取了讲座的宣传海报，并安排人员将其张贴在学校的显眼位置。同时，门票的封面融入了学校阅读徽章、活动主题和相关背景元素，整体设计既美观又实用。门票的售卖工作也井然有序。三、四年级的科学教师利用开学第一课进行宣传和售卖，严格控制每个班的份额。而其他年级的学生则通过海报了解购票信息，并前往少年邮局购票。在场地准备方面，我们申请了学校蓝花楹剧场的使用权，并检查现场设备确保完好无损。同时，安排专门的人员负责与专家沟通讲座的具体细节和安排接待工作。

活动当天，我们安排小助手负责门票的回收和二维码的发放工作，并维护现场的秩序。他们负责引导学生有序入座、维护纪律，并随时准备处理突发事件。学校智慧教育中心对本次活动进行专业的摄影、摄像工作，记录下活动的精彩瞬间。

活动结束后的一周内，团队成员撰写推文并进行编辑和推送工作，将活动的亮点和成果展示给全校师生。同时科学科组的成员还负责收集学生的讲座反馈和阅读追踪问题，并整理成报告以便后续改进工作使用。最后针对参加了活动并扫码答题的学生，我们也会按照承诺兑现相应的奖品以资鼓励。整个活动过程紧凑有序、分工明确、

---

① KWL是一种指导阅读的策略，K是"What I know"（我知道什么），W是"What I want to know"（我想学什么），L是"What I learned"（我已经学会了什么）。它以原有知识为起点，通过设定目标，帮助学生探索新知。——编者注

责任到人,确保了活动的圆满成功。

四 活动评价

本次学习卡的设计独具匠心,特别是采用了 KWL 形式进行提问,这一创新举措旨在更深入地引导学生们的思考和学习。学习卡被巧妙地分为活动前调研二维码和活动后阅读追踪二维码两大部分,每个部分都有其独特的功能和意义。活动前调研二维码,让学生在参与活动之前就能对相关知识进行预习和了解,为活动的顺利进行做好充分准备。而活动后阅读追踪二维码,则鼓励学生在活动结束后继续深入阅读,持续拓宽知识面,巩固学习成果。通过这种设计,学习卡不仅激发了学生们的阅读兴趣,更在无形中培养了他们的自主学习能力和持续学习的习惯。相信在这样的激励下,学生们一定能够在阅读的道路上越走越远,收获更多的知识和成长。

(撰稿者:深圳市坪山区同心外国语学校　黄素杏　杨苗　付良颖)

第五章
涌现性：让学生在理解中成长

个性化课程具有涌现性特征。课程虽是有内容、有计划、有组织、有评价的体系，但在某种程度上不是"规定好"的。在课程实施过程中学生可以"进入"课程，在教师的引导下积极参与教学，在主动的学习活动中形成对课程的深度理解。课程在学生的每一次课程理解中涌现出新的发展可能性，学生在每一次课程理解中涌现出对个人心理意义和精神意义的积极建构。

有学者指出,涌现的一种特殊呈现状态就是未知性,涌现元无法被预先测知与导演,更不能按照从低级向高级的轨迹推断而出,未知的涌现元具有完整的丰富性与突显性。① 而我们的课程是由最基本的元素经过多层的构建而成为一个比较完整的、复杂的系统,其基本元是"各科课程",而各科课程又相互关联、相互影响,具有"由小变大,由简入繁"的涌现性特征。涌现性是指多个要素组成系统后,会呈现出单个要素所不具备的新性质。这种新性质并非存在于任何单个要素中,而是在系统的低层次构成高层次时才得以显现。因此,人们形象地称之为"涌现"。当系统的功能表现为"整体大于部分之和"时,正是由于系统涌现出了新质的缘故,"大于部分"正是涌现的新质。如前所述,课程的涌现性也表现为未知性。从静态角度来看,课程系统的特性、功能、行为等属性是各个课程组无法分开的,它们相互关联着。而从动态的生成论角度看,课程系统的涌现性是学校课程领导者、教师和学生共同作用的结果,是学校课程结构通过课程互动而生成复杂课程系统的过程,而不仅仅是师生互相作用的结果。

在当今的教育领域,我们越来越认识到学校课程的重要性。而我们认为,学校课程更应该注重课程的涌现性,高质量的课程品质是实现涌现性的关键。我们不能仅依赖于教师的讲授,更需要学生的参与和创造。确保高质量的课程品质是实现这一目标的核心要素。一是由于知识是持续更新的,我们需要不断地学习并更新我们的知识库。为此,课程设计的合理性至关重要。良好的课程设计不仅能促进学生的学习,提高学生能力,还能帮助学生适应不断发展的社会。此外,合理的课程设置还有助于学生情感、态度和价值观的良性发展,促进学生在身心方面的健康成长。二是在当代的教育环境中,学生个性化发展成为教育的一个重要目标。学生的兴趣、特长和需求日益多样化,这就要求教育者提供更多元化的课程和活动,以满足不同学生的发展需求。基于学生个体差异的考虑,多元化的课程设置能够更好地满足不同学生的发展需求,从而促进学生的全面发展。三是只有在师生共同投入与提升的过程中,教育目标才能有效实现。在授课过程中,不能仅依赖于教师的单向传授,而应积极倡导学生的参与和创造性思维。优质课程能够激发学生的积极性,提高他们的课堂参与度,进一步增强对课程内容的理解和掌握。同时,教师也能从学生

---

① 刘文东.当代中国画认知的新视角——跨学科研究与导入系统科学之涌现性探讨[J].深圳大学学报(人文社会科学版),2013,30(06):187-192.

的反馈中得到启示，不断反思并优化自身的教学方法和策略，提升教学质量。

美的事物，无论是自然之美、人性之美还是艺术之美，均须具备完整性，即整体之美超越各部分之和。在课程内容的选择上，我校根据课程标准和学生的年龄特点，为不同年级的学生设计了不同的课程，确保学生在掌握国家教材的基础上，能够深入学习更多的知识。面对未来社会的挑战，我们需要深思应培养何种人才。在课程设置上，我们应转变观念，不仅重视基础知识和技能，还要重视过程、方法以及情感、态度和价值观的培养。学校课程开发应促进学生全面发展，各科课程不仅要关注知识技能的传授，还要关注学生的学习过程和方法，让学生体验学习的过程，掌握学习方法，学会学习，为终身学习打下坚实基础。为了达成这一目标，我们需要对传统教育模式进行深度的改革。一是要依据学生的年龄特征、认知基础和学习风格，为不同年龄层次的、有不同学习需求的学生提供丰富而多样的学习体验，丰富学生的直接经验和间接经验，为学生提供广泛、多样和生动的学习土壤，从而培育、生发属于学生自己的学习体验。二是要重点提升学生课堂参与的主体性，为学生创设安全、稳定的学习空间和环境，鼓励他们主动参与课堂，勤于思考，善于表达，勇于创造。三是有效提升教师队伍的专业素养和教育理念，引导并鼓励他们成为善于与学生互动交流的教师，当教师能够用欣赏的眼光看待学生的表达与创造时，课堂就会涌现更多课程品质。通过高质量的课程品质和学生、教师的共同创造，我们能够培养出更加具有批判性思维、探究性思维能力的优秀人才。同时，这样的教学方式也能够提升教师的教学质量，促进教育事业的持续发展。因此，我们应该积极探索和实践课程的涌现性教学理念，为培养更多优秀人才打下坚实的基础，而注重艺术陶冶和审美熏陶的美术教育课程更是如此。接下来，以我校美术课程为例，具体阐释课程品质的涌现性特征。

同时，学校致力于为学生提供多样化的活动课程和展示课程，旨在激励学生展示自己的学习成果。如，我们的艺术活动课程和工坊课程成果展为学生提供了一个展示作品和成果的平台，让他们体验成功的喜悦，从而提高他们的学习积极性。为了提高学生的参与度，我校的艺术课程采用了多种策略。根据课程标准和学生的年龄特点，我们为不同年级的学生设计了不同的课程，确保学生在掌握国家教材的基础上能够深入学习更多的美术知识并感受更多的艺术美感。

（撰稿者：深圳市坪山区同心外国语学校　肖丽萍）

让学生在理解中成长的美术课程

我校的美术课程分为四大模块：特色校本课程、跨学科融合课程、特色活动课程和工作坊课程。这些课程旨在激发学生的学习热情，让他们真正参与到课程和活动中。我们重视艺术体验，关注学生在学习过程中的艺术感知及情感体验。通过欣赏、表现、创造和联系这一过程，我们意在培养学生丰富、健康的审美情趣。同时，我们强调艺术课程的实践导向，让学生在艺术的体验实践中提高艺术素养和创造力。此外，我们注重课程的连贯性，关注艺术与自然、生活、社会、科技的关联，吸取丰富的审美教育元素，以促进学生身心健康全面发展（如图5-1）。

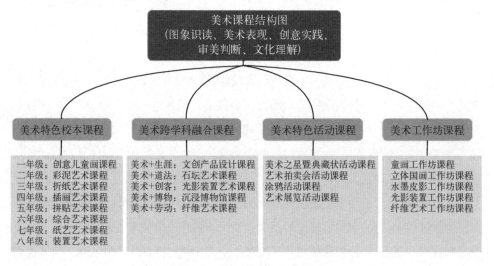

图5-1 学校美术课程结构图

图5-1中，模块一"美术特色校本课程"内容丰富，形式多样。学校为一至八年级开设了不同的课程：一年级创意儿童画课程；二年级彩泥艺术课程；三年级折纸艺术课程；四年级插画艺术课程；五年级拼贴艺术课程；六年级综合艺术课程；七年级纸艺

艺术课程；八年级装置艺术课程。学校通过开设特色课程促进学生美术素养的发展，提升学生综合艺术素养能力。

模块二"美术跨学科融合课程"包含了学科＋生涯：文创产品设计课程；学科＋道法：石坛艺术课程；学科＋创客：光影装置艺术课程；学科＋博物：沉浸博物馆；学科＋劳动：纤维艺术课程。我校美术跨学科融合课程通过与其他课程的融合、与周围环境的融合、与社区环境的融合来实施。

模块三"美术特色活动课程"包含了美术之星暨典藏状活动、艺术拍卖会活动、涂鸦活动课程、艺术展览活动课程。美术特色活动课程强调对学生综合艺术素养的培养，激发学生艺术审美能力；满足学生个性化需求，提高学生艺术综合素养和能力及艺术文化底蕴，激发学生对艺术的热爱。

模块四"美术工作坊课程"包含了童画工作坊课程、立体国画工作坊课程、水墨皮影工作坊课程、光影装置工作坊课程、纤维艺术工作坊课程等个性化的特色工作坊课程，满足了学生的兴趣与艺术需求，让学生在社团、工坊中展现自我、强化艺术特长学习。其中教师指导的水墨皮影工作坊课程、光影装置工作坊课程代表坪山区参加了深圳市、广东省的艺术工作坊展示，取得了优秀成绩。

（撰稿者：深圳市坪山区同心外国语学校　肖丽萍　罗静）

课程创意 5‑1　美术特色校本课程

课程创意 5‑1‑1　一年级创意儿童画

一　课程理念

　　课程以儿童画基本技法为主，重在激发学生兴趣，让他们体验成长的快乐。学校通过开设"创意儿童画"学校课程，让学生了解儿童画特点、价值和作用，引导学生崇尚艺术，开阔学生的视野，丰富学生学习儿童画的内容和途径，升华学生儿童画艺术的志趣境界，加快学生在儿童画方面成才的速度，激励学生长大为继承和发扬中华民族独有的灿烂文化作贡献。课程遵循"循序化""主题化""单元化"和"小步子，多循环"原则，将创意元素编排进每个主题，力求知识技能与创意相间，力求对每个知识点都有相应的巩固。

　　"创意儿童画"校本课程的开发有利于增强学生学习的情境化和体验性。在此过程中，学生的学习更多地建立在活生生的经验和体验基础上，在亲身经历的各种丰富的实践中（尝试用多种不同的创意性材料）把所获得的现实经验整合为学科知识，提高自身综合能力，促进情感和人格的发展。教师在教学过程中会特别注重学习情境和氛围的创设，增强学生情感体验及其感受，旨在为学生创设广阔的想象创新的表现空间，提供多元化的学习环境，发现和开发学生的美术潜能，发展学生的观察力、思维力、想象力和创造力。

二　课程目标

　　1. 了解更多的儿童画技法方面的知识（美术种类、常用工具、基本的使用方法、多种绘画方法),学会用多种表现形式来展示各种主题内容。

2. 激发兴趣和想象力,拓展想象空间,增加对美的理解和认识,形成一定的美术思想。

3. 学会常见的植物画法、动物画法、人物画法以及山、房子画法等,掌握儿童画的构图、线条、色彩运用的能力。

三 课程内容

课程内容以国家课程为基础,结合教师所提供的其他创新内容进行创意儿童画创作。学生学会运用点、线、面三种美术元素丰富画面,运用创意性材料和创作方法创作作品,为未来的创新思维能力打下基础。内容分为上下学期。

（一）上学期课程内容

上学期主要学习内容是趣味儿童画,共 12 课时。具体包括：认识与了解儿童画,并学会用黑色勾线笔大胆创作作品(1 课时);学会用不同的上色工具进行大胆的涂色,并能够进行漂亮的色彩搭配(2 课时);能够懂得画面中的大小关系、前后关系,区分画面的主次关系,并利用其关系进行大胆的创作(2 课时);能够将所学的知识运用到画面中,并设计一幅故事性的儿童画作品(2 课时);以动物为主题分别进行主题的创作(2 课时);掌握基础的欣赏、评价作品的词汇,并组织"我是小小评论家"小活动,由学生进行自评、互评(2 课时);进行一次小型的颁奖典礼活动(1 课时)。

（二）下学期课程内容

下学期主要学习内容是创意儿童画,共 12 课时。具体包括：认识与基本掌握不同方式的创作方法(创意纸板画、刮画、彩色绘画、纸张拼贴画、混合材料运用),学会大胆地进行构图设计绘画作品(5 课时);在创作中加入不同绘画方法变形、夸张、拟人、仿生、由简入繁、重组等(2 课时);组织"我是小小评论家"小活动,让学生大胆地上台展示自己的绘画作品,学生进行自评、互评(4 课时);进行一次小型的颁奖典礼活动,班级内评出美术之星、积极之星和进步之星(1 课时)。

四　课程实施

一年级的学生能够感知身边的美,认识美存在于我们周边,初步形成发现、感知、欣赏美的意识。能用不同的工具、材料和媒介,按照自己的想法,以平面、立体或动态等表现形式表达所见所闻、所感所想。一年级的学生是非常热爱美术课堂的,以"生活就是艺术—生活在于创造"为主导,采用不同的课题设置本课程主要使用的学习方法。

1. 采用不同的创作形式(基础线描、剪纸、油画棒、水彩笔、拼贴、简单拓印等多种创作形式)进行创作,让学生用心观察生活中的点点滴滴,并从中发现美、创造美,开发学生的创造力、思维力、观察力、对色彩的敏感性和手脑的协调能力。

2. 激发学生创意和想象,创意儿童画课程开发不仅是为了增长学生的见识,也不仅是为了丰富学生的知识储备,更重要的是为了让学生在学习中具有更大更自由的选择空间,以适合其特长发展的需要,让其自主选择喜欢的学习内容和学习方法,有效地发挥其学习潜能。

3. 贴近学生生活,增加学习趣味性。让学生选择与自己生活有关的主题进行创作。

4. 以学生为主,培养合作学习能力。在学习、创作的过程中都可以以合作的方式进行学习,让学生学会合作,互相学习。

五　课程评价

小学美术教育评价要发挥评价的发展性功能,旨在激励学生学习美术的兴趣,养成良好的绘画习惯,提高绘画水平和审美情趣。校本课程的教学评价既关注学习结果,又关注学生在学习过程中的变化和发展,既关注学生学习水平,又关注他们在学习活动中表现出来的情感态度。主要从以下几个方面进行评价。

1. 学生的课堂情况评价。主要通过观察学生在课堂教学过程中的目标达成度、课堂纪律及所反映出的情感、态度分别给予 A、B、C 由高到低三个等级。

2. 学生的创作作品评价。主要通过平时检查作品和期末考试的方式分别给予

A＋、A、A－、B＋、B、B－、C由高到低七个等级。（对作品的评价的标准着重以是否有优秀的创意想法、构图是否恰当、造型是否完整为依据；能否掌握三种上色方式和绘画方法，掌握两种或两种以上创作材料；正确、安全地使用工具和材料。儿童画一定要符合儿童心理特点和年龄特点，保留"原态"，免得造成儿童心理障碍。画面要有一年级年龄段学生的妙趣横生且牵动着人们的心灵的特点。）

3. 综合前面两点最终评出A＋、A、B、C由高到低四个等级。还会在班级内评出美术之星、积极之星和进步之星，并进行一个小型颁奖典礼。

（撰稿者：深圳市坪山区同心外国语学校　张睿）

课程创意 5－1－2 二年级彩泥艺术

一 课程理念

超轻黏土是黏土的一种，简称超轻土，捏塑起来更舒适，更适合造型。二年级学生虽然年龄小，但是好奇心强，学习积极性高，拥有活跃的思维并具备一定的动手能力。

根据他们的年龄和心理特征，此阶段的校本课程内容是以培养学生动手能力和造型能力为主的手工轻黏土制作课。通过捏超轻黏土这种丰富多彩的活动，培养学生动手能力和欣赏美、创造美的能力，并在活动中促进学生学习方式的转变，激发学生的参与，促动学生从立体的角度去认识、观察和欣赏事物，发展学生的想象能力，并结合讲授，以基础技法带动创新技法，发挥学生的主观能动作用，让学生能够随心所欲地按自己的意愿去表现作品，展示自我，从而使学生的空间创造能力得到发展。整个教学过程的主要内容是捏制超轻黏土，待其干燥后，让学生拥有自己独特的作品。

二 课程目标

1. 体验超轻黏土材料的特性，通过学习制作过程，培养学生制作兴趣，欣赏自己和他人的作品，提升美感、品位。

2. 了解和掌握超轻黏土基本玩法，如搓、压、捏、组合等方法，感知超轻黏土特点、色彩美感。

3.结合学生生活实际,能用手捏法、泥条法制作小物品。提高学生的综合素质,促进知识迁移,培养创新精神和实践能力,培养学生的艺术欣赏及美感品位等人文素质的基础。

三　课程内容

本课程以超轻黏土这种材料为基础进行制作,通过制作,培养学生制作兴趣,让学生自己构想所有捏制的主题,由此活动引发其对艺术的兴趣及提高创作能力。学生在一年级就具有捏制黏土的经验,所以在制作过程中,教师就注意事项稍加提醒即可。尊重学生的主体地位,以学生自主生活为主,培养学生动手能力、美术表现能力、创新能力。课程内容分为上下学期。

(一) 上学期课程内容

上学期课程分为 12 个课时,主要包括:初步感受了解黏土的特性(1 课时),收集欣赏简单黏土作品,练习工具材料的使用(1 课时);练习制作过程中的捏、粘、卷、揉、搓等技能(2 课时);利用颜色混合法进行不同比例混色尝试,分别制作不同的作品(2课时);练习制作基本造型作品,如圆形、椭圆形、方形、细水滴形、粗水滴形、梭形等(2课时);塑造简单的立体物像,增加对物体的细节刻画(2 课时);黏土综合材料体验,借助工具辅助,掌握简单的创作方法和技巧——利用骨架搭建(2 课时)。

(二) 下学期课程内容

下学期分为 12 个课时,主要包括:就多种题材捏出各种作品并尝试分享(1 课时);观察日常生活,利用超轻黏土在厚纸板上制作出立体创意黏土作品(2 课时);对黏土色彩、纹理等方面进行细节刻画(2 课时);掌握用超轻黏土练习巩固球压片、条压片的塑形手法,制作主题系列作品(2 课时);练习制作基本造型作品,如圆形、椭圆形、方形、细水滴形、粗水滴形、梭形等(2 课时);收集中国传统民间传统艺术,进行黏土重塑,例如淮阳泥泥狗(2 课时);观察传统器物造型特点,进行黏土制作,例如三星堆青铜器(2课时)；发挥想象,自己设计,进行超轻黏土创作(2课时)。

四　课程实施

这个年龄段学生的想象力非常丰富,并且能将自己的想象、设计的东西表达出来,因此教学过程中制作难度不宜过大,应更注重激发学生的创作热情,让学生多观察事物的结构,提升他们的观察能力、空间想象力、创作思维能力。

1. 多种形式培养兴趣,生动活泼发掘潜能。充分挖掘学科课程的科技含量,有意识、有计划地对学生进行科学思想和科学方法的教育,结合学生特点适当补充一些科普知识和科学技术研究成果,激发学生的兴趣。

2. 尊重学生的主体地位,以学生自主活动为主,教师讲授为辅,尽量让学生多练、多动,多给学生时间以发挥创作空间。

3. 采取生动、活泼、有趣的教学方式,呈现一个愉悦、和谐的课堂氛围,引导学生积极参与。

4. 对学生学习中的表现进行及时且积极的评价,激励新的创新火花的迸发。

5. 教学内容、方法应以学生实际情况而定,教师应从学生的能力、效果等差异出发,因材施教,灵活地做内容形式上的调整,使全体学生都得到发展。

五　课程评价

课程评价不仅是看结果,更重要的是看学生在学习过程中是否在自己原有的基础上有所提高。评价中以鼓励为主,肯定学生的进步和发展,评价贯穿于整个教学活动的全过程。

1. 对学生情感态度价值观的评价:对所学内容是否感兴趣,能否提出问题、发表自己的看法、认真创作。是否按时完成作品、善于与他人合作,帮助他人。

2. 对学生学习知识与技能的评价:了解超轻黏土课程基础知识、学习超轻黏土基本制作方法及材料的使用情况。

3. 对学生探究知识与创新能力的评价:勤于思考,敢于提问,自主探究,积极研究问题,获得认识并发表探究结果。课堂发言或对作品的阐述能否表达新见解、展现出与众不同,作品形式是否独特。关于构思、主题、风格创新的具体情况。

4. 展示性评价:能大胆介绍自己的作品或评价其他同学的作品。

(撰稿者:深圳市坪山区同心外国语学校　肖丽萍)

课程创意 5-1-3　三年级折纸艺术

一　课程理念

手工折纸作为小学美术教育活动中的常见内容之一,为孩童们的紧张学习生活带来了些许放松和乐趣,所以深受孩童们喜欢。但在当今的小学美术教学中,折纸活动的开展存在一些局限之处:如材料的局限性、教法的局限性、缺乏设计感等。折纸艺术的校本课程可以弥补国家课程中折纸活动的不足。宋生华在《折纸教学活动中幼儿自主探究的教学策略》一文写道:"孩子在折叠的过程中加强对事物的认识,开拓视野;折纸教学中进行图形变化和组合的训练,引发孩子的创造性,有利于培养孩子右脑思维的流畅性、变通性,有利于培养孩子的想象力、创造力、审美力,从而愉悦孩子的身心。"儿童在折纸的过程中,手腕和手指等小肌肉群的运用,促进手的运动更加灵活精细,并能直接刺激大脑皮层,促进大脑皮层机能的发展完善,为孩子的智力和创造才能的开发打下生理基础。此外,折纸需要有一定的空间感,可以培养学生的立体感和发展他们的空间逻辑思维。因此,我们不难看出折纸艺术是在小学阶段值得开展且容易开展的活动。

我们会选取适合学生能力的折纸课程,不要求人人做出精美的折纸艺术作品,而是注重折纸能力的普及度,重在培养学生对折纸艺术的兴趣、爱好,增加审美认知,启发孩子的创造力和逻辑思维能力,促进手脑的协调。在教学过程中将会围绕图像识读、美术表现、审美判断、创新实践和文化理解这五大核心素养进行教学,会将平面折纸与立体折纸、折纸艺术与装置艺术相结合,还会融入中华民族优秀传统文化、坪山客家文化和校文化等文化主题,来提高学生的审美能力和创新思维能力,使学生更加热爱校园、热爱祖国文化。

开展折纸艺术教学,我校具备一定的基础条件:折纸艺术的材料不贵,甚至用废纸都可以；学校有专门的手工功能室；三年级学生对折纸艺术有很大的兴趣。

二 课程目标

1. 让学生不仅认识传统折纸艺术，也拓宽他们在现代折纸艺术方面的视野，提高学生对"艺术性"的认知，培养他们的美术欣赏能力，陶冶他们的情操，提高他们的审美情趣和艺术修养。

2. 用作品的标准来要求学生，培养学生。"作业"和"作品"是不一样的，作品更重要的是构思作品的思维过程、制作新作品的求异意识和完成作品的手段追求，这些是他们在兴趣的鼓舞下，自发地、积极地、主动地获取的。养成追求独立、个性、创造的习惯对于提升他们的艺术素养、学习其他文化知识和培养创造性思维都具有重大意义。

3. 提升学生的立体感和空间逻辑思维。争取让每位学生都掌握两种以上的折纸作品技法，培养学生的动手创作能力，为学生走进当代艺术殿堂奠定基础。

三 课程内容

在小学阶段学习折纸，学生不仅可以提高手眼配合、手脑配合协调能力，还有利于智力开发和启蒙教育。此外，就折纸方面而言，我们应该将传统文化非物质文化遗产中的精髓部分传承下去，一方面加强民族认同感，另一方面发掘出折纸艺术的精华。该课程共 16 课时，由易到难、由浅入深，便于学生的兴趣培养和学习，也便于教师对教学进度和难易程度的把控。

（一）上学期课程内容

上学期分为 8 个课时，主要学习内容：折纸艺术材料和折纸艺术史介绍、作品欣赏（1 课时）；学习基础折纸技法（谷折、山折、预折、捏折、三等分折、打褶折叠）（1 课时）；学习特殊折纸技法（内反向折、外反向折、兔耳折、压折、压褶、旋转折、下陷折、湿折）（1 课时）；学习基础和传统折纸（1 课时）；学习动物、人物和花朵折纸（2 课时）；学习生活中的装饰性折纸（2 课时）。

（二）下学期课程内容

下学期分为 8 个课时,主要学习内容:复习上学期的折纸技法(1 课时);体验不同纸张材料的折纸(2 课时);学习组合折纸(3 课时);小组合作创作抽象造型折纸或装饰折纸(2 课时)。

四　课程评价

课堂评价注重形成性评价,它着眼于促进学生的多方面发展,能对学生产生积极的鼓励作用。评价重在激励学生的学习动力,让学生保持积极的学习热情。本课程主要从能力掌握、课堂表现、学生成果几个方面进行评价。

1. 能力掌握方面:学生能掌握基础折纸技法、特殊折纸技法、三种或以上仿生造型折纸、一种或以上组合折纸,甚至有能力在小组合作中创作出抽象造型折纸或装饰折纸,可以得 A+;学生能掌握基础折纸技法、特殊折纸技法、三种或以上仿生造型折纸、一种或以上组合折纸,可得 A;学生基本能掌握基础折纸技法、特殊折纸技法、一种或以上仿生造型折纸,可得 B;学生基本能掌握基础折纸技法、特殊折纸技法,可得 C;学生无法完全掌握基础折纸技法、特殊折纸技法,得 D。

2. 课堂表现方面:学生积极参与小组合作、上课认真听讲、积极回答问题、材料带齐,可得 A+;学生基本能做到参与小组合作、上课听讲、偶尔回答问题、材料带齐,可得 A;学生被动或拒绝参与小组合作、上课开小差、回答问题次数不足、材料经常不带齐,得 C。

3. 学生成果可通过作品、参赛、评比、校内展出等形式展示。

（撰稿者:深圳市坪山区同心外国语学校　罗静）

课程创意 5-1-4　四年级插画艺术

一　课程理念

插画艺术包括出版物配图、卡通吉祥物、影视海报、游戏人物设定及游戏内置的美术场景设计、广告、漫画、绘本、贺卡、挂历、装饰画、包装等多种形式。插画的西文统称为 illustration，有照亮之意，也就是说插画可以使文字意义变得更加明确清晰。学生在低年龄段的想象力最丰富，到了四年级阶段，我们要引导学生将自己的所见所想，通过画面进行完整表达。

四年级是从低年级到高年级的过渡，是小学的重要阶段。学生在这一阶段要接受知识学习的变化、思维方式的变化、学习方法的变化。学生此时对美术充满了兴趣，也有了一定的造型基本功基础，可以进行进一步的深入学习。学校抓住四年级学生的年龄和心理特点，开设有趣、模块化的插画教学模式，既可以丰富美术教学的形式，又能激发学生的美术学习兴趣，培养学生的形象思维能力，发展学生的创造力。

二　课程目标

1. 初步认识插画艺术的历史以及概念，了解插画的应用范围、插画的类型、插画的功能诉求以及插画的审美特征。第一步，先学会欣赏、解析插画的美。

2. 认识插画艺术的肌理线条、颜色形状，学习运用不同的形式和工具，体验不同的插画表达形式，感受其效果，通过观察、绘画、制作等方法表现自己的所见所闻、所感所想，激发想象力及创造欲。

3. 尝试思考插画艺术与新媒介的关系，了解、体会不同的媒介材质的特性，开拓新的思路。

4. 在教师引导下，将插画艺术与中国传统文化相联系，与在地文化相联系，将插画艺术与当地风土人情、博大精深的中国文化相结合，学习西方艺术的可取之处，融合创新，让我们的传统文化得以以崭新的姿态传承和发扬。

5. 培养美术欣赏能力，陶冶情操，提高审美情趣和艺术修养。

6. 培养创作能力，为走进当代艺术殿堂奠定基础。

三　课程内容

本课程以插画的艺术形式进行美术教学，插画作为现代设计的一种重要的视觉传达形式,以其直观的形象性、真实的生活感和美的感染力,在现代设计中占有特定的地位。在校本课程的实施过程中,我们会引导学生树立丰富的美术创作资源观,充分利用各种在地文化资源,使之在创作中发挥作用,激发学生自主积极地参与、思考。同时我们将从绘画最基本的点、线、面、色开始,带领学生入门,慢慢地引导学生将所要表达的信息以更简洁、更明确、更清晰的形式呈现。培养学生的动手能力和欣赏能力,从而提高学生实践创造美的能力,让学生自主从多角度、多维度认知、观察和欣赏生活中美的元素。整体课程由易到难、由浅入深,便于教师对教材的深入挖掘和拓展,有利于教学形式及课评方式的探索、改革,有利于培养学生的学习兴趣。

(一) 上学期课程内容

上学期分为 12 个课时,主要学习内容:以欣赏、感受、了解为主,学习插画的历史及其意义,插画的艺术形式,插画作品欣赏和插画的审美特征(1 课时);插画的入门体验,通过鉴赏、讨论的形式进行插画作品的分析感受和临摹学习(1 课时);插画的点、线、面、色及构图,学习表现手法点、线、面以及美术创作中的构图原则和构图分布,尝试最简单的物体关系和画面构图练习(2 课时);招贴广告插画创作及文字说明,鉴赏招贴广告插画,找寻规律和艺术特点,进行创作练习(2 课时);插画的创作形式,学习情节性插画、肖像性插画、装饰性插画、图解性插画,理解各种形式的特点及不足,进行有效归纳(2 课时);插画相关的绘画技法,学习插画中的绘画技巧、配色(色卡、色格、冷暖)、常规技法(叠色、干湿、渐变、分块)、特殊技法(飞溅、干刮、敲笔等)、留白(草图、正负形)、多媒介混合(水彩、彩铅、丙烯)(2 课时);插画艺术的多样化尝试——拼贴插画,通过手绘、剪切图片、借助工具辅助,进行拼贴插画的实践创作(2 课时)。

(二) 下学期课程内容

下学期分为 12 个课时,主要学习内容:了解、搜集地域文化,讨论插画创作形式及描绘方法,结合地域文化、插画形式、描绘方法进行总结和归纳(1 课时);地方性传统的重构、事物的刻画,创新和融合地方性特色,进行特色的重构与突破,同时进行事物的细致刻画(2 课时);插画的点、线、面、色及构图,系统学习点、线、面、色的基本特点及属性,进行各元素融合的构图练习(1课时);实践多种材料的拼贴、进行材料的综合运用、尝试综合插画作品的表现(2课时);分析插画的技法和特色并进行插画作品的欣赏和介绍,归纳、讨论、融合多种插画技法(2课时);进行综合材料的体验,利用不同材质的特点、特色进行合理搭配(2课时);综合插画创作,通过系统学习和体验,进行实践创作和素材创新(2课时)。

四　课程实施

本阶段的学生想象力较为丰富,能够运用较为准确的语言表达自我想象、情感和理解,有较强的动手实践能力、语言表达能力和自我总结归纳能力。教师在课程实施中应更多地将学生推向学习的中心,激发学生的自学和创作热情,逐步提升学生的观察、表述、归纳、总结和实践操作能力,积极地调动学生在学习中的自主探究、多维思考、创新实践。本课程共分为上下两学期,各12课时,共24课时。

(一)学习的基本方法

1. 观察法,通过图片、视频以及多媒体资源,引导学生对插画进行自我观察和理解。以插画的形式、技法、类别知识为学习目的,进行有计划地、系统地、重复地观察学习,通过感官的直接刺激,加强学生观察感受和审美提升。

2. 归纳推理法,学习插画设计中色彩、构图、技法、创作形式的基本知识,从而将个别插画的特色过渡或延伸至范围较大的绘画创作中,归纳插画的创作原则及绘画特点。不断突破自我绘画的局限和瓶颈,形成具备自我特色的艺术风格。

3. 联想法,绘画创作中需要大量的思维想象和创作灵感,插画学习中需要大量创新独特的绘画形式和创作风格。以局部、单一、独特的事物或作品为原点,将大量事物进行有效的串联、融合并加以改造,将形似的、相似的、相对的、相关的图形、色彩、造型、构图进行联想创作。

4. 自主学习法,以学生为学习中最重要的主体,让学生在插画学习过程中,自己做主、自我决定、不受外界干扰,通过学生自己的知识认知、绘画技巧、艺术思维进行观察、总结、实践。

5. 直接学习法,插画学习涉及多种艺术形式和风格,其中有许多艺术知识和绘画技巧并不完全适用于当下年龄段学生,因此在课程中始终以学习目标和实用技巧为主,精准、直接、简捷地对准插画的需求知识,引导学生建立独具特色的知识结构和绘画技巧,从而迅速、直接、高效地进行学习。

(二)教师的教学策略

1. 兴趣培养的转变与创新。积极引导学生的自主性和独立性,发掘学生的学习兴趣,有意识、有计划、有目的地对学生进行艺术教育和思想提升,结合学生现有的身心特点,进行课堂教学的形式转变。

2. 与众不同的观察与评述。有意识、有倾向性地创设观察和评述环节,大部分学生的语言表述和客观观察还略显稚嫩,课程设计需要更多地引导和激发学生去看、去说、去评价、去提问,通过教师评价、学生评价去反向刺激学生自我表现和语言组织,让课堂变得与众不同,生动有趣。

3. 学生主体的凸显与尊重。美术学习中普遍出现填鸭式、教师演讲式的学习画面,因此在插画课堂中,以学生自主学习活动为主题,尽量减少教师的讲授,让学生自发进行讨论、交流,引导学生积极地自主学习与自由发挥,培养学生自学、自思、自论,促进多练、多言、多学,给予学生自由发挥和创作空间。

4. 客观评价的多元与公平。学生在学习活动中,需要教师的客观和公平评价,教师应该积极、有效地进行适当评价。不论是维度评价、事实评价,教师都应该时刻保持客观公平性,在评价过程中还应该因地制宜、因材施教进行调整和改善。

5. 教学内容的更新与变化。教学内容需要与时俱进,时刻保持其独特性。教师应基于学生的能力、素养、差异对内容进行适当变化和改进,同时应紧跟时尚潮流和时代前沿,让学生接触更多、更优的信息和知识。

五　课程评价

本课程遵循实事求是、客观公正的态度,进行科学性、准确性的评价。评价贯穿于学生的整个学习过程及多个方面。

1. 对于学生整体学习的客观评价,核心标准为插画完成情况、对插画知识点的理解情况、创作整体情况。

2. 对于学生持续发展的评价,以学生持续发展创新突破为基点,对插画构图中的个性创造、插画色彩搭配上的合适度、插画作品的创新性、小组合作情况等进行评价。

3. 对于学生全面发展的评价,综合学生各方面的学习表现,从学生的课堂表现、作品创作、语言表达、思维创新、知识技能、情感态度价值观、课后延伸等方面进行,不局限于单一的美术视角。

4. 对于学生差异性与多样性的评价,根据学生学习情况的对比进行,针对插画的思想理解、插画文化的分析、课堂的表现进行,注重学生本人当前与之前的对比,在学生的不同背景下进行综合评定。

5. 对于学生学业的评价,学生对造型表现活动是否有比较浓厚的兴趣,并表现出想象力和创造力,作品中是否表现出自己所观察到的事物的特征和自身感受,能否运用多种方法,创作表达一定意图的艺术作品,均为评价标准。

6. 对于学生创作的评价,从设计的角度对作品进行描述与分析。学生是否根据创作的需要大胆进行想象,表达自己的创意。

7. 对于学生技能的评价,评价内容为学生是否了解并运用三种或三种以上制作方法,了解制作的方式和过程,学生是否初步养成善于发现、勤于思考、大胆想象和追求创意的习惯,能否正确、安全地使用工具和媒材。

8. 评价最终以等级进行评定,将以 A(90 及以上)、B(90～80)、C(80～70)、D(70～60)的方式呈现,并纳入"优秀学生""美术之星""齐心奖学金"评比条件。

(撰稿者：深圳市坪山区同心外国语学校　谈森)

课程创意 5-1-5　五年级拼贴艺术

一　课程理念

1912 年,毕加索创作出第一件精致的拼贴作品《有藤椅的静物》,从此模糊了艺术中真实与虚幻的区别。第一次世界大战后,达达主义艺术家们丰富了"拼贴"的概念,不论是文字片语、残缺图片、大量制作的广告印刷品、报纸杂志上的黑白或彩色照片，都可以动手剪贴成为很好的材料。拼贴的手法多元化，不仅在创作的色彩、肌理和质感上有变化，而且其中游戏的特性和反讽的趣味、非现实的重组和叙事手法，都能带动和发挥学生的创造性思维和主观能动性。课程通过实践教学让学生可以从全新视角解构和重构日常生活中的各种可能性，完备学生的创作视角、创作媒介和创作技能，树立学生的审美洞察力，并引导学生通过生活中的碎片进行实践创作，提升学生综合素质。拼贴画会根据学生的心理成长过程和认知特点，运用绘画最基本的规律，加上对材料的组合，深入浅出、形象生动地给学生直观感受，激发学生用自己的眼睛去发现事物中的美，去体味美的规律，并通过多画、多想，逐步掌握独立思考能力，提高审美情趣。

二　课程目标

1. 初步认识拼贴艺术的历史以及概念，了解拼贴艺术的应用范围、拼贴艺术的类型、拼贴艺术的功能诉求以及拼贴艺术的审美特征。第一步，先学会欣赏、解析拼贴艺术的美。

2. 认识拼贴艺术的肌理线条、颜色形状，学习运用不同的形式和工具，体验不同的拼贴艺术表达形式，感受其效果，通过观察、裁剪、拼贴、绘画、制作等方法表现自己的所见所闻、所感所想，激发想象力及创造欲。

3. 尝试思考拼贴艺术与不同材料介质的关系和可能性，了解、体会不同的媒介材质的特性，开拓新的思路。

4. 在教师引导下，将拼贴艺术与中国传统文化相联系，与在地文化相联系，将拼贴艺术与当地风土人情、博大精深的中国文化相结合，学习西方艺术的可取之处，融合创新，让我们的传统文化得以以崭新的姿态传承和发扬。

5. 通过多元化的方式学习拼贴艺术，提高审美能力，陶冶情操，促进自身的全面发展。引导学生将拼贴艺术知识与生活实践相结合，将拼贴艺术融入生活，在日常生活和文化情境中认识美术。

6. 培养学生的美术欣赏能力，陶冶他们的情操，提高他们的审美情趣和艺术修养。

三 课程内容

五年级学生在经历四年级的过渡后,思维方式发生了变化,学习方法也发生了变化。该年龄段的学生已经掌握了较为基本的美术知识,伴随着丰富的想象力,对生活中的事物有着独特的观察方式和强烈的表现欲望,对事物的表达形式也更加多元化。拼贴艺术在世界艺术史上有着重要的影响力,而拼贴艺术中所涉及的色彩、造型方面以及天马行空的想象力,对学生的创造性思维和审美素养都起着重要的作用。

(一)上学期课程内容

上学期共 12 个课时,主要学习内容:拼贴艺术的历史及意义、拼贴的艺术形式、拼贴艺术作品欣赏、拼贴艺术的审美特征(1 课时);拼贴艺术的入门体验(2 课时);造型知识的学习(空间、结构、透视、体积、质感、构图、黑白灰的对比关系)(1 课时);拼贴艺术的点、线、面、色及构图(2 课时);拼贴艺术的创作及创意说明(2 课时);拼贴艺术的创作形式及技法(2 课时);拼贴艺术的多介质综合材料运用(2 课时)。

(二)下学期课程内容

下学期共 12 个课时,主要学习内容:结合在地文化学习拼贴艺术形式及其描绘事物的方法(2 课时);地方性传统的解构与重构(2 课时);多种材料的拼贴、材料的综合运用(2 课时);多种技法及材料的融合、作品欣赏(2 课时);综合材料的体验(2 课时);拼贴艺术作品创作(2 课时)。

四 课程实施

1. 对于拼贴艺术的学习,首先要掌握色彩、造型、构图等基本的理论知识。了解材料介质及组合方式的特性,学生通过观察、实践等方式进行学习,在创作练习中掌握拼贴艺术的基本知识。

2. 理论联系实践。在创作过程中引导学生将媒介材料进行重构,转换为自己的创作语言,并灵活运用,培养学生的观察和创造性能力,在拼贴创作中学会观察、思考。

3. 引导学生运用所学的拼贴艺术知识和技法完成创作实践,注重生活感受,从生活中发现和寻找灵感,作品表现形式不限。

五　课程评价

五年级学生初步具备了基本的艺术实践经验和审美感知度,他们在创作中有丰富的想法和更多的表现方式,对艺术的感受和观点更加多元化。

1. 对学生情感态度价值观的评价:学生对所学内容是否感兴趣;能否独立提出问题;能否发表自己的看法;是否认真创作;能否按时完成作品;能否尊重他人意见并与他人合作。

2. 对学生学习知识与技能的评价:学生是否掌握拼贴艺术的构图、色彩、造型等基本理论知识;是否了解拼贴艺术的材料特性及使用方法,能够鉴赏著名拼贴艺术家及其经典作品;是否学会在创作中灵活运用拼贴艺术知识和技法,从生活实践中寻找灵感,独立完成拼贴艺术创作作品。

3. 对学生探究知识与创新能力的评价:学生是否善于提出问题、解决问题,进行多角度的思考,自主探究;是否积极探索并表达自己的艺术观点,是否理论联系实践,将拼贴创作与生活相结合;作品的表达形式是否独特新颖;是否善于自我总结,不断进步完善。

4. 评价与展示:是否能大胆介绍自己的作品或评价其他同学的作品。

最终对学生作品以等级形式进行评价:A+(95 分及以上)、A(90 分及以上)、B(80 分～90 分)、C(80 分以下)。

（撰稿者:深圳市坪山区同心外国语学校　邓伊瑶）

课程创意 5-1-6　七年级纸艺艺术

一　课程理念

纸艺艺术旨在发挥学生的创造性思维和主观能动性,通过实践教学让学生系统地掌握纸本的基本特性和创作技法,树立学生审美判断的自信。七年级学生基本已经完成了小学阶段的美术学习,有了一定的动手能力和审美判断,有较强的个性和活跃的创造性思维。

本课程是为了引导学生将纸本创造与生活实践相结合,激发学生创新意识和审美批判意识,培养学生的审美感知能力和多元化表达思维,提高学生综合素质而进行的教学探索。开展纸艺校本课程,有利于促进学校校本课程多元化的发展,使学生在学习到更丰富的艺术知识、开阔眼界、活跃思维及获取审美体验的同时,调节心理状态,激发对艺术和生活的热情。

二 课程目标

1. 认识纸的制作工序以及作品种类,了解纸艺的应用范围及类型、纸艺术的功能以及其审美特征。第一步,先学会欣赏、解析纸艺术之美。

2. 引导学生通过多元化的方式学习纸艺艺术,提高审美能力,陶冶情操,促进自身的全面发展。引导学生将学习到的纸艺知识与生活实践相结合,把纸艺艺术融入生活,在日常生活和文化情境中认识美术,了解和热爱中华民族优秀传统文化,弘扬人文精神。

3. 培养学生的色彩感知和造型思维能力,丰富学生自我表达的语言和艺术方式。

4. 让学生系统地学习纸艺艺术中关于制作和造型的创作知识,在实践中掌握纸的材料特性和制作技法,及对经典纸艺作品的赏析,提高学生美术综合素质。

5. 通过对纸艺课程的学习,学生进一步了解纸艺艺术,树立审美判断的自信。

6. 能将学习到的关于纸这一材料的知识和创作技法在实践中综合运用,独立完成纸艺艺术创作,为后续更深入地学习纸艺奠定基础。

三 课程内容

纸艺艺术中所涉及的材料和造型方面的知识,对学生学习艺术并运用于生活实践,都有着很大帮助,有助于提高学生的多元视野和艺术实践能力,发挥他们的想象力和创造力,促进学生的全面发展。本课程内容分上下学期。

（一）上学期课程内容

上学期分为 12 个课时,主要学习内容：纸的制造发展历程(1 课时);纸材料的制作体验及材料特性(1 课时);纸艺艺术作品欣赏(2 课时);纸艺艺术综合创作(2 课时);纸艺艺术的创作形式(2 课时);纸艺艺术的基础创作技法(2 课时);纸艺艺术的实践创作之立体书设计(2 课时)。

（二）下学期课程内容

上学期分为 12 个课时,主要学习内容：探讨纸艺艺术的特性与生活实践的关系(1 课时);选择确定纸艺艺术创作项目主题(1 课时);探索纸本材料及工具,发挥纸艺特性(2 课时);以纸艺艺术为载体,尝试结合多元领域内容(2 课时);实践创作环节(2 课时);再次观摩经典作品,对作品予以调整并记录制作过程(2 课时);作品的展示与分享(2 课时)。

四 课程实施

1. 多种形式培养兴趣,生动活泼发掘潜能。充分挖掘学科课程的科技含量,有意识、有计划地对学生进行科学思想和科学方法方面的教育,结合学生特点适当补充一些科普知识和科学技术研究成果,激发学生的兴趣。

2. 尊重学生的主体地位,以学生自主活动为主,减少教师讲授,尽量让学生多练、多动,多给学生时间以发挥创作空间。

3. 采取生动、活泼、有趣的教学方式,呈现一个愉悦、和谐的课堂氛围,引导学生积极参与。

4. 对学生学习中的表现进行及时且积极的评价,激励新的创新火花的迸发。

5. 教学内容、方法应以学生实际情况而定,教师应从学生的能力、效果等差异出发,因材施教,灵活地做出内容形式上的调整,使全体学生都得到发展。

五 课程评价

课程评价不仅注重结果,更重要的是要注重学习过程,在学习过程中以肯定、鼓励学生的进步为主,促进学生的发展。具体评价方式如下。

1. 对学生情感态度价值观的评价:对所学内容是否感兴趣;能否提出问题;能否发表自己的看法;能否认真创作;是否按时完成作品;能否善于与他人合作;能否帮助他人。(总共 20 分)

2. 对学生学习知识与技能的评价:了解纸艺艺术课程基础知识、学习纸艺艺术基本方法及材料的使用情况。(技法练习总共 30 分)

3. 对学生探究知识与创新能力的评价:勤于思考,敢于提问,自主探究,积极研究问题,获得认识并发表探究结果,课堂发言或对作品的阐述能否表达新见解,与众不同,作品形式是否独特。关于构思、主题、风格创新的具体情况各 10 分。(总共 30 分)

4. 评价与展示:能大胆介绍自己的作品或评价其他同学的作品。(总共 20 分)

对学生作品以等级形式进行评价:90 分以上为 A 等、85 分—90 分为 B 等、85 分以下为 C 等。

(撰稿者:深圳市坪山区同心外国语学校 赵儒楠)

课程创意 5-1-7 八年级装置艺术

一 课程理念

在科学技术快速发展的现代社会,装置艺术的选择内容越来越广,既可以选择现成品,还可以合理掌控现成品的展示方式、展示过程以及时效性。现场的空间环境、材料变化,以及运用物理及化学原理让材料发生短暂的变化等,都可以让装置艺术带给观众强烈的视觉感染力。装置艺术选用实物语言而不是笔触来表达抽象的思想观念,不仅具有空间形态,同时也具有一定的时间性质。

激发学生想象力的就是实践性强的学习方式,装置艺术课是一门手脑结合的体现综合能力的课程,重视对过程的感受,而非对作业结果的追求,适合具备不同美术基础的学生进行学习实践。初中美术教学需要基于"艺术生活化"的教学理念,着重探索教学理念与实践相结合,因此,构建装置艺术课程,除了要提出装置艺术课程实施的原则,还要进行相关的课例解析,最后明确初中装置艺术课程实施的作用,以期推动美术教学的进一步发展。

二 课程目标

1. 发挥学生的主体地位,从培养兴趣入手,充分调动学生学习的积极性,让学生认识装置艺术,认识当代美术中装置艺术的视觉特点及思维特点。

2. 培养学生对装置艺术的兴趣和爱好,进而增强学生的思维能力及创新能力。对创新能力的培养要把握实践性原则及综合性原则。

3. 让学生思考并了解装置艺术的基本特点以及成形方式,初步了解不同的装置艺术代表不同的内涵。装置艺术作品的制作方式纷繁复杂,让学生思考不同的装置艺术作品运用怎样的制作方法成形,使学生的理解能力、动手能力和创造能力得到提高。

4. 培养学生的装置艺术欣赏能力,陶冶他们的情操,提高他们的图像识读素养。

5. 培养学生的装置艺术创作能力,为学生走进当代艺术殿堂奠定基础。

三 课程内容

教育家杜威说过:"教育应当是生活本身,而不是生活的准备。"教育家陶行知也指出"教育即生活","为生活而教育"。作为教育对象的学生最终要走向社会,走向生活,新的课程只有反映社会生活的需要,帮助学生了解社会生活,使学校成为社会生活的一部分,才能真正体现课程的本质功能。

在美术教学中,要重点体现艺术生活化的理念。把繁、难、旧、杂的课程内容进行整合,加强课程内容与学生生活的联系,关注学生学习兴趣和经验,降低美术基本知识和基本技能学习的难度。引导学生发现、认识生活中的美,进而创造美,提高学生的审美情趣，使学生热爱生活，珍惜生命。

八年级学生具有一定的美术基础和一定的观察能力、造型表现能力，想象力较丰富，对客观事物有其独特的观察方式，有着强烈的主观感受和独特的表达方式。他们的创新意识比较强，对于动手类课程极其感兴趣。课程以 6 人小组的方式完成，学生们集合不同的意见，根据给定主题自由组织创作，这一过程培养学生的团队协作能力，发挥学生的主观性，引导学生了解当代美术发展形势，做出有艺术价值的装置艺术作品。内容分为上下学期。

（一）上学期课程内容

上学期分为 12 个课时，主要学习内容：美术史的发展，装置艺术的出现（1 课时）；装置艺术发展史（1 课时）；装置艺术的种类（2 课时）；材料形式语言的发展（2 课时）；纸张材料的多样形态练习（2 课时）；绘制创作图稿（注重三维空间关系、材料展示特性、光影效果等因素）（1 课时）；装置艺术创作训练（简单的实操训练，大胆运用各种工具材料）（3 课时）。

（二）下学期课程内容

下学期分为 12 个课时，主要学习内容：国内外装置艺术作品的理解与鉴赏（2 课时）；新媒体装置艺术的发展（1 课时）；点、线、面的渗透理解（1 课时）；拼贴艺术在装置艺术中的应用（1 课时）；多种架上形式组合（2 课时）；寻找生活主题，确定创作方向（从身边的事物中寻找主题，利用有限的材料，根据学生需要自己收集材料进行小组讨论，绘制图稿）（2 课时）；装置艺术创作（主题来源于生活，诸如情感，注重对三维制作各要素的训练）（3 课时）。

四 课程实施

1. 在教学中导入当代艺术观念和环保意识，关注美术创作活动中观念、材料、方法和技术方面的新发展。艺术作品多体现学生对生活的热爱、艺术的理解、社会的关注。

2. 在装置艺术课程教学中，渗透美术鉴赏、设计、绘画、工艺等模块的知识，更易于学生学习理解和实地教学。引导他们对所表现的事物进行仔细观察，为创造表现积累丰富的资源，并在观察、分析、思考的基础上，让学生自由地去探索。

3. 教学理念与实践相结合，进行综合创作练习。在工具和材料的选择上，运用复合材料和不同的工具；在创作中善于利用生活中的材料进行装置三维搭建。

五　课程评价

为了更好地激发学生对装置艺术的学习兴趣、提高学习效率、促进学生全面发展、促进装置艺术课程不断发展，从以下几个方面进行评价。

1. 对学生情感态度价值观的评价：对所学内容是否感兴趣，能否提出问题，能否发表自己的看法，能否认真创作，是否按时完成作品，并善于与他人合作，帮助他人（20分）。

2. 对学生学习知识与技能的评价：了解装置艺术基础知识，多数涉及装置艺术的常规材料，如纸张、颜料、木材、铜铁等，每一种会有细分。在技能方面，针对同一种材料是否能进行多样形态创作（技法练习30分）。

3. 对学生探究知识与创新能力的评价：勤于思考，敢于提问，自主探究，积极研究问题，获得认识并发表探究结果。课堂发言或对作品能否表达新见解，与众不同，作品形式是否独特。构思、主题、风格创新各10分（总分30分）。

4. 评价与展示：能大胆介绍自己的作品或评价其他同学的作品（20分）。

对学生作品以等级形式进行评价：90分以上为A等、85分～90分为B等、85分以下为C等。

（撰稿者：深圳市坪山区同心外国语学校　黄海）

课程创意 5-2　美术跨学科融合课程

课程创意 5-2-1　美术和生涯：文创产品设计课程

一　课程背景

文创产品设计大赏由前身 i-Mart 创意市集演变而来。创意市集为学生提供展示自己的舞台，赋予学生创造者和售卖者的身份，让学生在自我表达创作后，可将自己的作品传递给其他人，获得他人的认可和理解。而文创产品设计大赏则是将着重点放在设计上。以赛事为基础，强调设计实践、答辩及展示等环节，这会让学生更具成就感，也会让他们对于艺术家、设计师等行业有新的认识和见解。Hi World 国际理解周World Expo 美术学科项目式学习，旨在让学生从不同国家不同角度出发，深入地了解研究后，设计创作具有国家特色的衍生品。

艺术品拍卖会有利于发挥校园艺术创作作品的最大价值，既能将优秀的学生创作作品和学生捐献的艺术品送到合适的、喜爱它们的人手中，也是对艺术创作者的巨大鼓舞，同时还可以鼓励学生在校园生活中积极进行艺术创作。所筹集的善款将专款专用，用于助力贫困的同学完成学业。因此，此举可以激发学生的爱心，让学生懂得向爱、向善而行。

二　课程目标

（一）知识构建

在课堂中渗透美术史、艺术史等美术基础知识，提升学生的美术知识储备；在课程中穿插优秀艺术设计作品及名家介绍，提升学生的艺术审美及素养；在课余时间布置赏析任务并在课堂中分享,提升学生的艺术鉴赏能力及审美敏感力。

(二) 知识应用

第一,艺术设计、历史、文化的交融,意味着学生在应用知识前需要对知识有一定的储备及把控能力,所以各学科的基础知识储备是应用的基础。

第二,语言中的运用,将知识融会贯通,通过语言进行信息重构,进行有逻辑和有思考的表达。

第三,设计中的运用,通过设计创造行为,完成对问题的思考,解决实践部分的应用表达。

(三) 实践与创造

课程通过项目式学习形式提出问题,并设立一个个子项目,让学生们运用前期打下的知识储备基础、应用基础,在具体条件下进行创作,完成具备背景故事、作品载体、使用场景、作品草图、作品效果图及实物的文创产品设计。

三　课程内容

1. 教师准备:课程所需 PPT、可能需要的材料与设备、专业知识积累资料、课程规划。

2. 学生准备:相关教学资料准备、美术工具等。

3. 教学设计:问题一:何为文创产品设计? 学生活动:对文创产品设计进行深入了解;对艺术设计、历史、文化之间的联系进行认识与思考。问题二:文创产品如何诞生? 学生活动:对文创产品设计的逻辑架构及思维创作方式进行学习及运用。

四　课程实施

按照"知识与能力建构—形成与修定成果—出项"的逻辑来设计。

（一）活动一：何为文创产品设计

1. 知识与能力建构

知识建构包括了解文创品设计的概念、起源，在现实生活中，文创产品的实际运用等方面。

艺术设计须建立在历史与文化的基础上进行创作；艺术设计是对文化与历史的一种延续；艺术设计是将文化和历史进行另一种形式和纬度的再现和表达。

2. 形成与修定成果

（1）对文创产品设计进行深入了解。

（2）对艺术设计、历史、文化之间的联系进行认识与思考。

3. 出项

通过文创产品设计鉴赏会，以小组形式进行文创产品设计分享。

（二）活动二：文创产品如何诞生

1. 知识与能力建构

（1）文创产品设计的具体逻辑框架需要具备背景故事、作品载体、使用场景、作品草图、作品效果图及实物等步骤。

（2）艺术设计需建立在历史与文化的基础上，好设计一定有好故事，所以如何将二维的文化与历史进行一种三维的转换与表达，是文创产品设计者的重要能力。

2. 形成与修定成果

对文创产品设计的逻辑架构及思维创作方式进行学习及运用。

3. 出项

通过文创产品设计大赏，进行文创产品设计展览。

五　课程评价

课程评价分为三个部分：自我评价、组员互评和教师评价。

1. 是否能够合理分工，进行资料的查阅与逻辑的梳理。

2. 是否能够团结协作,在分享中运用清晰的信息可视化对艺术设计进行展示。

3. 是否能够运用有逻辑的语言对文创产品设计进行鉴赏与分享。

(撰稿者:深圳市坪山区同心外国语学校　肖丽萍　罗静)

课程创意 5-2-2　美术和道法:石坛艺术课程

一　课程理念

本课程旨在弘扬中华民族传统文化,深化校园文化内涵,丰富校园文化氛围,激发学生热爱校园环境。具体来说,石坛艺术利用地面装饰活动可以美化校园环境,培养学生动手能力,提高学生审美能力和人文素质,将普通的石子用造园手法打造成带有特色创造力的作品,实现在环境中教育人、培养人、熏陶人的目的。课程紧紧围绕美术学科的五大核心素养,即图像识读、美术表现、审美判断、创意实践和文化理解。学生在课堂上完成创意设想,绘制图形再运用到现场的石坛中,形成特色的石坛艺术。"让地面说话",让校园中的学生都能够感受大地艺术之美,既美化校园又能提升校园的艺术氛围,并以课程建设为体系,建立美术学科与道德与法治跨学科石坛艺术课程,引导学生创造美的同时渗透美化校园环境的良好品德。

坪外一楼有一处别具特色的石坛,石坛分为黑色与白色。由于环境特殊,经常有学生在此处玩弄石头,做出丢石头等危险的行为。课程教师经过研究,认为可以将这些石头与大地艺术结合起来,制定主题,绘制图案,组拼成有趣的石坛艺术,既能提升学生的思维能力、动手能力、审美能力,还能正确地引导学生爱护环境,形成良好的品德。

二　课程目标

1. 能够让学生通过对大地艺术的了解,依据对生活中有趣的事物的观察,利用石头拼贴出特色的石坛艺术,创作出美化校园环境的作品。

2. 能够让学生了解到大地艺术之美,从而渗透美化校园环境的良好品德,提升学生艺术修养。

三　课程内容

用白色石头在室外现场铺出艺术图形，活动图形由规定的年级学生根据不同的主题参与设计，例如：结合中秋节、国庆节等主题节日进行相关图案的设计。由负责老师带领参加本活动的学生进行现场创作，摆出主题性图案。

四　课程实施

（一）宣传工作

1. 负责活动方案的撰写、保障整个活动有序、安全进行。统筹活动的相关工作，协调各部门的工作，保障活动圆满成功。

2. 确定创作内容。本期由四年级的学生设计主题图案，主题为文具。创作内容要求活泼生动有创意，体现艺术性和坪外校园文化内涵。

3. 四年级老师收集学生设计稿并筛选后，在规定时间内交给负责教师。

（二）活动分工

1. 活动当天将四年级学生设计的主题图案分发给每组负责教师和学生。

2. 地点：需要装饰的区域共分两部分，靠近校医室的右坛、校医室对面的左坛。

3. 各组带队教师在活动结束后，将参加活动学生名单、班级、作品题目发给当天项目负责教师，用于制作作品介绍牌（如果天气情况不允许则顺延一周）。

4. 摄影教师需要拍摄每组活动现场照、每组作品照、每组成员集体合照、全景照。

5. 每位教师都应负责好学生的安全工作，保障活动现场的安全并教育学生文明活动。

6. 活动前期准备好放拣出碎石的袋子或箱子；活动结束指导学生打扫卫生并把剩下的石头处理好。

7. 作品介绍牌的制作、新闻稿的撰写。

五 **课程评价**

活动课程评价要多样化：实践能力的发展、实践活动的态度、学习方法的掌握、参与度等多个角度。通过观察、记录和描述学生在活动中的表现。

1. 参与度评价：在活动中是否积极参与，小组是否团结协作完成作品。

2. 展示评价：展示作品内容健康、原创；展示区布局合理美观。

3. 展演评价：分为自我评价、学生评价、教师评价三部分。评价标准：现场展示表演自信、大方、仪态得体，表述清晰。

（撰稿者：深圳市坪山区同心外国语学校　罗静）

课程创意 5-2-3　美术＋创客：光影装置艺术课程

一 **课程理念**

城市化进程拓展了艺术的表现形式和表现语言，艺术的多元性使得艺术作品与观众之间从观与赏的二元性对立格局逐步发展为以观众参与为基础、注重观众参与体验的互动性交互行为。空间艺术是由空间环境与空间展示构成的艺术场域，是艺术作品展示与观众参与互动共同构成的艺术行为。它从观念、形式、体验和思维等方面冲击着艺术的传统概念，符合信息时代大背景下，Z时代（网络世代）环境中成长起来的青年一代的审美诉求。近半个世纪来，欧美等发达国家基于工业文化的先发优势，提出了装置艺术的概念。它是艺术作品与空间环境的创新融合，也是突破传统绘画架上艺术的表现形式和表现语言的艺术探索，推动了当代艺术的进步与发展。随着信息技术的发展，空间的概念产生了新的变化，传统现实空间的二维和三维空间概念逐渐向数位的增强空间与虚拟空间发展，艺术在表现形式、展示环境、艺术行为上产生了新的变化，这也为本课题的研究提供了新思考。

在初中开设装置艺术课程，有助于拓展学生的空间艺术审美和激发学生的创造性思维。融合创客课程训练，使学生基于传统艺术审美，借助装置艺术的形式，延展艺术审美的角度,在探索中提升艺术高度。

二 课程目标

1. 理解空间装置的概念,理解艺术创作与所在环境的空间关系。
2. 掌握透光型绘画材料,掌握一定的创造技法,用于完成绘画创作。
3. 通过课程融合,学生掌握绘画加创客技能,完成空间装置艺术创作。

三 课程内容

板块 1：2 课时。理解空间审美和艺术表达的多元化：通过项目式学习,引导学生以空间装置为问题出发点,自行整理相关创作案例,通过网络学习、现场观摩,形成空间装置的调查报告。从传统架上绘画、传统浮雕、传统立体雕塑以及公共空间雕塑,引导至近现代的装置艺术门类。理解在立体空间中艺术创作与周边环境的互动,如何利用现实环境及光线的变化,使艺术创作与环境空间发生互动,与观看者实现交互体验。

板块 2：3 课时。掌握透光性绘画材料：本课程采用的是硅质或油基特种彩绘颜料,具有良好的透光性和显色性,但无论材质表达还是使用感其与常规水彩、水粉颜料都有很大的差别。学生通过在简单的玻璃瓶、玻璃框和亚克力组合材料上进行绘画练习,掌握特种彩绘颜料的材质特性,通过不同的水油比例、风干时间、特种材料融合,在保持透光性和显色性的前提下,展示出更丰富的彩绘效果。

板块 3：3 课时。掌握创客技能：了解亚克力材料的材质特点,通过学习电脑建模、电脑制图,切割用于制作装置的亚克力材料。

板块 4：3 课时。通过课程融合完成装置创作：以中国传统绘画为主题,学生进行项目式学习,每小组选择一个创作主题,运用彩绘、创客手段,实现一定主题的创作表达。在此环节需要研究：① 中国传统绘画元素的提取,如何结合学生的生活和对世界的理解,表达出真实的审美感受;② 彩绘与亚克力材料如何组合才能呈现更准确的表达效果;③ 装置作品与空间的关系。

四　课程实施

1. 理解空间审美和艺术表达的多元化：引导学生进行审美训练，以审美积累和美学资料收集为主。

2. 掌握透光性绘画材料，让学生进行基础训练，以平面绘画训练为主，熟悉各类材质。

3. 掌握创客技能，进阶技法训练，学生以创客技术训练为主，熟悉电脑制图手段和创客机械操作。

4. 通过课程融合完成装置创作，进行空间审美训练，以布展为训练过程，培养学生完成空间审美操作。

五　课程评价

学生方面：学生通过光影装置艺术课程的学习，理解关于空间装置的概念，开拓艺术审美的眼界，掌握更丰富的艺术创作手段。学生通过项目式学习，从理解装置艺术这一问题出发，通过锻炼自主研究能力及学习融合课程，解决问题并能完成最后创作。这一过程提升了学生解决问题的能力，发展了学生的创新能力，提升了学生的艺术审美素养。

教师方面：教师通过本课题的研究，梳理了更系统的教学方法。这是一次项目式学习系统实践，也是跨学科融合课程的一次实践与成果展示。本课题研究积累下来的教学方法和课程研究方法能帮助教师不断提升自我教学实践与教学研究能力。同时教学相长，本课题的研究可以提升教师的创作技能及审美能力。装置艺术作为现代艺术，帮助教师的审美实现与时俱进。

学校方面：这是一次跨学科融合课程的项目式学习案例，本课题研究为学校的课程开发提供了从艺术教育这一角度出发的系统案例。同时本课程最后呈现的艺术作品可以丰富校园文化，展示坪外学子对话世界的宽阔视野。

（撰稿者：深圳市坪山区同心外国语学校　黄海）

课程创意 5-2-4　美术和博物：沉浸博物馆课程

一　课程背景

沉浸博物馆课程旨在让学生开阔眼界，提高学生审美。无论哪一个门类的视觉艺术，都是基于感知，因此在创造艺术和欣赏艺术的过程中，我们要有敏锐的知觉，去感受事物和美。但是，我们的课堂通过多媒体呈现的内容，大多是二维世界的画面，缺乏真实的空间感和环境体验，图片剥夺了我们对真实世界的细微感知。所以，我们要尽可能走出教室，将眼睛从图片中释放出来，真实地去看，并在系列课程学习中走进博物馆。沉浸式的观察可以让人真实地感受事物，进一步感知历史文化的价值，从一定程度上来说，这是教学课堂无法替代的。本项目整合美术、语文、英语、音乐、道法等多个学科的知识，紧紧围绕美术学科的五大核心素养，即图像识读、美术表现、审美判断、创意实践和文化理解。学生走进博物馆，临摹、写生作品，制作视频介绍、赏析作品，制作作品卡片，最后汇集成册。学生通过搜索、调研等方法获取信息，通过文字及影像记录等方式赏析，通过信息识读和整合的形式将作品收集留存。沉浸博物馆课程为学生带来真实的感知，学生使用各学科知识和技能，在增长知识储备的同时，建立学科联系、开阔眼界，提高审美素养和表现能力。

我们提出了若干驱动性问题：如何参观一个博物馆？如何在博物馆里感受历史文物背后的故事？如何记录感知的过程？如何真正地发现美、认识美、创造美？由此，通过问题一步一步引导学生将思维和行为从二维转换为三维，让学生由平面至立体全方位地感知艺术与空间的美，从时间和空间上让学生由浅及深地认识博物馆悠久的历史及光明的未来。

博物馆在一个国家文化发展中的重要性是无可替代的，博物馆所承担的社会责任以及在推广国家文化方面所拥有的力量也是超乎寻常的。博物馆必须做好"从孩子抓起"的推广工作，让孩子来博物馆接受五千年文明的浸润。

我们尝试带领学生脱离画纸，引导他们形成立体思维。博物馆建筑的独特性，可以很好地突破学生的想象力边界，也能开阔他们的视野；博物馆的教育功能，为学生提供了汲取传统历史及现代艺术的完美摇篮;博物馆的公益性质,也更便于学生走进学习,深入探索。

二 课程目标

(一)知识构建

丰富学校课程,转变教学方式,让学生尝试在课堂教学、课后实践活动、自主网络学习之间更好地转换与适应,培养创新精神和实践能力。

(二)知识应用

1. 培养学生的独立人格和批判思维能力。培养学生的创造性、建设性思维。

2. 让学生的眼界与思维由二维的平台转化至三维立体的维度,让学生认识美、学会观察美,进而创造美,提高学生的艺术气质、审美品位以及人文精神。

3. 提升学生知识搜集及归纳整理的能力,让学生通过不同途径获取信息,进行有针对性、有方向地筛选,最终用信息可视化形式呈现。

(三)实践与创造

认识源于实践,因此培养学生的实践精神尤为重要。通过项目式学习形式,以问题为引导,让学生在解决问题时将积累的知识、经验、资源进行汇聚、发散和重组,完成作品框架构思、作品创作,以及相关衍生品的创作。

三 课程内容

板块 1:2 课时。教师提出子问题:"什么是博物馆文化?"引导学生了解博物馆文化;整理所提供博物馆信息;梳理资料并绘制信息图表。

板块 2:2 课时。教师提出子问题:"你深入认识了哪些博物馆?"引导学生收集目标博物馆资料;提炼关键信息制作博物馆海报,并完成艺术品拍卖博览会成果展报。

板块 3:1 课时。教师提出子问题:"我们要以什么态度观展?"引导学生学习参观展览的礼仪。

板块4：1课时。教师提出子问题："如何观察？如何记录？"学生了解并掌握如何鉴赏艺术作品；通过多元形式对作品进行记录。

板块5：2课时。教师提出子问题："如何用艺术语言传达美？"学生学会用更专业的语言赏析艺术作品；学会用不同语言介绍、了解作品。

板块6：4课时。教师提出子问题："如何策划一场展览？"学生制订逻辑清晰的计划；梳理作品的调研、创作过程及最终成果，装订成册并布置展览，并成功完成博物馆展览活动。

四 课程实施

按照"入项—知识与能力建构—形成与修定成果—出项"的逻辑来设计。

活动一（入项）：初遇博物馆。提出问题，引发学生思考什么世界需要博物馆，博物馆存在的理由是什么："你去过博物馆吗？""你去博物馆有哪些收获呢？""参观展览的乐趣是什么？""你喜欢哪些类型的展览？""博物馆对于人类的发展和历史有什么意义？"

活动二（知识与能力建构）：学习如何鉴赏艺术作品。提出问题，学生小组讨论："如何鉴赏艺术作品？"引导学生从多个角度赏析艺术作品，学习专业术语，运用清晰逻辑鉴赏作品。提高信息获取及信息整合的能力。

活动三（知识与能力建构）：了解开展艺术展览的流程。提出问题，小组讨论："如何策划一场艺术展览？"项目介绍，激发学生兴趣："如果你是一名策展人，要如何策划一场令人深刻的展览？"通过课堂提问交流，了解学生对艺术展览策划流程的初步认知。

活动四（知识与能力建构）：组建策展团队。提出问题："你认为策划艺术展览需要哪些工作人员？"学生成立团队，做好人员分工，确定团队名称、团队职务：主策展人（组长）、设计师、作品征集组、后勤组等。

活动五（形成与修定成果）：制定艺术展览方案。引导学生了解艺术展览策划流程，从主题的制定到前期的筹备，再到作品的征集、场地的选择、展览现场布置以及最终的展览呈现,制定逻辑清晰且可行的方案。

活动六(出项):博物馆展览成果展示。

五　课程评价

沉浸博物馆课程评价分为两部分:合作学习评价和作品展示评价。

1. 合作学习评价:分为自我评价、组员互评、教师评价三部分。评价标准:小组是否分工明确,配合默契,合作融洽;汇报展示时是否仪态得体,表述清晰。

2. 作品展示评价:标准为海报内容是否全面;展报设计是否清晰并展示出艺术素养;汇报流程是否清晰;展位布置是否合理选择;展览效果是否恰当,凸显作品特点。

(撰稿者:深圳市坪山区同心外国语学校　刘斌)

课程创意 5－2－5　美术和劳动:纤维艺术课程

一　课程背景

中国早在先秦时期,利用动植物纤维制作服饰及装饰品就已经很常见。现在所说的纤维艺术起源于古老的纺织和壁毯艺术,在它的发展过程中又融合了世界各国优秀的传统纺织文化,吸纳了现代艺术观念、现代纺织科技的最新成果,因而也有学者称它为既古老又年轻的艺术形式。纤维艺术是在国际当代艺术背景下应运而生的新艺术门类。它与编织工艺相伴而生,在半个多世纪的发展过程中,以织物与社会的关联角度,纤维材质的物性与情感,以及纤维形态的独特结构和空间建构方式,形成一个富有人文精神特质的新的艺术物种,并呈现出多维性、跨界性、综合性及开拓性的特质。

纤维艺术是以天然的动、植物纤维(丝、毛、棉、麻)或人工合成的纤维为材料,用编结、环结、缠绕、缝缀、粘贴等多种制作手段,创造平面、立体形象的一种艺术形式。纤维艺术内涵丰富,风格独特,既融合了优秀的中华传统纺织文化,又吸纳了现代艺术观念、现代纺织科技的最新成果。

在初中开设纤维艺术课程,有助于开拓学生的艺术多元化视野和激发学生的创造性思维。融合劳动教育课程训练，能够引导学生基于传统与现代纤维制作工艺，结合人们当前的生活方式与审美，在创作探索中将纤维艺术融入生活。

二　课程目标

1. 理解纤维艺术概念，理解纤维艺术创作与生活的关系。
2. 了解纤维艺术工具材料。
3. 掌握基础的编织技法，用于完成纤维艺术创作。
4. 通过课程融合，学生掌握编织、缝纫等技能，完成纤维艺术创作。

三　课程内容

板块1：2课时。认识纤维艺术的概念及发展历程，通过网络视频、图片资源感受纤维艺术的魅力，了解其多元化的材质与形式，欣赏国内外优秀艺术家的纤维作品，对纤维艺术有初步的感受与印象。学生现场体验纤维材料特质，观摩纤维艺术作品制作的技法和过程。学生通过项目式学习，对纤维艺术与生活的关系进行思考，探讨其艺术性与在生活中使用价值之间的联系，整理相关创作案例，再自行通过网络学习，形成纤维艺术探究报告。

板块2：3课时。掌握纤维艺术工具材料。本课程采用的是羊毛、聚酯纤维质地的毛线、布等材料，并使用钩针、缝纫等工具进行创作。纤维是由连续或不连续的细丝组成的物质。纤维在维系组织作品结构、效果方面起到重要作用。纤维用途广泛，种类、创作形式丰富多样。在纤维艺术的创作中，需要学生应把握好材质肌理的表现，将单纯的材料美升华为丰富多变的具有一定质量感的作品肌理美与形式美。纤维艺术的多样性与开放性，为学生探索纤维材料、开拓新颖的艺术形式提供了广阔的空间。

板块3：3课时。掌握制作技能。掌握基础的编织与缝纫技法，熟悉不同纤维材料的特性与效果，进而逐步达到熟练使用工具、技法娴熟的水平，后期能根据作品需求合理搭配组合、使用工具材料，达到理想的创作效果。

板块4：3课时。通过课程融合完成纤维艺术创作。学生进行项目式学习，每小组选择一个创作主题,运用手工、机械等手段,在创作中表达想法与情感。

在此环节需要研究:① 结合东西方经典艺术作品,从日常生活中寻找灵感与创作载体,表达自己的审美感受和设计想法;② 探索不同纤维材料的特性与效果,鼓励尝试复合材料的表达效果;③ 纤维艺术作品与展览空间、色彩搭配之间的关系。

四　课程实施

1. 理解空间审美和艺术表达的多元化:学生进行审美训练,以审美积累和美学资料收集为主。

2. 掌握纤维艺术材料:让学生熟悉各类材质特性与组合形式、效果。

3. 掌握制作技能:学生以基础训练为主,逐步熟练运用编织、缝纫等技法。

4. 通过课程融合完成纤维艺术创作:根据项目主题完成作品创作,尝试策展,布置展示场地、效果,培养学生对空间感知与色彩搭配的能力。

五　课程评价

课程评价注重对学习活动过程的评价,评价不仅要注重结果,更重要的是学生的学习能力是否得到提高,评价要体现多样化、个性化、创造性。为了更好地促进师生的发展,具体评价方法如下。

1. 学生方面

学生通过纤维艺术课程的学习,理解关于纤维艺术的概念,体验艺术多元化的魅力。在项目式学习的过程中,学生能从探索艺术与生活之间的联系,寻找创作的方向,掌握纤维作品制作工艺,发挥纤维材料的艺术性与使用价值,让艺术源于生活并走进生活。增强学生发现问题、解决问题的能力,提升学生的艺术审美素养。

2. 教师方面

教师通过本课题的研究,梳理了更系统的教学方法。这是一次项目式学习系统实践,也是一次跨学科融合课程的实践与成果展示。本课题研究积累的教学方法和课程研究方法能帮助教师不断提升自我教学实践与教学研究能力,在实践过程中也打开了许多新的思路,给后续阶段课程的发展开启了更多可能性。

3. 学校方面

本课题研究是对学校艺术教育课程开发多元化的探索。同时本课程最后呈现的艺术作品可以丰富校园文化,营造校园艺术氛围,提升全校师生艺术体验感与审美能力。

(撰稿者:深圳市坪山区同心外国语学校　赵儒楠)

课程创意 5 - 3　美术特色活动课程

课程创意 5 - 3 - 1　"美术之星"暨"典藏状"活动课程

一　课程理念

为了丰富校园师生文化生活,学校收集学生课堂优秀作品、社团优秀作品进行装裱展示,旨在使学生更好地发挥特长,搭建一个施展艺术才华的舞台,提高学生的美术素养能力,激励学生对美术创作活动的热情,促进学校美术特色社团的发展。同时,营造格调高雅、充满朝气的校园艺术环境,促进校园文化的建设。此外,颁发"典藏状"和赠画活动是一项有意义的仪式活动,能激发学生对美术学习的积极性。

二　课程目标

(一)活动构建

借助日常美术教学、美术活动、美术实践等方式,引导学生进行美术基础知识的积累和延伸,体会和了解美术学习的特征,形成一定的专业的美术素养。让学生在活动中充分了解艺术作品的故事及意义,引导学生在文化情境中认识理解美术作品,提高学生的艺术审美能力及艺术鉴赏能力。

(二)实践与创造

引导学生积累与学习美术知识并通过美术活动的正向激励,引导学生融合知识、经验及资源进行艺术创作和实践、解构与重组、提升与反思,完成具有独立构思、富有创造力、具有个人特色的美术作品。

三　课程内容

本课程活动在每学年 10 月份举行，包括三部分：全体学生参与，每学年内各社团、各年级同学在美术教师指导下至少完成 15 幅完整的优秀美术作品；全体美术教师对优秀美术作品进行评比、筛选，评选出优秀作品；装裱优秀美术作品、制作证书、进行"典藏状"颁奖典礼及赠画活动，活动地点为小学部四楼多功能报告厅。

四　课程实施

为了确保活动的顺利进行，负责该活动的团队进行了周密的前期准备与分工。

1. 具体活动安排

具体方案制定及活动前期安排：制定方案、协调各位美术教师完成各项工作，协调广告公司制作收藏证、标签、标签贴等（1 位美术教师负责）。作品的评选与标签制作：每位美术教师将自己指导学生完成的作品整理好，并用铅笔在正面右下角标记好，标记内容为作品名称、学生姓名、班级、指导教师。作品评选要求：社团类送参区、市级特色工作坊展示作品，美术特色课堂学生作品（2 位美术教师负责）。作品拍照：将优秀作品拍照记录，为画册制作做好准备（1 位美术教师负责）。人员邀请：区教研员、学校领导、学科主任、美术教师颁发典藏状（1 位美术教师负责）。礼仪培训及场地安排：相关礼仪培训及场地安排（1 位美术教师负责）。拍摄及文本书写：活动宣传、现场拍摄及新闻稿撰写（1 位美术教师负责）。

2. 具体颁奖活动流程

（1）活动前期组织安排：全体美术教师组织活动参加者排队进场，组织学生排队进入报告厅并安排就座，准备参加"典藏状"活动，每个年级学生由本年级的教师负责。

（2）主持人介绍颁奖嘉宾：介绍本次"典藏状"颁奖嘉宾。

（3）优秀学生代表发言介绍美术作品：由 2 名学生代表上台介绍自己的美术优秀作品，现场屏幕播放作品及创作过程。

（4）优秀美术作品回赠仪式：由 6 名学生代表进行此次环节回赠仪式，现场记录并摄影。

（5）"美术之星"评选暨"典藏状"颁发：一至九年级获奖学生依次上台领奖，拍照合影留念。

五　课程评价

本课程活动评价将平时表现与活动现场表现相结合，注重学生自我能力的提高，并结合实际。本课程学生评价包括自我评价、作品评价。

1. 参加活动积分制评价：活动记录表现好加 10 分，上台领奖气质表现佳、有礼貌加 10 分。

2. 展示性评价：教师给予活动现场评价，并根据学生的表现提出建议性的评价。

（撰稿者：深圳市坪山区同心外国语学校　谈淼）

课程创意 5-3-2　艺术品拍卖会活动课程

一　课程背景

艺术品拍卖会活动课程属于美术学科项目式学习，实施该课程不仅可以践行校园文化建设，丰富校园文化生活，也可以营造浓厚的校园文化氛围，最终还能够落实美术学科的五大核心素养：图像识读、审美判断、创意实践、美术表现、文化理解。

艺术品拍卖会活动有利于发挥校园艺术创作作品的最大价值，通过拍卖平台可以将学生创作的优秀作品向大众展示并送到欣赏、喜爱他们的人手中，赋予其收藏的价值，也是对艺术创作者的肯定与鼓舞，激发学生创作的积极性。同时，在活动期间所筹集的善款将专款专用，助力贫困学生完成学业，激励学生向善而行。

二　课程目标

（一）知识构建

教师在课堂教学中通过教授美术史、艺术史等美术基础知识，让学生逐步体会美术学习的特征，形成基本的美术素养，提升学生的美术知识储备；让学生充分了解美术作品背后的故事及意义，引导学生在文化情境中认识理解美术作品，提高学生的艺术审美能力及艺术鉴赏能力。

（二）知识应用

1. 作品的创作需要多方面知识的交融，要求学生需要具有一定的知识储备以及应用转换能力，所以前期的知识积累是后期应用的基础。

2. 语言的运用，介绍拍卖作品，通过语言进行信息重构，介绍作品创作过程中的思考与想法。

3. 综合的应用，罗列出自己可能需要学习的拍卖会流程以及选择拍卖品等知识与技能，完成对问题的思考，解决实践中的应用问题。

（三）实践与创造

通过项目式学习形式，以问题为引导，让学生在解决问题时将积累的知识、经验、资源进行汇聚、发散和重组，完成作品框架构思、作品创作，以及相关衍生品的创作。

三　课程内容

板块1：2课时。教师提出子问题："什么是拍卖会?"学生思考什么是收藏；小组讨论什么是拍卖会。

板块2：2课时。教师提出子问题："如何策划一场艺术品拍卖博览会?"学生讨论拍卖会需要的工作人员；设计艺术品拍卖博览会方案；设计艺术品拍卖博览会成果展报。

板块3：4课时。教师提出子问题："如何创作及选择拍卖品?"学生创作拍卖品；

选择参加拍卖博览会的作品,进行拍卖博览会展示活动。

四　课程实施

按照"入项—知识与能力建构—形成与修定成果—出项"的逻辑来设计。

活动一(入项):什么是拍卖会。教师引发学生思考什么是收藏,收藏的理由是什么:"你喜欢收藏吗?""你收藏过哪些物品?""收藏会带给我们什么乐趣?""你收藏的理由是什么?""收藏的物品有什么用途?"

活动二(知识与能力建构):了解拍卖会流程。学生小组讨论:"什么是拍卖会?"教师向学生介绍项目,激发学生兴趣:"如果你是一名策划师,你会如何举办一场拍卖会?"通过课堂提问交流,了解学生对拍卖会的初步认知。

活动三(知识与能力建构):组建团队。提出问题:"你认为拍卖会需要哪些工作人员?"引导学生成立团队,做好人员分工,确定团队名称、团队职务,包括策划师(组长)、设计师、拍卖师、记录员、公证员等。

活动四(形成与修定成果):设计艺术品拍卖会方案。引导学生了解拍卖会流程,选择拍卖品的原因,确定拍卖品,在教师的指导以及小组同学讨论交流后,根据所查阅的资料,确定拍卖会方案。

活动五(出项):艺术品拍卖博览会方案成果展示。

活动六(出项):创作及选择拍卖品并举行拍卖博览会展示活动。

五　课程评价

艺术拍卖会课程评价分为两部分:合作学习评价和作品展示评价。

合作学习评价:分为自我评价、组员互评、教师评价三部分。评价标准:小组是否分工明确,配合默契,合作愉快;汇报展示时是否仪态得体,表述清晰。

作品展示评价标准:展报内容是否全面;展报设计是否合理美观;汇报流程是否清晰;拍卖品的创作好坏与选择是否合理。

(撰稿者:深圳市坪山区同心外国语学校　邓伊瑶)

课程创意 5-3-3　美化校园涂鸦活动课程

一　课程理念

校园环境是学生学习成长过程中，最直观、最直接的影响因素，好的校园文化氛围不仅要有优良的风气，也离不开美好而有艺术气息的校园环境。丰富校园文化生活，营造浓厚的校园文化氛围，可以增强学生的创新意识、创作能力和审美能力。本课程旨在以美化校园涂鸦设计创作活动为契机，引导学生善于观察生活，敢于创造，并能把所学美术知识学以致用，提高学生美术学科五大核心素养：图像识读、审美判断、创意实践、美术表现、文化理解。

学生可以利用涂鸦艺术锻炼创作能力，同时美化校园环境，为装饰校园贡献出自己的一份力。该课程让学生真正成为校园里的小主人，靠自己创造美好的绿色校园、艺术校园。

二　课程目标

（一）知识构建

让涂鸦艺术与校园空间相结合，以学校艺术区域为中心，将美术元素辐射至整个校园。让学生认识艺术，开始分享艺术、谈论艺术。

（二）知识应用

将艺术带入校园，丰富校园文化生活，营造浓厚的校园文化氛围，提高学生美术学科五大核心素养：图像识读、审美判断、创意实践、美术表现、文化理解。

（三）实践与创造

通过展示、展演等艺术形式，激发学生的创作兴趣，加强学生的文化艺术修养，提高学生的审美能力，同时提升学生爱校、爱学习、爱艺术的热情，进一步增强学生的创造力、丰富学生学习生活,培养综合素质。

三　课程内容

结合校园环境,寻找需要美化改造的校园一角,让学生通过课堂集思广益,设计美观有创意的艺术作品,动手实践,完成校园美化涂鸦创作。

(一) 涂鸦一角

观察校园环境,寻找需要且适合涂鸦的场所,如墙面、水管、地面等。

(二) 课堂设计与实践

通过课堂交流探索出有创意的涂鸦作品与方案,组织学生进行校园涂鸦创作实践。

(三) 作品展示

开展美化校园涂鸦作品宣传与展示活动。

四　课程实施

(一) 涂鸦创作

1. 创作环节:观察校园环境,寻找需要改善的校园一角,进行实践调查,综合考量是否适合涂鸦创作,确定场所,拟写活动方案。然后开启准备工作。

2. 利用课堂,向学生介绍方案内容,集思广益,让学生了解活动目的,积极参与美化校园涂鸦方案设计,为涂鸦角贡献想法与好的设计作品。最后通过优中选优、投票等方式确定最终的涂鸦效果图及方案。

3. 准备材料:根据需求选择并采购美术材料,如丙烯颜料、涂鸦喷漆、画笔等涂鸦工具材料,为实践环节做好准备。

4. 根据活动方案,组织学生进行校园实践创作。统筹活动的相关工作,协调各部门,保障实践活动有序、安全开展。

5. 活动结束后,对展览场地进行彻底清扫,保证活动有序、卫生。

(二) 作品展示

根据现场布置海报宣传,包括创作者与作品信息及相关提示语,确保美观大方,对展览涂鸦作品进行拍摄存档。

(三) 展览结束作品整理

1. 将活动的策划书和总结建档,对活动中出现的所有问题进行总结,为今后的活动开展积累经验。

2. 撰写新闻稿:活动结束后当周撰写 1 篇活动新闻稿。

五　课程评价

美化校园涂鸦课程评价分为三部分:作品设计评价、作品实践评价、作品展示评价。

1. 作品设计评价标准:作品是否契合校园环境,涂鸦设计是否新颖有创意,内容是否积极健康,设计布局是否合理美观。

2. 作品实践评价:是否熟练运用材料、技法等准确有序地完成涂鸦现场创作。

3. 作品展示评价:分为自我评价、学生互评、教师评价三部分。评价标准:能运用造型色彩知识,了解、掌握校园涂鸦从观察、设计到实践创作的过程,并总结创作经验。

(撰稿者:深圳市坪山区同心外国语学校　赵儒楠)

课程创意 5-3-4　艺术展览活动课程

一　课程理念

好的艺术展览可以给人带来愉悦的心理状态,可以开启智慧、提高修养、陶冶情操。随着社会的发展,艺术展览活动走进了校园,丰富了校园文化生活,营造了浓厚的校园文化氛围,提高了学生美术学科五大核心素养:图像识读、审美判断、创意实践、美术表现、文化理解。当美术馆空间与校园空间相结合,以学校艺术区域为中心,将美术元素辐射至整个校园,将更能促进学校艺术教育的发展。

本课程的理念是:每年五月举办的"校园艺术节"活动是我们组织、实施艺术课程的主阵地,它能拓宽学生视野、提高审美品质、培养学生的创造力,让学生体会努力之后获得成功的喜悦。

二　课程目标

(一) 知识构建

让美术馆空间与校园空间相结合,以学校艺术区域为中心,将美术元素辐射至整个校园。让学生认识艺术,开始分享艺术、谈论艺术。

(二) 知识应用

将艺术带入校园,丰富校园文化生活,营造浓厚的校园文化氛围,提高学生美术学科五大核心素养:图像识读、审美判断、创意实践、美术表现、文化理解。

(三) 实践与创造

通过展示、展演等艺术形式,激发学生的创作兴趣,加强学生的文化艺术修养,提高学生的审美能力,同时提升学生爱校、爱学习、爱艺术的热情,进一步增强学生的观察力、丰富学生学习生活,培养综合素质。

三　课程内容

以每年学校美术工作坊和校本课程的学习内容为主要的展示内容。其中涉及创意儿童画、国画、折纸、插画、综合材料绘画、装置艺术、立体纸艺、纤维艺术作品等。

（一）绘画作品

创意儿童画、国画、插画、综合材料绘画、油画等。

（二）立体装置艺术品

超轻黏土作品、折纸、纤维艺术作品、立体纸艺、光影装置艺术作品、立体国画等。

（三）表演展示

皮影国画装置艺术、纤维艺术、童话实践展示艺术等。具体形式为学生带上自己的作品在舞台上展演或现场实地操作展示。

四 课程实施

（一）宣传工作

1. 活动方案的撰写，保障整个活动有序、安全进行。统筹活动的相关工作，协调各部门的工作，保障活动圆满成功。

2. 准备材料：准备海报、前言展板、现场装置等活动相关材料。海报设计、前言撰写，联系广告公司制定活动海报及展览前言，张贴至校园各宣传处。制作"请勿触摸"等注意贴士。制作展览现场导览图。

（二）作品征集布展

1. 作品以各工作坊作品以及一至八年级校本课程作品为主，不限作品创作形式及主题。由美术教师分工负责收集作品，最后统一汇总进行筛选。作品征集完成后至展览前将作品按类型分别进行整理、裱框和保管。

2. 展示布展：根据现场布置作品，确保美观大方。

3. 现场展演形式的艺术作品需要指导教师现场指导。

4. 摄影：作品数据建档，对展览作品进行拍摄存档。

(三) 展览结束作品整理

1. 活动结束后对展览场地进行彻底清扫, 对较为优秀的作品进行建档和保存, 以供学校收藏。

2. 同时也将活动的策划书和总结进行建档, 对活动中出现的所有问题进行总结, 为今后的活动开展做铺垫。

3. 撰写新闻稿: 活动结束后当周撰写一篇活动新闻稿。

五 课程评价

活动课堂评价注重形成性评价, 它着眼于促进学生的多方面发展, 能对学生产生积极的鼓励作用。评价重在激励学生积极展示、大胆表现自我。艺术展览课程评价分为两部分: 作品展示评价、展演评价。

1. 作品展示评价标准: 展示作品为内容健康、原创作品; 展示区布局合理美观。

2. 展演评价分为自我评价、学生评价、教师评价三部分。评价标准: 现场展示表演自信、大方, 仪态得体, 表述清晰。

(撰稿者: 深圳市坪山区同心外国语学校　肖丽萍)

课程创意 5-4 美术工作坊课程

课程创意 5-4-1 "童画"艺术课程

一 课程理念

未来社会是一个开放的、充满竞争的社会，而竞争的核心为是否拥有高素质创造型人才。探索、创新是社会发展的不竭动力。进入 21 世纪，"以人为本，以培养综合型人才为宗旨"的现代教育思想越来越深入人心，这就迫切需要我们改革传统教育中只注重知识和技能的传递式教学，研究新时期的素质教育，注重情感、态度，注重探索、创造的开放式教育。童年的记忆使人刻骨铭心，因为个体早期生命经验的存在组成了儿童种种涂画行为。陈鹤琴先生研究发现："没有一个儿童不喜欢涂画，儿童画是随着他的身心发展而发展的，与儿童的感觉、知觉、动作、骨骼、语言及思维等发展是密不可分的；同时也受着生活与教育实践的影响。儿童有运用符号表达情感的天赋，儿童的涂画和他们的精神世界总是相宜的。"

随着社会发展和家庭教育理念的转变，越来越多的家长开始重视童画教育的重要性。童画作为儿童创造力和想象力的表达方式，可以培养儿童的审美意识、观察力和表达能力，对儿童的全面发展具有重要意义。儿童对于色彩、形状、故事等元素的敏感度较高，他们喜欢通过绘画来表达自己的想法和情感。童画作为一种艺术形式，承载着丰富的文化内涵和艺术遗产。现代教育越来越注重跨学科教育，将不同学科的知识和技能进行整合和应用。童画课程将绘画与其他学科进行结合，创造一个综合性的学习环境，提高学生的综合素养。

二　课程目标

1. 了解儿童画的基本造型元素并灵活运用,培养学生形象思维能力与形象创造的能力,通过单元学习,引导学生理解并认知客观物体的形象特点,通过生活中的具体事例、美术作品,进一步加深对造型能力的理解和认识,逐步实践创作于二维画面绘画、三维立体实物和特殊绘画载体。

2. 掌握色彩的搭配方法以及色彩表现方法,学习色彩的基本特点,了解色彩的搭配方式,体验色彩背后的情感表达。通过色彩的搭配与情感表现,逐渐完善绘画创作中的画面和谐及色彩表现。

3. 借助儿童画创作的训练激发想象力和创造力,培养学生形象思维力与形象创造的能力,学会感知与表现、艺术与技术、让学生掌握艺术感知力、鉴赏力、创造力等基本能力,具备一定的艺术素养和艺术技能。

4. 理解造型艺术、色彩表现和艺术形式的多元呈现:通过学习基本的物体造型、色彩搭配、立体空间,引导学生探索如何有效地将童画元素融入艺术实践,培养学生的观察力、想象力和动手能力,尝试不同元素、不同载体、不同艺术的有机融合。

5. 尝试跨学科教育融合,将不同学科的知识和技能进行整合和应用。融合科学、数学、语言等特点,创造一个综合性的学习环境,提高学生的综合素养。

三　课程内容

本课程以美术核心素养为导向,以识童画、画童画、变童画为核心内容。深入挖掘和探究童画中的造型、图案、色彩元素,学会运用色块、涂鸦、黑白、简笔画的语言来表现童画,创作以童话世界、涂鸦世界、黑白世界为主题的美术作品和文创作品。学生在学习过程中既掌握了童画艺术的本质与审美特征,又提升了自身的美术创作水平,逐渐形成"自我独立创作"的思维模式。

（一）识童画，理解童画的基本形式、造型、图案、色彩元素

探究学习阶段，以童画的基础知识学习为核心，从童画的形式、物体造型、图案表现、色彩搭配等方式进行，学生通过自我理解以及系统的学习，逐渐形成独立、创新、融合的视野。本模块以观察、讨论、理解为主要学习方式，通过师生、生生的交流与探讨，形成自己的理解和认知。

（二）画童画，运用色块表现、黑白对比、自由涂鸦等方法进行二维创作

实践创作阶段，以纸绘、临摹为核心，在基本造型、图案、色彩的学习下，学生自主尝试运用色块、涂鸦、黑白、自由创作等方式，进行基础的绘画。尝试使用丙烯颜料、喷涂材料、DIY手工制作、3D打印笔、马克笔等工具，进行二次创作或自主变化，借助不同画材的独特属性，有机结合于实践中。

（三）变童画，将童画创作于模型、纸扇、几何物体、透明塑纸等新载体

变化提升阶段，以生活实物二次创作为核心，开始个性化、艺术化的实践，不再局限于基础绘画，逐步从二维平面转变为三维空间的创造。大胆使用喷绘、毛球、纸张、软泥、颜料、木块等多种工具，呈现于玩偶、实物、纸扇等新载体上，自由、自主地进行艺术表现，逐渐形成不拘一格的艺术风格和独特的艺术形式。

四 课程实施

（一）探究"童画世界"（1～2课时）

具体包括学习童画知识、鉴赏童画作品、讨论童话世界、分享学习心得等过程。其间，教师引导学生进行问题讨论，分析和思考童画里面包含了哪些元素。如造型、色彩、背景、装饰等。学生观看优秀作品，分析绘画元素并归纳分类，探讨构图、比例、情感价值对于绘画作品的提升和帮助，逐渐理解在绘画过程中还要考虑画面构图、物体比例大小、作者的情感表现、背景合理搭配的重要性。学生间交流、讨论美术创作中所涉及的想象力、生活元素的汲取等，领悟童话世界更趋近夸张、变形，其中大部分是人们的美好想象,因此我们要将创造力和生活相结合,通过有机地融合,创设自己的绘画风格。

(二)创作"童画世界"(7~8课时)

具体包括临摹画稿进行造型锻炼及分析,分析色彩搭配并运用,欣赏涂鸦作品,整理创作过程及表现手法,绘画实践创作等实施过程。其间,教师引导学生观看黑白线条作品,归纳线条的运用原理及规则,粗细、大小、搭配;分析色彩的纯度、明度,色环的原理,举例解释色彩的搭配原则;学生可以欣赏优秀作品,欣赏并归纳涂鸦作品的自由、不拘一格、夸张等元素;学生间就插画与童画间的联系以及如何借鉴等问题进行讨论,并在教师针对性辅导下进行绘画创作和修改,并有机会将学生作品发布至各类活动、艺术展平台。

(三)变化"童话世界"(7~8课时)

具体包括分析立体创作和平面创作的区别,简化立体创作,分析创作困难,进行童画变化,进行艺术创作等实施过程。其间,教师引导学生思考和分析平面和立体创作中的遮挡关系、前后关系以及视觉特点;学生可以重点掌握立体创作需要突出画面重点及亮点,熟练掌握绘画中各类工具的使用方法,能够运用现实材料进行装饰和细节刻画,进行二次创造和多材料实践,最终以出版画册、参加比赛等方式宣传自己的作品。

(四)思考"童话世界"(1~2课时)

具体包括理解绘画创作中的关键点、领悟艺术对于生活和创作者的帮助和意义、感悟创作的有限性和无限性等实施过程。其间,教师引导学生讨论交流绘画中的困难及解决办法。提醒学生进行经验和收获的归纳及总结。学生间讨论材料的运用能否提高整体作品的效果以及局限性,解析艺术的价值和生活运用,提升学生对于艺术、美术的理解和感悟。最终学生能够在创作实践过程中感悟艺术的价值和现实意义。

五 课程评价

课程评价以学习过程评价、学习结果评价、学生自我评价、教师评价四个方面进行，采用 A+、A、B、C 四个等级。

1. 学习过程评价

以学生学习过程为参考依据，观察学生在课程学习中的活跃度、关注度及课堂表现。对学生的评价不仅仅只局限于最终的结果呈现，而是一种过程性的评价，引导学生在过程中努力、进取，在学习中敢于展现自我，增强学生自信心，激发学生学习美术的兴趣。

2. 学习结果评价

以学生美术学习结果为参考依据，通过美术最终作品进行客观参考。引导学生在美术学习中重视学习结果，通过结果的反馈，激励学生在学习过程中更好地学习，参考进步与发展、优点与不足，促进自我学习的改善与提升。

3. 学生自我评价

以学生自我学习、自我评判为参考依据。引导学生积极正面地发现自我优点与缺点，客观分析学习过程、学习结果。激励学生勇于、敢于正视自我，树立正确的世界观、价值观、人生观。

4. 教师评价

以教师视野，参考学习过程、结果、态度等多方面因素，以公平公正、客观求实的原则进行评价。不局限于学生学习的过程与结果，对于学生身心、思想、学业、表现等进行考评，参考学生间的差异性、学生自我的对比等因素，进行综合评价。

（撰稿者：深圳市坪山区同心外国语学校　谈淼）

课程创意 5－4－2　立体国画装置艺术课程

一 课程理念

随着 2022 年版课标的印发，书画等艺术类课程发生了大变革。2022 年版课标要求对每个学段的学生都制定书法、国画等传统项目的学习内容和目标,加强了各学段衔接,合理化学生在小学各个学段的发展变化,优化课程各个维度的变化,更加体现在新时代"以美育人"正确价值观、必备品格和关键能力的培养要求。2022年版课标要求我们要基于核心素养,遴选重要观念、主题内容和基础知识技能,精选、设计课程内容,优化组织形式。针对涉及同一内容主题的不同学科,根据各自的性质和育人价值,做好整体规划与分工协调。设立跨学科主题学习活动,加强学科间相互关联,带动课程综合化实施,强化实践要求。随着时代的发展,学科融合和跨学科教学已经成为一种重要的趋势。人们既需要具备专业的学科知识和技能,还需要形成整体或综合思维,通过运用学科和跨学科的知识和技能解决问题。这种方式也已经成为当前教育教学领域中的一个新的方向。课堂是课程改革的重要阵地。我们要转变教育教学观念,探索并践行艺术课程改革的路径和方法,推出具有理论底蕴和应用意义的教学设计。在此基础上,可以形成不同风格特征的教学课例,并为中小学国画课堂教学改革注入新的元素。通过这些教学实践,教师可以逐渐提高自己的教学水平,为学生提供更加优质的教学服务。

小学生在学习国画的过程中,往往缺乏足够的实践机会,因此动手能力欠缺。学生需要更多地亲身体验和创作实践,以培养观察力、想象力和动手能力。因此,本课程探索了一种创新的教学策略和实践方法,通过引入纸塑材料和技法,拓宽学生的创作思路和表现形式,增强学生的艺术体验和创造力,提升小学国画教学的质量和效果。该课程将从现实问题出发,以解决小学国画教学中存在的局限性和问题为动力,引入纸塑艺术元素,完成立体国画装置艺术,进而丰富学生的艺术体验,促进学生全面发展。

二 课程目标

1. 通过研究纸塑艺术与小学国画的融合教学策略与方法,探索如何有效地将纸塑艺术元素融入小学国画教学,培养学生的观察力、想象力和动手能力,最终完成立体国画装置艺术,进而促进对学生的创意和表现能力的培养。

2. 通过探索适合小学生的纸塑材料和技法的运用方式,拓宽学生的艺术表现空间,增加艺术创作的多样性和立体感,拓宽学生的创作思路和表现形式,增强学生的艺术体验和创造力,提升小学国画教学的质量和效果。

3. 提升教师在纸塑艺术与小学国画融合教学中的角色和能力,教师通过引导,激发学生的创造力和艺术表达能力。

4. 通过评价纸塑艺术与小学国画融合教学的效果,建立相应的评价指标和方法,客观地衡量学生在创意表达、审美观赏等方面的成长和发展。

三 课程内容

(一) 基于简笔画的造型语言,创新国画教学方式

受思维符号性和自我中心性的影响,早期儿童在绘画时常用简单的图式表示一类事物,小学阶段的儿童思维虽然正在逐步克服自我中心性,但仍具有明显的符号性和形象性,在进行美术表现时并不追求客观真实。这个阶段的学生会用一些学来的图式表示一类事物,如用一种图示表示所有的花,或用另一种图示表示所有的鸟等。学生运用基本形状,创造出平面化、几何化、概括化、简略化的一切形象。简笔画的造型语言是小学阶段学生熟悉的表达方式,符合他们的表达需求。加之小学生具有把事物外形改造为完美简洁图形的心理倾向,教师基于简笔画的造型语言开展国画教学,有助于学生掌握和表达国画表现方式,方便他们快速掌握对国画工具的操控,使其大胆用墨、用色。教师不教授小学生复杂的国画技法,而是运用体验方式,让学生初步体验使用工具和选择材料的方法,为学生深入学习国画奠定情感基础。体验式教学有助于改善学生学习国画时一味临摹的状态,纠正教师过早教授专业技法的做法。在学习国画的过程中,学生既是接受的主体,也是创作的主体。用简笔画的造型语言体验国画的创作和表现技巧,不仅能表达出一些国画的元素,而且不失童真。

(二) 紧密结合学生实际生活,丰富国画题材和素材

对小学生而言,国画教学的内容不应只局限于传统的山水、花鸟、人物这三大类,国画教学也不应成为一种绘画程式,还应结合学生的实际生活,丰富国画题材和

素材。一味地要求学生临摹山水的做法不能满足学生的个性需求,不利于培养学生的创造性思维和综合能力。小学国画教学需要紧密联系学生的实际生活,既可以从丰富的民俗节日、民间艺术入手,又可以从衣、食、住、行、玩,以及季节、家庭等生活环境入手,挖掘贴近时代生活的主题和素材,培养学生观察生活、用笔墨表达感受的能力。

(三) 结合现代水墨特殊技法,丰富国画教学形式

在小学国画教学过程中,教师不应过分强调国画的专业特殊性和复杂的技法,而要鼓励学生在混合使用多种材料的基础上融入自己的想法或一些特殊的技法,鼓励学生自由发挥主观能动性。例如,在教学画山石时,教师可以结合吹塑纸版画的绘制形式,引导学生先在吹塑纸上把山峰轮廓画出,做成模板后再在宣纸上拓印出山峰,最后利用国画笔墨和颜料添画其他景物。此外,教师还可以告诉学生一些其他特殊的技法,如揉纸法、冲水法、洒水法、洒盐法、洒色法等。

(四) 携手书法练习,体验国画的笔墨精髓

以书入画是国画的特征之一,国画教学融入书法练习,能打通书法与国画的共通性,让学生真切感受到毛笔运笔的精髓。对小学生来说,书法运笔的起收、顿挫、使转、篆籀等专业名词相对晦涩难懂。教师不必让学生完全理解并记住这些专业名词,而是给学生提供可以直接感知国画笔墨的平台,让学生感受毛笔的弹性、用笔的节奏。国画与书法的学习是相辅相成的,如果学生能理解两者的共通性,慢慢领悟书法的用笔精髓和国画的笔墨精髓,便于他们更好地学习和表现国画,更好地传承中华优秀传统文化。

(五) 立足经典作品赏析,提高学生对国画的理解

小学国画教学不仅涉及"造型·表现"领域,而且涉及"欣赏·评述"领域。小学阶段"欣赏·评述"领域的目标是,以直观的视觉感受为主,培养感知重点在于对称与色彩感受能力。教师可以先利用多媒体、游戏、儿歌等方式,让学生初步感知国画,提高学生对国画的兴趣,再教授简单的绘画技巧,为国画教学打下基础。在学生不具备鉴

赏国画作品的能力时，教师可以遴选适合学生学习和欣赏的国画作品，如运用写意、工笔、白描等技法的作品，让学生通过欣赏表现手法、风格各异的国画作品，全面地感受、认知国画。此外，教师应遴选一些内容生动有趣的国画作品，尽可能让学生感知国画作品中丰富的生活气息。例如，丰子恺、齐白石、吴冠中、黄永玉等人的作品不仅造型相对简单、朴素，而且画面生动有趣，极具生活气息。在引导学生鉴赏国画作品时，教师应有意识地挖掘作品背后的趣事或作者的生平经历，帮助学生理解作品的内容、表现手法和传达的思想情感等，激发学生学习国画的兴趣。国画的传承与创新，本质上是对中国传统文化元素的渲染、提炼、延续和升华。因此，欣赏经典名作不仅可以增长学生的美术知识，而且可以强化学生对艺术的理解，增强文化自信。

四 课程实施

本课程分为 14 个课时。课程实施之前应有所准备：① 收集国内古代经典国画图片；拓展国画题材，同时，结合书法练习、经典作品鉴赏等进行国画实践教学；② 制作纸浆；③ 准备纸塑外形模型。具体实施路径与方法如下。

（一）增强趣味性，在"做"中探究

纸塑艺术的第一步是带领学生进行捞纸活动，并用捞出来的纸进行国画创作。首先，通过纸浆浓度调节纸的厚度，以呈现不同的晕染效果。其次，通过调节纸浆池中的颗粒大小，以呈现不同的积累效果，从而感受手工纸的独特魅力。因为捞出来的纸没有经过工业化处理，所以表面有凹凸不平的堆积感，而手工残留的痕迹则增加了画面的生动性。而纸塑的纸浆表面为国画上色提供了基础。立体的国画纸塑作品也可以说是用国画的方式做雕塑，就像将一张宣纸做出立体形态，即在立体的宣纸上创作国画。本课程旨在尝试借鉴古人的一些传统技术和经验，将现代世界中学生的观察方式注入传统国画题材，构建学生创新性立体化的国画作品。

（二）国画运用于立体纸塑中的技术方式

雕塑作品对于平面的画作而言，视觉的冲击力更大，对于二维和三维，同样的内容

落实在雕塑上要比在画面中更加强烈。雕塑就像电影,有视觉冲击力,而国画就像小说,更有想象的空间,那么将二者结合,可以极大地提升学生的学习兴趣,激发学生用演化后的感官去再次丰富和发扬国画的传统。

五　课程评价

本课程在小学生国画创作的学情基础之上,运用国画中的笔墨方式解决立体的问题,创作内容和形式相结合、表现新时代的艺术作品;同时尝试借助古人的传统国画技法和经验,将现代世界的绘画观察方式和工具融入传统的国画作品中,构建现代小学生的国画作品,探究传统国画在空间中展开的可能性,提升学生对艺术创作的理解和品味,摸索一条适合现代世界的艺术创作方式,构建学生自己的艺术创作。课程探索如何评价立体国画装置艺术教学的效果,并建立相应的评价指标和方法。设计评价体系,包括学生作品评价、学习成果评价、教学过程评价等方面,以全面了解学生在纸塑艺术与小学国画融合教学中的学习和发展情况。本课程在课程评价上以学生自评、小组互评、教师点评为主。

1. 学生自评

学生用自己的语言描述出作品的特点、优缺点;说出自己在创作过程中的收获、想法等。

2. 小组互评

学生分小组进行展示,并请其他小组进行评价和打分,评出"最佳作品""最佳小组""最佳创意"等奖项,提高学生的集体荣誉感,促进良性竞争。

3. 教师点评

教师对每个人和每个小组进行点评,并对每个人或小组进行针对性辅导,加强对学生能力的培养,促进学生进步。本课程研究积累下来的教学方法和课程研究方法能帮助教师不断提升自我教学实践与教学研究能力。教学相长,本课程的研究可以提升教师的创作技能及审美能力。装置艺术作为现代艺术帮助教师的审美能与时俱进。

(撰稿者:深圳市坪山区同心外国语学校　张睿)

课程创意 5-4-3 "水墨皮影"工作坊课程

一 课程理念

中共中央办公厅、国务院办公厅发布的《关于实施中华优秀传统文化传承发展工程的意见》指出：充分发挥中小学课程教材承载的中华优秀传统文化教育功能。基于此，我校将地方特色岭南文化皮影戏作为中华优秀传统文化融入课程和教材体系的样板工程。

皮影戏是岭南文化的一大民俗特色，其造型语言精奇古怪，能够让学生产生浓厚的学习兴趣，让皮影艺术融入学生的生活，拉近学生与中国民间艺术的距离。同时，岭南皮影戏经国务院批准列入第一批国家级非物质文化遗产名录。将其纳入中小学教学工作中有助于保护、传承、推广这一项优秀非物质文化遗产。本文以"水墨皮影"主题教学为例，展示学生从皮影艺术历史文化、提取皮影元素、选取多元化的创作材料、与现代科技的结合运用等方面进行探究，让民间皮影艺术得到创新性的传承与发展，让传统文化能以新的方式出现在大家的视野中。

二 课程目标

本课程中，学生通过实地考察和采风，深入地了解了皮影艺术的历史，以小组分工合作的形式，通过实地考察和互联网搜集了大量皮影创作素材。学生在教师的引导下，对皮影素材进行解构与重组，设计创作出令人眼前一亮的生活配饰。在学校跨学科融合的背景下，我们还进行了激光切割等新的创作尝试，创作出大量精美的作品。学生逐渐理解皮影艺术的魅力所在，在创作中逐渐自信起来，加深了小组合作和友谊。本课程具体目标如下。

1. 知识与技能：通过项目式学习，初步了解皮影戏的内容、形式等特点，了解皮影戏绘制的方法和步骤。尝试运用综合水墨的艺术手法，结合生活中的材料，绘制水墨皮影作品。

2.过程与方法：通过观察、比较、讨论、分析、体验等活动，探索皮影艺术形式、艺术特点、表现手法，融合多学科技能，创作属于自己的文创产品。

3.情感、态度和价值观：通过欣赏皮影戏作品，了解皮影戏的历史及艺术特点，提升学生对民间艺术的热爱之情，深入体会皮影艺术在现实生活中的实用价值和审美价值。

三　课程内容

本单元课程以美术核心素养为导向，按照认识皮影、表现皮影、创作皮影和展示皮影四个梯度设置了课程内容。六七年级的学生通过探影子之秘、挖影子之宝、创影子之美、展影子之魂四个主题内容的学习，学会自主探究皮影的文化内涵，深入挖掘皮影"百宝箱"里面的造型、图案、色彩元素，学会用综合水墨的语言来表现皮影，创作以"中国影子"为主题的美术作品和文创产品，举办"中国影子"作品发布会。学生既学习理解了中国传统民间艺术的本质与审美特征，又提升了自身的美术创作水平，逐渐形成"像艺术家一样创作"的思维模式，传承民间艺人的"工匠精神"。

板块一：探究皮影戏的"奥秘"。学生通过实地考察与采风，按照学习单要求自主学习、探究学习。学生带着自己的理解和认识分析制作思维导图，填写赏析记录表。

板块二：挖掘皮影的百宝箱。学生根据学习单要求自主学习、探究学习和小组合作学习。学生运用多元化的水墨表现方法临摹选择的皮影素材，感受皮影的魅力。

板块三：设计创作"水墨皮影"文创。学生分小组思考讨论水墨与皮影结合的语言，并把讨论内容记录下来。学生运用综合水墨中的没骨法、拼贴法和重彩法来创作作品与文创产品。

板块四：举办"水墨皮影"产品发布会。学生分小组思考讨论如何策划产品发布会，制定项目产品发布会的相关细则；学生制定表演方案，进行彩排与正式发布。

四　课程实施

板块一：探究皮影戏的"奥秘"，共3课时，具体包括实地考察、学习皮影艺术的相关人文历史知识、考察与学习心得分享、绘制皮影文化研究思维导图等流程。教师设置教学问题，具体包括：我们的祖先是怎么看"电影"的？皮影戏是怎么诞生的？皮影戏诞生有哪些传说故事？影子戏是怎么演变而来的？皮影艺术的派系及分布是怎样的？

教师设置情境，询问："同学们，你们平时在哪里可以看到孙悟空呢？"紧接着导入探究课题，引导学生观看皮影相关的动画故事视频，了解皮影诞生的传说与皮影的派系。通过学生前期收集的图片资料与皮影实物，引导学生赏析皮影的造型并进行分类。组织学生以小组为单位进行报告演讲，同学讨论并互相点评补充，教师归纳结果。学生在教师的引导和学习单要求下自主学习、探究学习，带着自己的理解和认识分析制作思维导图，填写赏析记录表。

板块二：挖掘皮影的百宝箱，共3课时，具体包括从美术的角度鉴赏皮影艺术、填写皮影鉴赏学习单、绘制皮影素材展报、临摹皮影元素、创编皮影元素。教师设置教学问题，引导学生根据不同的皮影图片，对比分析其造型特点，做好分类与创作素材的挖掘。引导学生思考用怎样的水墨语言来表现自己喜欢的皮影造型和图案。引导学生临摹自己喜欢的皮影造型，运用水墨的方法来表现皮影，感受皮影的魅力。学生按照学习单要求自主学习、探究学习和小组合作学习，运用多元化的水墨表现方法临摹选择的皮影素材，感受皮影的魅力。

板块三：设计创作"水墨皮影"文创，共6课时，具体包括学生分小组创作"中国影子"作品、绘制"影子"包包、绘制"影子"帽子、绘制"影子"耳饰、绘制"影子"鞋垫与鞋子、绘制"影子"眼镜、绘制"影子"头饰。教师设置问题，具体包括：可以用什么绘画语言来表现我们喜欢的皮影元素？生活中哪些熟悉的材料可以用来装饰我们的作品？怎么设计更加有生命力的文创产品？

教师引导学生根据皮影戏创作元素，设计各组的组徽，并且展示在各个小组的桌上；引导结合面具的造型，对皮影元素进行重构设计，结合面具设计稿，进行综合创作实践，重塑水墨皮影面具；引导学生结合面具设计稿，进行综合创作实践，重塑水墨皮影面具。学生小组思考讨论水墨与皮影结合的语言，并把思考记录下来，运用综合水墨中的没骨法、拼贴法和重彩法来创作作品与文创产品。

板块四：举办"水墨皮影"产品发布会，共3课时，具体包括确认发布会的组织人员,策划发布会活动,拟定发布会的小组分工表、模特表演表、发布会评价表、场地座位安排表、展示路线图,现场发布及反思与拓展。教师设置了问题,具体包括:怎么策划"水墨皮影"作品秀?小组怎么分工合作?怎么设计发布会的邀请函?怎么设计发布会的海报?发布会的背景音乐怎么挑选?发布会的背景视频怎么制作?发布会的旁白剧本怎么撰写?如何布置发布会的现场?现场展示的路线怎么设计?怎么确定发布会场地座位安排表?

教师引导学生从发布会准备工作去思考怎么策划项目展演;引导学生通过讨论、分析,确定各小组分工:设计师、模特、PPT 制作、背景音乐、脚本设计;确认各组作品的展示方式、确认奖项的设置;引导学生进行产品发布会展演的彩排,根据各小组的安排,逐渐完善展演过程的环节设置与效果的提升。学生小组思考讨论如何策划产品发布会,制定项目产品发布会的相关细则,并依据制定的方案进行彩排与正式发布。

五 课程评价

对于学生美术学习的总体评价方式有如下三项。

1. 美术学习结果评价

对每位学生的作业进行及时点评,让他们认识到自己的优缺点,激发学生学习美术的兴趣。定期举办学生作品展览。举办美术展览、交流、回顾、总结学习成果,可以为学生提供展示自己实力的平台,增强自信心。另外进行工作坊展示,突出本年级校本课程取得的成果。

2. 美术学习表现评价

在教学过程中客观地对学生的学习能力、学习态度、情感和价值观发展作出评价,促进教师调整教学方式,并通过适当的方式反馈给学生,让学生明确不足,改善自身的学习。

3. 美术成果作品评价

采用自评、互评、教师评价的方式以及座谈的方式对学生美术作业进行评价。对美术作业可以从创作构思、表现方式及技能等方面进行,既要肯定学生的进步和发展,又要指出不足。多种方式的评价促进学生进步。美术学习的作业评价方式有如下几方面。

（1）学生的课堂情况评价：主要通过观察学生在课堂教学过程中的目标达成度、课堂纪律及所反映出的情感、态度分别给予 A、B、C 由高到低三个等级。

（2）学生的创作作品评价：基于学生课堂上对美术创作作品的展示分享，分别给予 A＋、A、A－、B＋、B、B－、C 由高到低七个等级。

（3）综合前面两点最终评出 A＋、A、B、C 由高到低四个等级。在班级内评出"最佳设计奖""最佳展示奖""最佳协作奖""最佳人气奖"，并举办一个小型颁奖典礼。

（4）学生成果可通过学校公众号、参赛、艺术展、活动等形式进行展示，作品也会汇集成学生作品集。

（撰稿者：深圳市坪山区同心外国语学校　林苑）

第六章
实践性：让学生在真实参与中成长

　　个性化课程强调为学生创设实践环境，让学生通过实际操作、实地考察或实验等方式获取经验，提升知识掌握程度和思维能力。课程设计应保证理论与实践有机结合，使学生能在实践中深化对理论知识的理解和应用；学校课程应充分利用校内外资源提供多种实践机会，通过课程管理更好地协调资源、组织学习活动，促进学生全面发展。

在学校课程中,实践性是指基于学生的认知规律和生活经验,从社会、生活、自然世界等层面出发,科学构建课程,以操作探究、实地考察、实践活动等为主要方式开展课程学习,增加学习体验、积累实践经验,将理论知识转化为实际应用能力,实现学生对课程内容的自主意义建构,将书本上的知识变成学生身上自发生长的必备品格和关键能力。与理论性相对应,实践性更加强调让学习者能够亲历学习过程,鼓励学生身体力行地参与学习活动,于真实参与中慢慢形成对学习内容的意义理解和价值确认。也就是说,通过实践导向的课程,引导学生在知行合一的学习过程中形成素养,培养良好的行为习惯和实践创新的能力。同时,以实践为媒介,引导学生从"认知"的维度,深入"精神"层面获得并建构属于他们自己的创造性解决问题和应对未来挑战的能力和品质。

随着课程改革的进一步深化,学校要努力推动育人方式变革,着力发展学生核心素养,凸显学生的主体地位,关注学生个性化、多样化的学习和发展需求,因此,我们认为,创设丰富而生动的直接经验是课程的本质要素,强化课程的实践性显得尤为重要。一是符合学生的发展规律和学习需要。"做中学"理论认为,教师应为学生准备适当的环境,使学生由做事而学习,在"做"中习得经验。在课程学习中,通常情况下直接经验学习的效果优于间接经验学习,学生通过亲身经历学习过程获得结果和反馈,充分发挥主体地位,不仅实现主动建构知识、习得技能,更激发对学习的热情和积极性,增强了内驱力。二是发展学生的创新思维和问题解决能力。鼓励学生主动思考和解决问题,能够用已有知识或经验解决新情境中的问题,从而锻炼创新思维,培养解决问题的能力,以及在面对困难时灵活应对的能力。三是帮助学生更好地适应社会环境。学生有更多接触自然、接触社会的机会,并通过亲身体验和实践操作,发现问题、思考问题、解决问题,从而对现实世界和社会生活有更多的理解与感悟,对个人未来的发展也有积极作用。

为此,在开展课程活动时,学校要为学生创设多样化的自主探究和动手实践的机会。一是可以采用互动式教学方法,通过小组讨论、角色扮演、案例分析等方式,尤其是引入真实案例进行分析和讨论,引导学生积极参与学习活动,鼓励学生自主探究和自我表达。二是为学生提供多样化的实践和实验项目,包括安排学生在真实的工作和生活环境里实地考察或实际操作,为学生提供动手实验和制作的场地和机会,鼓励学生运用所学知识解决生活中遇到的实际问题。三是为学生创设模拟环境下的自主探究与创新空间,学校创设安全、可控、可操作的探究空间,让学生可以使用相关软件进行模拟实践,鼓励学生在学习过程中进行实践探索和创新研究。学校课程,尤其是德育课程要突出实践性,要引导学生真实参与德育课程与活动。德育课程既要传授知识和技能,更要追求德育行为的改善,达到知行合一。实践是检验真理的唯一标准,课程学习效果,需要通过学生实践活动中表现出来的情感、态度、能力来评判。合理、有针对性、恰当的实践活动,才能真正让学生有获得感与成就感,将核心素养的目标落到实处,外化于行。德育课程是一门综合性实践课程,德行生成的过程是一个实践化的过程,以社会实践为基础,因此回归生活世界是其基本理念。接下来,以学校德育教育课程为例,具体阐述课程管理的实践性特点。

我校努力探索全员育人、全程育人、全方位育人的德育工作途径,坚持"以校园文化润德,以生命教育悟德,以'五社'课程立德,以学科课程涵德,以家校协同促德"的德育工作思路。课程内容与实践活动相结合,是学校德育校本课程的显著特点。我校以情感体验实践深化学生价值认同。丰富且深刻的情感体验是由知向行转化的重要基础,是调节认知、筑牢信念、激发行动的重要力量。如,学校充分利用中华优秀传统文化的教育资源,开展端午节、春节、中秋节、冬至、清明节等传统节日课程,开展纪念"一二·九运动""五四运动""九一八事变"的纪念日课程,有效发挥了中华优秀传统文化的影响力和感召力,让学生在活动中丰富道德体验,增进道德情感,在情感互动中增强爱国热情,牢记责任使命,焕发文化自信心和自豪感,激发每一位学习者对社会主义核心价值观的共鸣。我校还以特色实践活动锻造学生价值自觉。学校将社会情感学习专题课程进行了校本化实施,开展了校园五大文化日特色德育实践活动课程,将传统的教师节打造成感恩日,学生将象征感恩与爱的蓝丝带亲手系在自己想要感恩之人的手腕上,并书写一封封寄存爱的信件;赞美日,学生之间互赠赞美卡,学会正确地赞美他人;公益日,学校为孩子提供了丰富的公益活动平台和志愿服务岗位;悦己日,悦己不再是口号,而是孩子们在悦己卡上一次又一次的积极自我心理暗示;道歉日以道歉书签为媒介,书签拔穗,象征着解开心结,拨去乌云,珍藏善意,友谊长存。

（撰稿者：深圳市坪山区同心外国语学校 陈纯）

让学生在真实参与中成长的德育课程

一 课程理念

（一）落实立德树人

《义务教育课程标准》《中小学德育工作指南》等文件指出要落实立德树人根本任务，始终坚持育人为本、德育为先，大力培育和践行社会主义核心价值观，以培养学生良好思想品德和健全人格为根本，以促进学生形成良好行为习惯为重点，坚持教育与生产劳动、社会实践相结合，坚持学校教育与家庭教育、社会教育相结合，不断完善中小学德育工作长效机制，全面提高中小学德育工作水平，为中国特色社会主义事业培养合格建设者和可靠接班人。

（二）发展学生核心素养

发展中国学生核心素养是落实立德树人根本任务的一项重要举措，也是适应世界教育改革发展趋势、提升我国教育国际竞争力的迫切需要。2016 年 9 月，"中国学生发展核心素养"框架正式发布，以科学性、时代性、民族性为原则，以培养"全面发展的人"为核心，分为文化基础、自主发展、社会参与三个维度，综合表现为人文底蕴、科学精神、学会学习、健康生活、责任担当、实践创新六大素养，具体细分为 18 个要点，从中观层面深入回答了"立什么德、树什么人"的根本问题。

（三）践行社会主义核心价值观

培育和践行社会主义核心价值观要从小抓起、从学校抓起。社会是渗透着价值、信仰、习惯、准则、技术、方法、行为的具有互动作用关系的人类集合体，通过开展德育课程，教育引导学生准确理解和把握社会主义核心价值观的深刻内涵和实践要求，从而自觉地参与进而引导社会运行过程,真正将"爱国、敬业、诚信、友善"等社会主义核心价值观内化于心、外化于行,为推动社会的良性发展创造基本条件。

(四)落实学校培养目标

学校的校训是"悦纳自我,对话世界"。"悦纳自我"包含四个层次:认识自我、接受自我、欣赏自我、发展自我。"对话世界"包含四个方面:海纳百川、对话社会、对话自然、对话未来。"悦纳自我"是"对话世界"的前提,"对话世界"的实际行动同时又促进自我悦纳,二者相辅相成。学校致力于培养悦纳自我、关爱他人、理解世界、勇于行动、有一艺之长的社会参与者。他们享受坦诚交流、自主探索、深入思考的快乐,并努力将这种快乐带给更多的人。

二 课程目标

(一)总体目标

培养爱党爱国爱人民的情怀,增强国家意识和社会责任意识,了解中华优秀传统文化,准确理解和把握社会主义核心价值观的深刻内涵和实践要求,养成良好道德品质、法治意识和行为习惯,形成积极健康的人格和良好心理品质,促进核心素养提升和全面发展,为一生成长奠定坚实的思想基础。

(二)学段目标

1. 小学低年级学段目标

热爱中国共产党、热爱祖国、热爱人民,爱亲敬长、爱集体、爱家乡,初步了解生活中的自然、社会常识和有关祖国的知识,保护环境,爱惜资源,养成基本的文明行为习惯,形成自信向上、诚实勇敢、有责任心等良好品质。

2. 小学中高年级学段目标

热爱中国共产党、热爱祖国、热爱人民,了解家乡发展变化和国家历史常识,了解中华优秀传统文化和党的光荣革命传统,理解日常生活的道德规范和文明礼仪,初步形成规则意识和民主法治观念,养成良好生活和行为习惯,具备保护生态环境的意识,形成诚实守信、友爱宽容、自尊自律、乐观向上等良好品质。

3. 初中学段目标

热爱中国共产党、热爱祖国、热爱人民,认同中华文化,继承革命传统,弘扬民族精神,理解基本的社会规范和道德规范,树立规则意识、法治观念,培养公民意识,掌握促进身心健康发展的途径和方法,养成热爱劳动、自主自立、意志坚强的生活态度,形成尊重他人、乐于助人、善于合作、勇于创新等良好品质。

三 课程内容

学校德育工作以《中小学德育工作指南》《深圳市教育发展"十四五"规划》等文件精神为指导,深入贯彻落实立德树人根本任务,在"以课程建设引领学校内涵发展"的理念引领下,以学校培养目标为落脚点,主要包括校园文化、生命教育、"五社"课程、家校共育四大模块的课程内容。

模块一是校园文化。学校正在努力建设国内首屈一指的博物学习空间和友善成长空间。"悦纳自我,对话世界"的校训以及学校培养目标镌刻在校门口的校训石上,成为每一位坪外人心中的方向标。在坪外,每一栋楼、每一条路、每一个功能室、每一个场馆、每一座广场,都有一个文化底蕴深厚的名字,都有一番渊源和典故。例如,四栋教学楼分别命名为知行楼、弘毅楼、博雅楼、致远楼,"知行合一""士不可以不弘毅,任重而道远"等寄望潜藏其中。从亭台楼宇的命名到以"文"为主体造型的校徽设计,再到吉祥物"龙娃"的横空出世,这些构成了坪外博物空间课程的主要部分。校树"蓝花楹"像一片片蓝紫色的云彩,又像是一条条蓝色的丝带,蓝色代表着爱与感恩,学校永远向孩子们传递着感恩、鼓励、关怀和爱的教育理念。校歌《梦想无边》唱出了师生对学校的热爱和作为坪外人的自豪感情,唱出了学校的发展愿景和师生的成长希望,更唱出了奋斗不止、生命力无限的坚定信念。润物细无声,彰显学校办学观念、思想和精神的校园文化,作为德育隐性课程,正滋养着每一位坪外学子的心灵。

模块二是生命教育。"珍爱生命""健康生活"是中国学生发展的核心素养,为实现生命安全与健康教育系列化、常态化、长效化,教育部于 2021 年 10 月印发实施《生命安全与健康教育进中小学课程教材指南》,对在中小学课程与教学中落实"生命至上,健康第一"的理念,切实开展生命教育,具有重要意义。《中小学德育工作指南》中也提出要开展"尊重生命"等方面教育,引导学生增强调控心理、自主自助、应对挫折、适应环境的能力,培养学生健全的人格、积极的心态和良好的个性心理品质。生命教育以学生为中心,以提升学生的生命质量为主线,有目的、有计划、有组织地进行生命意识熏陶、生存能力培养和生命价值的提升教育课程。根据《坪山区同心外国语学校关于学生安全教育课程的指导意见》(深坪外〔2021〕02 号),我校生命教育课程的主要内容包括预防和应对社会安全、意外伤害、网络和信息安全、自然灾害、公共卫生、心理健康教育、性健康教育、生命价值教育、死亡教育,所有课程内容全覆盖一至九年级,全方位为学生安全保驾护航。

模块三是"五社"课程。社会性是人的本质属性,社会参与作为"全面发展的人"三大重要领域之一,重在能处理好自我与社会的关系,养成现代公民所必须遵守和履行的道德准则和行为规范,增强社会责任感,提升创新精神和实践能力,促进个人价值实现,推动社会发展进步,发展成为有理想信念,敢于担当的人。学校构建"五社"立德课程,致力于将坪外学子培养成为悦纳自我、关爱他人、理解世界、勇于行动的社会参与者。"五社"课程主要包括:社会主义核心价值观课程、社会公德课程、社会情感学习课程、社会责任领导力课程以及社会综合实践课程。

学校课程应大力培育和践行社会主义核心价值观,将社会主义核心价值观教育、未成年人思想道德建设贯穿德育全过程,彰显社会主义核心价值观的生命力、凝聚力、感召力。将"铸魂育人工程"系列课程、节日纪念日活动、典礼仪式课程等有机整合,开发系列体现民族大义、家国情怀的爱国主义德育课程,为党育人,为国育人。

社会公德是人们在长期社会生活中形成的调节公共生活的道德规范,是维护社会正常秩序的道德准则。社会公德课程引导学生理解现代公民所必须遵守和履行的基本道德准则和行为规范,养成基本的文明行为习惯,树立规则意识、法治观念,培养公民意识。各年级通过班会课程、日常管理、制度规范、监督评价等多种方式渗透社会公德教育,使教育范围具广泛性、教育效果具相关性,从而实现"润物细无声"的教育效果。

关注学生社会情感能力提升是新时代中国社会发展的必然要求。社会情感学习基于儿童的发展需要,帮助学生获得发展所必需的对自我、对他人、对集体的认知与管理意识以及知识和能力,培养学生的自信心、责任意识,帮助学生建立积极的人际关系,形成良好的情感和道德品质,有效地面对成长过程中的挑战,获得身心的全面协调发展。

学生领导力教育以培养学生的社会责任感为核心,通过树立"学生是学校的主人"的意识,搭建"学生为学生服务"的平台,充分发挥学生在年级管理、班级建设、学生组织当中的主体地位,强化责任信念,塑造责任品格,激发服务他人、自我成长的意识,在行动中提升自主管理能力、问题解决能力、决策能力、合作能力、抗逆能力、应变能力等综合能力。

"实践创新"作为中国学生发展六大核心素养之一,主要指学生在劳动实践、问题解决、适应挑战等方面所形成的实践能力、创新意识和行为表现。社会实践活动强调联系社会实际,学生通过亲身体验进行学习,积累和丰富实践经验,发展综合运用知识的能力,提升综合素养。社会综合实践活动课程覆盖一至九年级,根据各年级学生特点,设置不同主题,均以项目式学习的方式开展。

模块四是家校共育。教育必须发挥学校的主导作用,强化家庭教育的基础作用,释放社会育人活力,形成家、校、社互融互通、同心同向的育人合力。利用周末等假期,以班级为单位有组织地开展亲子活动;进一步扩大、规范和完善家长义工队伍;搭建家长开放日、学生学习成果汇报会、个性化家访等家校沟通多元平台;开展家长学校;职业导师进校园……充分发挥家庭教育的巨大潜力,营造积极向上的良好社会氛围。

四 课程实施

(一) 文化润德

温馨、安全、舒适的学校文化,能够让学生感受到向上向善的力量,影响学生自身的发展、学生之间的交往,因此,校园文化是一种隐形的德育课程,建设校园文化,以文化润德,具有极其重要的作用。

1. 建立满足师生情感需求的物理环境

学校要有保障学生安全和健康的友善成长空间,有足够让学生互动交流或安静活动的博物学习空间。从"一米高度"看学校,既有楼梯间的高低扶手、洗手间的专用洗手台等安全、科学的基础设施，又有丰富、互动式的儿童绘本馆、沉浸式 VR（虚拟现实）绘画角等学习资源，满足学生学习成长的需要。

2. 建立尊重、支持的制度环境

让师生共同参与制度建设，各项工作有章可循，并通过组织学生讨论制定班规、召开学生代表会议、成立学生自主管理组织、开展"校长面对面"活动等方式，倾听学生的声音，让学生有机会、有途径可以真正参与学校管理。例如，学校在出台"教育惩戒规则"的同时，还制定了相应的"学生申诉制度"，既尊重、维护学生的合法权益，也增强学生的法制观念和自我保护意识。

3. 建立关注学生情感发展的精神文化

以我校校训"悦纳自我，对话世界"为例，从"个人—他人—社会"由近及远三个层次，从"天性—习性—理性"由浅入深三个层次，来引导学生强化对自我的认知与管理，帮助学生悦纳自我；强化对他人和集体的认知与管理，促进学生对话世界。"悦纳自我"包含四个层次：认识自我、接受自我、欣赏自我、发展自我。"对话世界"包含四个方面：海纳百川、对话社会、对话自然、对话未来。这与社会情感学习"自我—他人—集体"三大层面的思维框架是相对应的。

（二）课堂悟德

课堂是教育教学的主阵地，学科教师人人皆是德育教师。学校基于学生的身心发展特点，改变传统德育课堂中说教为主的教学方式，注重生活化、活动化、体验式的学习设计，让学生循序渐进地将课程内容内化于心。

学校在做社会情感学习课程设计时，引进教育部-联合国儿童基金会社会情感学习项目系列丛书，各年级组成社会情感学习专题研究小组，研制关于社会情感学习专题课程的方案，整合上课所需的学习资源，建立社会情感学习课程专项课程资源库，从课时安排、学习资源、教学方式等方面将社会情感学习七大专题内容校本化。根据每个年段学生的不同特点，开展分学段逐级上升的社会情感学习课程，每个学年设有七个专题，每个专题下分别设置3～4个主题，每个主题相当于一课时的教学任务。专项主题课程学习主要通过主题班会、道法课、心理课、生涯课开展，全体学生参与，以活动体验式为主。学习过程主要包括以下四个环节：热身活动—主题导航—探究体验—

总结反思。专项课程学习,学生完善了对自我和他人的认识,并发展了必要的社交技能,在师生和生生之间的互动中实现社会情感能力的发展。

(三)学科涵德

《中小学德育工作指南》中强调要发挥其他课程的德育功能,将德育内容有机融入各门课程教学中。学科德育是一种间接教育、隐形教育、浸润式教育,不设立显性的、脱离教学目标的独立的德育目标,旨在促进学生价值观念的确立、学习态度的改变,以及正确的道德观念和行为方式的形成。学科德育并不以直接的方式展开德育教学,而是以学科知识为载体,通过正确处理学科知识与德育的关系,采用适宜的学科德育途径和方法,以渗透式、浸润式等方式促进学生成长,以达到知识与品德、教学与教育、教书与育人的统一。

1. 课程设置融合德育

"没有无教育的教学,也没有无教学的教育。"教学与教育从来都是不可分割的有机整体,只有教师站在教育的高度看教学,学生才能把学科知识内化成个体生命的性格特征。学科德育是系统工程,各学科要根据不同学科特点、不同教学内容和不同年龄阶段学生的特点,充分挖掘各门课程蕴含的德育资源,从课程设置、课程实施到课程评价,系统思考,系统设计。

2. 课堂教学渗透德育

学科教师人人都是德育教师,教师在教学过程中,创设开放包容、平等互助的学习氛围,规范上课各环节的礼仪,采取灵活多样的教学方法,都能够潜移默化地对学生进行品德教育。比如通过小组合作学习,学生们讨论交流、分享观念、听取和采纳他人见解,自主表达自己的观点,既提升了人际交往技能,又确立了学生之间更为平等、民主、和谐的关系。

3. 学科教师言传身教

学科教师本身是学科德育的重要资源,是学校育人价值的引导者,其一言一行都会带给学生极大的影响,因此要充分发挥言传身教的作用,从而收到"学为人师,行为示范"的榜样效果,利用教师的榜样力量使学生建立正确的价值观,而不是价值灌输。和谐的师生关系无形中也对学生进行着尊重、平等、民主、宽容、友善的价值观教育。

4. 学科评价关注德育

扭转学科以考试分数为唯一标准评价学生的片面倾向,基于多元智能理论、学生年龄特点及心理发展规律,建立适合不同教育教学领域、不同学生成长阶段的突出学科核心素养和关键能力的学生综合素养评价标准。各学科教师评价时,重视学生的德行评价,将学生在课程学习中的参与程度、学习态度、合作能力等方面纳入评价体系。基于新课标的评价理念,建立适合不同学科、不同阶段的科学合理的过程性评价标准以及激励机制。

(四) 活动践德

如果课堂是实施课程的主阵地,那么活动就是知行合一的重要途径。学校根据各年级学生的身心发展特点,设计丰富的德育活动,向学生提供实践的机会,以活动体验来调动师生参与行动的热情,共同创设和谐的校园氛围。

1. 开展主题活动

德育课程的学习效果最终体现在学生思想政治道德方面的知、情、意、信、行等方面的效果,通过组织开展主题明确、内容丰富、形式多样、吸引力强的德育主题活动,引导学生在活动实践当中将道德认知内化于心、外践于行,从而促进学生形成良好的思想品德和行为习惯。

例如,每个孩子在一年中都会度过很多节日,但真正能让他们印象深刻且产生教育意义的节日活动却不多。因此,以重要纪念日为契机,德育部门与历史科组联合,设计开发相关主题教育,强化学生的民族情感与爱国自觉性,提升家国情怀,让学生感受到历史与现实的密切联系,中学部七至九年级学生分别开展纪念"一二·九运动""五四运动""九一八事变"的纪念日课程。以中华传统节日为契机,设计开发跨学科融合学习课程,挖掘节日背后的教育价值,向学生渗透爱国、爱乡、爱家的思想情怀,增强文化自信、民族自信。小学部一至六年级学生分别开展春节、清明节、端午节、中秋节、冬至等传统节日课程。我们发现,每个年级的学生集中围绕某一个节日或纪念日开展学习课程,既能让学生深刻领悟节日纪念日的文化内涵,形成自己的独立观察和思考,还能让他们以自己的实际行动传承中华传统节日文化,让每一个传统节日都焕发出新的光彩。

2. 拓展社团活动

教育应在文化基础不断积累和自主发展能力不断提升的基础上,增强社会责任意识、服务意识、与人沟通交往的能力以及领导力的培养,促进个人价值的实现。因此,开展社团拓展课程既能满足学生成长的多样化需求,又是实施德育的重要途径。比如,学校统筹规划"五大学院",即"培力学院、博雅学院、文体学院、创新学院、强基学院",设计丰富多彩且独具特色的社团课程内容。其中"培力学院"构建了荣誉团队、志愿服务、管理助手、自主管理、卓越领导五大课程模块,包括少年邮局、东纵儿童团、朋辈社团等,社团负责教师针对社团的性质与特点设计开发相应课程,如学长护航、文创经营等课程,促进学生跨班级、跨年级的交往与合作。

3. 延展社会参与

充分挖掘社会资源,搭建社会育人平台,学生只有在真正的社会参与及互动体验的过程中,才能增强社会意识和社会理解。

(1)职业体验

校企联手打造"无围墙课程"。通过和周边企业建立友好合作伙伴关系,建立一批可供学生社会实践和职业生涯体验的基地,让学生走出学校,走向企业和社区。

(2)社区活动

积极推进社区作为学生拓展延伸的活动阵地,让学生深入社区,丰富活动体验。学校东纵儿童团利用周末时间到学校附近的社区进行义卖活动,向更多人宣传学校文化及学生的文创作品;环保小卫士积极承担社区垃圾分类志愿者工作,用实际行动传递环保理念,展现坪外学子关心社会、勇于行动的精神风貌,也带动更多家长参与到环保宣传的工作中来。

(3)自然科普

领略自然风光,探索自然奥秘。通过组织参观深圳野生动物园、大地生态园等地方感受自然风光之美,培养学生热爱祖国大好河山的情怀;通过参观深圳大鹏半岛国家地质博物馆、国际低碳城等场馆,让学生了解科技的进步与发展,学习自然科学知识,开启对人与自然的思考。

(4)体验文化

体验多元文化,了解发展历史,学生到甘坑小镇感受传统的客家民俗文化;到锦绣中华欣赏独特的异域人文风情,激发爱国爱乡的情感;到南岭村、东江纵队司令部旧址等地,深入挖掘南岭、东纵的革命历史,接受革命传统教育,从而获得红色精神的洗礼。

（5）劳动成长

《大中小学劳动教育指导纲要(试行)》中指出:要将劳动教育与学生的个人生活、校园生活和社会生活有机结合起来。德育部门每学年寒暑假期间设置劳动周,学期每周定时开展校内劳动课,利用"龙娃家庭劳动卡"记录学生的家庭劳动感想与家长点赞。到南泥湾耕读小镇学习农耕劳动技术、到河源开展研学旅行活动、到社区开展志愿服务等形式,让学生在丰富的劳动体验中提高了劳动能力,深化了对劳动价值的理解。

（五）家校促德

《中华人民共和国国民经济和社会发展第十四个五年规划和二〇三五年远景目标纲要》明确提出:健全学校家庭社会协同育人机制。教育必须发挥学校的主导作用,强化家庭教育的基础作用,释放社会育人活力,形成家、校、社互融互通、同心同向的育人合力。

1. 亲子周末

利用周末等假期,以班级为单位有组织地开展亲子活动。例如,亲子体育,积极开展由各年级家委组织策划、学校大力支持、体育老师给予技术指导及场地协调的篮球赛、足球赛等体育活动,助力学生健康快乐成长。又如,亲子阅读,学校不定期向家长推荐阅读书目、组织"小手牵大手,读书进千家"亲子阅读活动,班级内组建家长阅读团队,组织有意愿的家长开展共读一本书、读书心得分享会、图书漂流等活动,以家长带动家长,共同营造亲子阅读的良好氛围。

2. 家长义工

随着学校不断发展壮大和家长对学校的期望越来越高,为建立更加良好的家校关系,学校进一步扩大、规范和完善家长义工队伍。建立资源委员会,吸纳高学历、高层次、具有一技之长又乐于奉献的家长加入学校人才资源库,为学校发展建言献策、开设讲座等;建立膳食委员会,为午餐午休服务的招标采购及过程监督提供管理服务;建立社会实践招标委员会,组织学生的各类社会实践的招标采购和过程管理;建立家校警义工委员会,为师生上学放学保驾护航、规划路线、校园周边交通保持畅通提供意见建议;另外,建立阅读义工委员会、图书馆义工委员会、体育活动义工委员会、仲裁委员会等,引导家长积极参与学校管理。

3. 家校沟通

为更好地促进家庭教育与学校教育相结合,充分发挥家庭教育的巨大潜力,学校搭建家校沟通多元平台,积极争取家长参与和支持学校工作,营造积极向上的良好社会氛围。

(1) 家长开放日。学校向家长敞开大门,邀请家长进学校,参与开放日活动,建立家庭教育与学校教育的有效连接。一方面,家长通过深入课堂第一线,更加了解学校的教育理念;观察孩子的学习表现,反思家庭教育观念与方式;通过和孩子一起参与活动,增进亲子情感交流。另一方面,开放日活动也是促进教师课堂教学水平提高的有效方式。家长通过座谈会、家长问卷表达参与开放日的感受,增强相互间的了解和尊重。

(2) 家长会。每学期举办家长会之前,学校通过问卷、访谈等形式了解家长在哪些方面存在疑惑,增强家长会的有效性。通过家长会增进了家校之间的相互了解,有利于达成一致的教育目标与理念。家长之间、家校之间共同研究问题,改进教育策略。家长会结束后,学校通过问卷星的方式收集家长对家长会的评价以及对学校工作的建议或意见,为学校管理、教师教学提供参考。

(3) 个性化家访。建立完善教师家访制度,班主任、心理科组驻校社工教师坚持定期对有需要的孩子进行家访。原则上每学期全员家访至少一次,时间为学期中段前后,也可根据实际情况,把握教育契机进行调整,如开学后针对心理普查出有心理危机的学生先安排家访。另外,在校党委的组织下,积极开展党员教师"志智帮扶"活动,充分发挥学校教育的优势,多途径开展个性化辅导。

(4) 丰富沟通渠道。充分利用现代信息技术和微信等新媒体信息工具,各班组建家校互动沟通群;学校心理科组开设"坪外学生成长支持中心小助手"微信号,定期推送家庭教育指导内容且实时更新。为了使家长的意见建议尽可能反馈至学校决策层,建立和完善包括校长信箱在内的多条家长申诉渠道,学校在收到家长诉求之后进行及时处理,及时反馈,工作留痕存档。

4. 家长学校

基于深入调查和研究，根据家长需求，制定明确的家长学校实施方案，旨在引导家长注重家庭、注重家教、注重家风，树立正确的育儿观念，提高家庭教育的实效。

（1）新生家庭教育。为使新生，特别是一年级新生尽快适应小学学习生活，每年新生报到时，下发校本"幼小衔接家长指导手册"，引导家长在暑假期间做好幼小衔接准备。新生入学后，举办新生家庭教育讲座，向家长传授教育学、心理学的基本内容，了解进入小学后孩子学习的基本要求和家长的基本要求，明确家庭教育的重要性。

（2）定期举办讲座。每年邀请家庭教育专家开设专题讲座，内容包含教育教学、孩子生理心理发展等各个方面，同时向家长传授如何做好家长的理论和实践经验。每学期的家长会上，心理科组根据各阶段孩子的主要特点，结合我校的实际情况，开展针对性强、实效性强的家庭教育微讲座。

（3）专题家长座谈会。为了做好困难学生的帮助转化工作，不定期召开专题家长座谈会，与家长一起探讨如何加强对困难学生的教育和管理，和家长一起分析原因，交流方法，使家长更愿意配合学校做好工作。

5. 职业导师

为唤起学生对未来职业的向往，让他们了解自己的哪些特质是宝贵的职业技能，学校定期开展"职业导师进校园"活动，请各行业的优秀家长代表作为职业导师深入课堂为学生讲解职业见闻、职业故事、职业中具体所从事的工作以及其秉持的职业价值观。每位导师家长与生涯学科老师共同进行课程研讨、准备与创作。

五　课程评价

（一）建立学生激励机制

1. 制定学生荣誉制度

十年树木，百年树人。为引导学生自我教育、自我激励、自我完善，促进学生全面发展、个性发展、主动发展，创建学校文化，结合学校实际，特制定《坪山区同心外国语学校学生荣誉制度》（深坪外〔2018〕52 号），包括学生系列荣誉的评选、奖励、表彰等细则，分最高荣誉奖、综合荣誉奖、品行奖、团队奖、学业奖、特长奖、组织奖、推优奖等八大类 31 个奖项。

2. 设立奖学项目

以爱心企业捐资助学为契机,建立完善各奖学项目的相关制度,激励学生个性发展。目前,学校与齐心集团、沃尔核材、信立泰等十余家优秀企业建立校企合作关系,并以企业名称设立了 7 项奖学金,秉承公平、公开、公正的原则,制定了相应的评选制度和颁奖方案,旨在充分发挥优秀者的引领示范作用,辐射周边更多学生向优秀者学习。

3. 每年印制学生荣誉册

根据国家、省、市、区相关学生荣誉文件及《坪山区同心外国语学校学生荣誉制度》,落实对学生系列荣誉的评选、奖励和表彰,并将获奖名单汇编成学生荣誉册,收入校史馆。著名的历史哲学家克罗奇曾经说过,"所有的历史都是现代史",学校通过荣誉册的记录方式,呈现学生的成长轨迹,增强学生的成就感,激发学生的内驱力。

(二) 引入多元评价主体

班主任是学生品行的评价主体之一,除班主任外,综合素养评价体系引入学科教师之外的更多评价主体。例如,引入学院课程教师、校内外社团指导教师、活动指导教师等作为综合素养评价主体,对学生参与学习、活动的态度与能力等进行综合评价;引入家长作为评价主体,促进家长关注学生全面发展,增强家校共识;引入学生作为评价主体,发挥学生的主体作用,通过让学生自评、同伴互评,促进学生的自我认知,树立反思意识,发展思辨能力。

(三) 树立正确舆论导向

学生舆论,是指在学生中占优势的、为多数学生所赞同的言论和意见,它以议论或褒贬等形式肯定或否定某些同学的言行,是影响学生发展的一种力量。积极的、正确的学生舆论能起到明辨是非、祛邪扶正、凝聚人心、催人奋进的促进作用,而消极的、错误的学生舆论则会起到混淆是非、涣散人心、毒化风气的不良作用。在正确的舆论面前,学生才会自觉地调节个人与学校的关系,改变与之不相适应的思想和行为。因此,教师要及时对学生舆论进行正确引导,有意识地强化正确舆论的感染力,削弱错误舆论的影响力，让学生在互相监督、互相提醒、互相学习的过程中规范自己的行为，促进学校良好道德风气的形成。

（四）创新智慧评价手段

以智慧校园为依托，探索多元的信息化评价手段，搭建学生成长空间，建立学生成长过程档案，并将评价结果转化为特色校园币——龙珠，校园币可在校园流通，可线上兑换学校文创产品，也可用于 Science Fair 等线下活动。让德育评价形成闭环，促进财商教育，让知识与生活、与社会实践相连接。

（五）合理运用评价结果

关注学生个体差异，充分发挥评价对学生的导向和促进作用，让评价成为激励成长的有效手段，帮助学生实现共性与个性协调发展。评价也是促进德育课程发展与教师提高的过程，行政老师进班参与，对德育课程的实施效果进行评价，提出改进意见，德育处每一学年收集优秀实践案例，对德育课程内容进行优化。争取用三年的时间建设成实施效果较好、课程内容稳定、实施方案有效的德育课程体系。

六 课程管理

我校成立校本教研专项课题"德育课程建设"项目组，包含德育主管领导、德育主管部门负责人及全体班主任、专职德育教师、党团少负责人等，负责推进德育课程的研究与开发、设计与实施。同时，制定专项课程的指导意见，将全程德育、全科德育、全员德育真正落到实处。例如，《坪山区同心外国语学校关于学生安全教育课程的指导意见》（深坪外〔2021〕02 号）中明确，中小学德育处（全体班主任）、教学处（心理学科、中小学道德与法治学科、中小学体育学科、生物学科、信息技术学科、科学学科）、安全办（卫生健康部门）等把生命教育工作列入部门（学科）工作计划和教学计划，发挥部门（学科）专业知识，遵循学生身心成长发展规律，制定主线清晰、教学目标明确的生命教育课程，并督促相应职责人员实施生命教育课程。部门（学科）按部门（学科）性质和特点，将课程分散实施，有意识地挖掘、激活蕴藏在学科教育和主题活动中的生命教育内容,开展专题生命教育和实践活动,例如生命主题班会课、安全演练、生命教育月活动等。各部门主任(学科主任)是课程实施第一责任负责人,必须做好本部门(学科)统筹和督促部门(学科)人员按时保质完成生命教育课程,而承担生命教育课程的授课老师在授课完成后,必须填写记录表存档。

(撰稿者:深圳市坪山区同心外国语学校　陈纯)

课程创意 6-1　社会情感学习

一　课程背景

（一）立德树人

《中共中央关于制定国民经济和社会发展第十四个五年规划和二〇三五年远景目标的建议》中明确提出："十四五"时期经济社会发展要以推动高质量发展为主题。时代转型升级要求教育培养的人必须具有适应和引领新时代中国社会发展所需要的社会人格。因此，基础教育用"更好的教育"回应人民对美好生活的向往，就必须促进学生的全面充分协调发展，关注学生人格品质、情感质量的发展，增强促进学生个人完美与社会和谐的活力。关注学生社会情感能力获取的社会情感学习回应了这一时代诉求，是实现新时代中国社会发展所应有的社会人格的有效路径和抓手。

2017 年 9 月 24 日，为健全立德树人系统化落实机制，中共中央办公厅、国务院办公厅印发了《关于深化教育体制机制改革的意见》，提出在教授学生基础知识和基本技能的过程中，强化学生四个关键能力的培养，其中对培养学生合作能力的内涵表述为"引导学生学会自我管理，学会与他人合作，学会过集体生活，学会处理好个人与社会的关系，遵守、履行道德准则和行为规范"。这与社会情感能力的内涵具有内在的一致性，因此，"社会情感学习"回应了当前基础教育发展的重要问题，符合全面深化我国基础教育综合改革的方向。

（二）践行社会主义核心价值观

教育部印发的《中小学德育工作指南》中强调，要引导学生准确理解和把握社会主义核心价值观的深刻内涵和实践要求，养成良好的政治素质、道德品质、法治意识和行为习惯，形成积极健康的人格和良好心理品质，为学生一生成长奠定坚实的思想基础。

社会情感学习强调社会是渗透着价值、信仰、习惯、准则、技术、方法、行为的具有互动作用关系的人类集合体,通过教育使学生具备社会所需要的社会人格,从而自觉地参与进而引导社会运行过程,实现学生社会性的建构,真正将"诚信""友善"等社会主义核心价值观内化于心、外化于行,为推动社会的良性发展创造基本条件。

(三) 发展学生核心素养

社会性是人的本质属性,"社会参与"作为"中国学生发展核心素养"中"全面发展的人"的三大重要领域之一,重在强调能处理好自我与社会的关系,养成现代公民所必须遵守和履行的道德准则和行为规范,增强社会责任感,提升创新精神和实践能力,促进个人价值实现,推动社会发展进步,发展成为有理想信念,敢于担当的人。在我们身边不乏这样的孩子:他们无论是在地铁里、火车上、飞机上,还是走进电影院、音乐厅、博物馆,都无所顾忌地大声喧哗,我行我素,不考虑身边人的感受;有的孩子给同学、同伴起侮辱性、歧视性的绰号,动手打人的"小霸王"也随处可见,他们意识不到如此行为给对方带来的伤害;也有的孩子听不得一点儿批评,动不动就发脾气、离家出走,有的甚至在遇到挫折后选择轻生……凡此种种,都是孩子的非智力因素——社会情感能力偏低的表现,需要学习"社会情感"。因此,重视学生社会情感能力的培养既是当前基础教育变革的必然选择,更是提升学生全面发展质量的必然要求。

(四) 落实学校培养目标

我校以"悦纳自我,对话世界"为校训,致力于培养悦纳自我、关爱他人、理解世界、勇于行动、有一艺之长的社会参与者。培养目标中"个人—他人—社会"由近及远的扩展顺序与社会情感学习"自我、他人、集体"三大层面的思维框架高度契合,强化对自我的认知与管理,帮助学生悦纳自我;强化对他人和集体的认知与管理,促进学生对话世界。因此,我们将社会情感学习作为德育课程的主要内容,基于社会情感学习构建德育课程,是落实学校培养目标的重要途径。

二 课程目标

社会情感学习以提升学生社会情感能力为目标,主要从自我认知与管理、他人认知与管理、集体认知与管理六个维度来阐述。

（一）自我认知

自我认知是指对自己的情感、兴趣、价值观和优势的识别与评价，认同自我发展的积极品质并保持充分自信，具体表现为自知、自信、自尊。自知指正确认识自己，客观认识自己的优点和缺点，正确把握自己的情感状态、兴趣爱好、价值观念。自信指能够相信自己，激发和保持良好的动机；是相信自己有能力完成某项任务、解决某个问题的信念。自尊指尊重自己，是个人基于自我评价产生和形成的一种自重、自爱、自我尊重，并要求受到他人、集体和社会尊重的情感体验。

（二）自我管理

自我管理是指调适自我情绪和行为，调节自我压力，激励自我意志，保持良好情感体验与行为表现，具体表现为调适能力、反省能力、坚韧性、进取心。调适能力指调节自我情绪以适应环境的能力、积极应对压力的能力、理性控制冲动的能力、以恰当的方式表达自己情绪的能力。反省能力指行为的自我反省与改进能力。坚韧性（能力）指建立适当的目标并能持之以恒取得成功的能力、面对困难和挫折时能够坚持不懈的意志力。进取心指勇于迎接挑战、积极向上的心态，克服困难的自我激励能力。

（三）他人认知

他人认知是指能够识别和理解他人的态度、情感、兴趣和行为，能够站在他人立场上看待问题，有主动与他人交流的意愿，具体表现为共情、尊重、亲和。共情指理解他人的想法和感受，设身处地考虑他人，支持他人。尊重指尊重他人的人格、意见、选择。亲和指积极接纳他人，友善对待他人。

（四）他人管理

他人管理是指能够理解他人的想法、情感和行为，尊重差异，学会包容，化解冲突，建立并维持友善的人际关系，具体表现为理解与包容的能力、化解冲突的能力和处理人际关系的能力。理解与包容的能力指能够识别、理解、尊重和包容他人的想法、情绪和行为的能力。化解冲突的能力指能够通过交往化解冲突的能力。处理人际关系的能力指能够积极友善地处理并维持健康有益的人际关系的能力;能够依据伦理道德标准,拒绝他人不道德、不安全、不合法行为的能力。

(五) 集体认知

集体认知是指形成集体与亲社会性意识,认同集体价值观与集体行为规范,形成集体归属感、荣誉感,正确理解集体与个人的关系,具体表现为集体意识和亲社会性意识。集体意识指归属感、认同感、合作、从集体的角度思考问题等。亲社会性意识指积极友善地对待社会现象的态度。

(六) 集体管理

集体管理是指遵守集体规范,调适个体与集体的关系,明确个人在集体中的权利与责任,培养亲社会的行为,具体表现为融入集体、维护荣誉、遵守规范、合作、领导力和亲社会能力。融入集体指认同集体目标的能力、融入集体活动的能力。维护荣誉指维护集体荣誉的能力。遵守规范指遵守集体规则的能力。合作指有效协调合作的能力。领导力指参与集体决策的能力、主动引领示范的能力。亲社会能力指养成亲社会的能力。

三 课程实施

(一) 实施原则

1. 系统性原则

课程主要针对相同的七个专题,并且每年循环一次。随着学生的成长,他们重新回顾和学习这些专题时能够加深对于适合自己发展阶段的活动的理解。

2. 发展性原则

课程的设计须符合学生年龄特点,遵循教育教学规律,从学生的发展水平出发,循序渐进开展教学,帮助学生完善自我,培养学生正确的自我认知能力、自我管理能力、良好的人际适应能力、集体意识及集体适应能力。课程的实施既要解决学生在成长过程中遇到的各种发展性问题，也需要充分开发学生的潜能，促进学生可持续、全面、健康的发展。

3. 活动性原则

生动的直接经验是课程的本质要素。社会情感学习是以学生活动为主，而不是以普及知识为主的课程。活动性课程重视学生的个体经验，而非由教师向学生宣讲教材，需要给学生提供情境或活动，让学生到活动中去体会、去感悟。在教学组织形式上，它以具有灵活性、开放性、多样性的"活动"为轴心，师生共同参与，注重过程的价值，做到"知行合一"。

（二）实施途径

社会情感学习是基于儿童的发展需要，帮助学生获得发展所必需的对自我、对他人、对集体的认知与管理意识以及知识和能力，培养学生的自信心、责任意识、帮助学生建立积极的人际关系，形成良好的情感和道德品质，有效地面对成长过程中的挑战，获得身心的全面协调发展。

1. 七大专题课程校本化实施

通过引进教育部-联合国儿童基金会社会情感学习丛书，开展社会情感学习专题课程，从课时安排、学习资源、教学方式等方面将七大专题内容校本化。根据每个年段学生的不同特点，开展分学段逐级上升的社会情感学习课程，每个学年设有七个专题，每个专题下分别设置3～4个主题，每个主题相当于一课时的教学任务。课程学习主要通过主题班会、心理课、生涯课开展，全体学生参与，且以活动体验式为主，学习过程主要包括以下四个环节：热身活动、主题导航、探究体验、总结反思，在师生和生生之间的互动中实现社会情感能力的发展（如图6-1）。

（1）热身活动。教师通过游戏、故事、图片、舞蹈等多种形式，帮助学生进入本主题的教学场景，放松身心，做好学习和体验的准备。同时，所开展的热身活动还需要与本主题的教学内容建立联系。

（2）主题导航。在正式的教学活动开始之前，教师向学生清楚地介绍本节课预期的学习结果，以不同年级学生能够接受的语言陈述学生将会学到什么，并一起想出成功的标准。这也为每节课的课后自评、生生互评做好铺垫。

七大专题课程

年级	成长新起点	争吵与和好	向欺凌说"不"	向目标迈进	喜欢我自己	我周围的人	迎接新变化	校园五大文化日
一年级	认识我的学校 / 我的情绪 / 新的开始	表达友好 / 认真倾听 / 我生气了 / 友好相处	什么是欺凌 / 友善拒欺凌	认识我自己 / 设置我的目标 / 问题解决	我的特长与优点 / 自豪 / 我的烦恼 / 停下来,想一想	对重要的人 / 骄傲与嫉妒 / 情绪的传递 / 面对离开	改变带来的情绪变化 / 随时间改变 / 改变发生	9月10日 感恩日
二年级	我们的小组 / 班级情绪墙 / 我不紧张	学会赞美 / 换个角度看同一问题 / 别让愤怒爆炸 / 学会道歉 / 微笑是最美的语言	受欺负的感受 / 善待受欺负者 / 被欺负了我该做什么	不同的学习方法 / 一步一步 / 坚持不懈	喜欢我自己 / 相信自己 / 放松自己 / 坚持自我	关心别人 / 理解孤独 / 当别人离开我……	习惯 / 人生旅程 / 我的成长	12月20日 赞美日
三年级	我们的班级章程 / 情绪家族 / 平静下来	学会合作 / 双赢策略 / 管理愤怒	辨别欺凌行为 / 目击欺凌我该做什么	成功的标准 / 为自己负责 / 实现目标	我的特别之处 / 自信 / 别人的质疑 / 放松	特别的人 / 认识内疚 / 学会弥补 / 承担责任	积极的改变 / 改变自己的想法 / 勇于尝试	3月5日 公益日
四年级	我与集体 / 友善待人 / 冷静下来	呵护友谊 / 熄灭愤怒 / 换位思考	班上的欺负行为 / 帮助受欺负者	学习时的感受 / 克服学习困难 / 制订计划	喜欢我自己 / 希望和失望 / 保持冷静	特别的人 / 感受失去 / 面对离开 / 应对伤害	不受欢迎的改变 / 集体归属 / 拥抱改变	5月25日 悦己日
五年级	团队合作 / 理解他人 / 管理我的情绪	友谊的层面 / 给争吵降温 / 言归于好	走进欺负的场景 / 解决欺负事件	做一个有效的学习者 / 有效的学习过程 / 学以致用	自豪和自夸 / 复杂的情绪 / 调节我的情绪	我周围的人 / 重要的人离开 / 尴尬 / 赞美我的好处	面对改变的感受 / 我的"着点" / 改变的好处	6月20日 道歉日
六年级	梦想学校 / 勇于面对 / 为梦想而努力	理解差异 / 化解冲突 / 小组合作	同学间的压力 / 为什么会有欺负 / 停止欺负行为	进步的阶梯 / 别为自己找借口 / 做出明智的选择	焦虑和担心 / 坚持自己的想法 / 自信地表达 / 冷静下来	特别的人 / 刻板印象 / 和朋友交交恶 / 原谅	面对改变 / 情绪和行为 / 说完再见,继续向前	

图6-1 七大专题课程

（3）探究体验。这是课程的重点部分，打破传统的"说教式"班会课，通过设计一系列体验活动，让学生在参与体验中发展社会情感能力。体验和探究的问题设置多为开放式的，即使教师认为答案有可能是固定的，也要首先鼓励学生表达自己的意见，并提供证据和例子支持自己的意见。除了学生自主探究之外，教师还要鼓励学生学会与他人合作，在合作过程中理解他人、融入集体，并发展必要的社交技能。

（4）总结与反思。师生结合讨论结果做必要的引领和提升，并通过绘制本课概念图、写出本课的学习成果等方式，加深理解，在教学结束之前让学生描述个人体会、是否达到预期学习效果、对本课的反馈等。

2. 开展"校园五大文化日"特色实践活动

基于社会情感能力的研究概念框架，每学年着力打造"学校五大文化日"特色德育实践活动课程，包含：9月10日感恩日、12月20日赞美日、3月5日公益日、5月25日悦己日、6月20日道歉日，以活动体验来调动师生参与行动的热情，向学生提供情感体验以及"知行合一"的机会，共同营造和谐的校园氛围。"校园五大文化日"由团委、学生会、学长团、队委、少年邮局等学生组织策划，德育部门协调配合，全校师生参与。

（三）学习评价

1. 过程性评价

社会情感学习评价以过程性评价、表现性评价为主。社会情感学习课程中每个专题都描述了不同年级的学生能够学习到的预期结果，包括"自我、他人、集体"三个维度的描述。鼓励教师在教学过程中向学生清晰地介绍预期学习结果，并和学生一起制定成功的标准来进行自我评价与同伴评价。对于能够达到预期结果的学生进行表扬和鼓励。

2. 表现性评价

在评价学生参与校园五大文化日活动课程的效果时，则重点关注学生的参与热情、情感态度与收获反思。日常生活中教师评价以表扬鼓励为主，有助于学生了解他们正在形成和发展的重要技能，帮助他们学会与他人分享和庆祝自己取得的进步。

3. 阶段性测评

对学生的社会情感能力发展的监测和评估需要一定的时间，不必急于一周、一学期就精确评估出学生的发展程度,但教师可以利用调查工具"学生社会情感能力量表"(来自"中国学生社会情感能力发展的学校管理综合变革研究"项目),对学生的社会情感能力进行阶段性的测评与分析。教师也可以通过观察、谈话等方式来评价学生社会情感能力的发展状况。测评结果可以作为课程评价和优化的参考依据。

四　案例成效与反思

(一) 将社会情感学习作为德育课程内容的重要组成部分

情感是德育的基石,是学生道德学习的内部动力与机制。社会情感学习促进学生对自我、他人、社会的理解与联系,与周围的世界建立依恋感与归属感,生成同情感、移情感、他在感,促生亲社会行为和道德感。

(二) 提升学生的社会情感能力

基础教育发展综合改革中的关键问题之一,就是解决基础教育中长期存在的只注重学生智力提升而忽视学生社会情感能力培养的"重教学、轻育人"的现实问题。通过实施社会情感学习课程,学生可以增强对自我、对他人、对集体的认知与管理,在学生社会情感能力的发展过程中,学生能够获得作为人的本质发展,从而理解自己的价值,关心和关爱他人,建立和保持积极的人际关系,形成亲社会的行为,有效地处理自身发展中遇到的挑战,解决发展中所面对的人性问题。例如,学生更喜欢校园、喜欢班集体、喜欢伙伴,与同伴发生矛盾时能够寻求解决问题的正确路径等。

(三) 促成积极学校氛围的营造

社会情感学习视角下的学校氛围包括安全有归属感的物质环境、激励参与的学习环境、信任和谐的人际环境、自信尊重的情感环境、合作交流的内外环境。通过宣传社会情感学习理念,给学生搭建同伴友好交往的实践平台,从而营造了温馨、安全、舒适的学校氛围,潜移默化地影响学生之间和师生之间的交往,让学生获得健康向上的力量,促进学生的社会情感能力发展。

（四）提升教师的教研能力

教师在开展社会情感学习课程的过程中也提升了自身的社会情感能力以及社会情感教育和教学的能力，例如，"基于社会情感学习的中小学德育课程设计"已经成功立项为 2022 年度全国教育科学规划课题。以课题研究为契机，进一步打造系统的、具有本校特色的社会情感学习课程。

（五）进一步延拓社会情感学习路径

由于社会情感能力是在复杂的环境、交互的关系中发展的，家庭熏陶是启蒙社会情感能力的基础力量，学校教育是培育社会情感能力的核心阵地，社区网络是塑造社会情感能力的实践场域。我们要进一步拓宽社会情感学习的路径，让学生在系统的教育环境中推进社会情感学习。

（撰稿者：深圳市坪山区同心外国语学校　陈纯）

课程创意 6‑2 端午宣推官

一 课程背景

端午节,又称端阳节、重午节、龙日、龙舟节、正阳节、浴兰节、天中节等,是中国民间传统节日。端午节起源于中国,最初是上古先民以龙舟竞渡形式祭祀龙祖的节日。因传说战国时期的楚国诗人屈原在端午抱石跳汨罗江自尽,后来人们亦将端午节作为纪念屈原的节日。端午文化在世界上影响广泛,世界上一些国家和地区也有庆贺端午的活动。2006 年 5 月,国务院将端午节列入首批国家级非物质文化遗产名录;自 2008 年起,端午节被列为国家法定节假日。2009 年 9 月,联合国教科文组织正式批准将其列入"人类非物质文化遗产代表作名录",端午节成为中国首个入选世界非物质文化遗产的节日。

求吉、纳祥是我国传统节日的基本主题。其中,端午节传承更多的是爱国主义精神,是为了纪念爱国主义诗人屈原设立的,体现了中华民族自古就有深厚的家国情怀。屈原是中国历史上第一位最伟大的爱国诗人,是中国浪漫主义文学的奠基人,被誉为"中华诗祖""辞赋之祖",被后人称为"诗魂"。"长太息以掩涕兮,哀民生之多艰""路漫漫其修远兮,吾将上下而求索""举世皆浊我独清,众人皆醉我独醒""亦余心之所善兮,虽九死其犹未悔"。他的诗词气势恢宏、震古烁今、历久弥新,是中国文学史、思想史上的一座不朽丰碑,感召和激励着全体中华儿女。可以说,弘扬爱国主义是端午节的主旋律。

但对于一年级的孩子来说,端午节只是一个吃粽子的节日,对于这一节日的实际意义还没有深入了解。我们针对小学生的心理特点,采取多种形式进行生动活泼的教育,让学生在潜移默化中领会到端午节背后的爱国意义,对学生进行爱国主义教育。

二　课程理念

端午节是中国的传统节日,在这个寓意着吉祥如意的日子里,为学生营造传统节日的习俗氛围,引导他们动手制作传统节日的手工饰品,感受与家人一起包粽子的乐趣,通过了解屈原的事迹、品读背诵相关的古诗文,进一步培养爱国情操。

三　课程目标

1. 知识目标

(1)通过分享交流,了解端午节的由来,了解屈原的生平事迹。

(2)搜集祖国各地欢庆端午节的形式和习俗,理解端午节的深刻含义。

2. 能力目标

(1)通过各种丰富多彩的活动了解端午节的传统习俗及文化。

(2)通过丰富的活动,让他们体验成功的乐趣。

3. 情感目标

让学生热爱自己祖国的传统文化,热爱自己的国家。

四　课程安排

第一个活动是亲子制作端午主题画报。首先,家长和孩子要先上网查找或查阅相关书籍,了解端午节的历史、故事、习俗、特色等。然后将信息进行整理,并选择一个主题进行版块设计。接下来,孩子负责手抄报的构图,而家长可以协助孩子写字,最后给手抄报上色。通过这个活动,学生和家长可以共同学习关于端午节的知识,并在合作中培养彼此的沟通和创造力,增进亲子情感交流。

第二个活动是DIY个性香囊手工制作。活动将在主题活动日当天的第八节课进行,由各班班主任和副班主任辅导,其他科任老师也会协助进行制作。学生可以根据自己的喜好和创意来设计自己的香囊,可以使用各种材料和装饰品来增添个性化的元素。香囊制作完成后,在班级内统一展示,让同学们欣赏彼此的作品。最后,学生可以带回家自己制作的香囊,作为端午节的纪念品。通过这个活动,学生不仅可以学习制作手工艺品的技巧,还可以增强自己的创造力和团队合作精神。

第三个活动是包粽子。家长可以提前准备好所需的材料,如糯米、竹叶、红枣、豆沙等,结合制作视频向孩子们介绍包粽子的过程和技巧。接下来,家长可以与孩子们一起动手包粽子。在这个过程中,家长可以引导孩子们学习如何巧妙地将糯米和馅料放入竹叶中,并教会他们如何系好绳子,确保粽子不会散开。最后,孩子们将自己包好的粽子放入蒸锅中蒸熟。当粽子香气四溢时,大家可以一起品尝自己亲手制作的美味粽子,享受幸福的亲子时光。包粽子是端午节的传统习俗之一,通过包粽子活动,可以让孩子们更加深刻地了解和体验端午节吃粽子这一传统文化内涵,增强对中华文化的认同感。

(撰稿者:深圳市坪山区同心外国语学校　吴立琼　王园园)

课程创意 6－3　品　春　味

一　课程背景

从历史的维度来看,春节的许多民俗来自农业社会,来自四季分明的中原地区,夹杂着一些封建迷信思想。随着改革开放后我国迅速展开的工业化、城镇化,在深圳这样一个移民城市,许多年轻人自家乡文化土壤拔地而出移居深圳追求现代生活的同时,也同父辈的传统文化逐渐远离。要让来自农业社会、中原地区、封建时代的文化在当代得到一定的传承,就要怀着既尊重又自尊、既自信又谦和的心态,与传统文化平等对话,为传统文化找到新的生命力。因此我们在作业设计中培养的既不是对传统文化一无所知盲目批评的"愤青"心态,也不是对传统文化顶礼膜拜照单全收的"遗老"心态,而是培养学生在学习中批判、在敬意中反思、为坚守而创新的心态。

与历史这一维度相交叠的,是中国在走向世界的过程中传统文化与西方文化的碰撞。我们认为,当代我国部分青年缺乏爱国情怀的根本原因,不只是对中国历史和现状缺乏了解,而是对中国与西方的历史与现状都缺乏了解。培养全球视野与传承中国文化并不矛盾,两者都有助于培养热爱祖国的社会主义建设者和接班人。

二　课程实施

以春节为契机,孩子们可以通过阅读年夜饭绘本来结合图片讲故事,赋予年夜饭更丰富的含义;与他人分工合作,自己设计具有实用价值的生活用品,比如新年小饰品、小花盆等。同时,他们还可以体验春节中的数学和英语,学习年货账单中的数量、数量单位和价格的关系,了解年货相关英语单词和查阅词汇的方法;通过对比过去的春节和想象中的未来春节,了解春节民俗在过去几十年中的变与不变,理解时代变化对普通人生活的影响。此外,家谱制作可以让孩子们体会家庭成员的温情和家族传承的源流感。在大家熟悉的春联里,孩子们初步了解对联的平仄和对仗规则,体会对联之美,尝试从数据中找到一般模式,自己探究出平仄的规律。通过这一系列的活动,孩子们可以过一个有体验感、有创造力的春节。

 三 课程内容

(一)年夜饭绘本

每年,家里人都要准备丰盛的年夜饭。在家人们准备年夜饭的时候,请你在旁边仔细看,并且画一本关于年夜饭的绘本。绘本的内容可以包括年夜饭的原材料、做饭的工具、年夜饭成品、与年夜饭有关的故事等。请认真观察,并充分发挥你的想象力,画一顿丰盛的年夜饭。开学后,你要看着绘本,向大家介绍一下你们家年夜饭的故事。

绘本的纸张自备,建议使用较硬的 A3 纸。内容可以包括年夜饭的原材料、做饭的工具、年夜饭成品、与年夜饭有关的故事等。

(二)劳动小达人

寒假即将来临,充分利用寒假的时间,坚持做某一件事情,培养自己的一项技能,是非常有意义的。比如你可以在寒假坚持整理自己的书桌、为家里倒垃圾、为妈妈取快递、为爸爸洗车……请为自己设计一份"我是××小达人"打卡日历。在这个日历上记录你在寒假期间所做的大大小小的劳动。在这些劳动中,如果你能坚持其中一件小事达到 10 天,就可以为自己颁发"我是××小能手"称号;如果你能坚持其中一件小事达到 21 天,就可以为自己颁发"我是××小达人"称号(10 天和 21 天均为累计,可中断)。在开学之后,你可以拿着这份打卡日历向大家分享你的小达人经验,展示一下你的独特技能,加油吧!你还可以在家长的帮助下制作劳动 PPT、小视频等,开学后与同学分享。

(三)年货手账

过年的时候,各种年货是必不可少的。请你和家人一起选购年货,了解每种年货的价格，做一份年货手账(至少含 5 种年货)。手账的纸张需要自备，建议使用较硬的 A3 纸。手账的内容至少要包括：画出每种年货的样子，写出英文名称、单价、数量和总价等。可自行对手账进行美化设计，开学后让我们看一看谁的手账内容丰富、形式多样，美丽有创意！

(四) 过去的春节—未来的春节

1. 必做：过去的春节

随着科技的发展和生活方式的变迁，人们过春节的方式也会发生变化。你有没有想过：以前的春节跟现在有什么不一样？请你在寒假期间采访你的家人(最好是爷爷奶奶辈)，看看他们小时候是怎么过春节的。请设计好你的采访问题，问题内容要丰富、有逻辑性，同时详细地记录下家人们的回答，整理出一份采访记录，和家人们一起回顾过去的春节。

2. 选做：未来的春节

想象一下，30 年后的人们会怎样过春节？请画一幅幻想画来展现 30 年后的人们过春节的样子。请找一张整洁的白纸来绘画，画纸不小于 210 mm×297 mm(1 张 A4 纸大小)。请充分发挥你的想象力，画出一幅富有创意、美感又令人惊叹的未来春节图景。

(五) Family Tree(家谱)制作

春节是团圆的日子，在家族相聚时，你是否了解你们的家族成员呢？请你借此机会，为自己的家族设计一份 family tree。family tree 的内容可以包括家族成员的姓名、年龄、职业、常居地、与你的关系(称呼)等。如果你还能在 Family Tree 中向大家展示你们家族的更多信息，那就更好啦！我们希望看到内容丰富、设计美观有创意的 Family Tree。通过制作 Family Tree 可以增进你和家人们的感情哦，加油吧！

(六) 春联制作

春节到了，家家户户都要挂春联。请你利用拜年、串门或在小区里玩的机会，观察一下别人家挂的春联，选择 3 副你觉得写得最好的摘抄下来。想一想，这些有趣的春联有什么共同特点？请你结合自己的观察所得，创作一副春联。这副春联的上下联加起来至少要有 8 个字,并且在上下联中都要出现你或者你家人的姓名中的某一个字。用你觉得最好看的字体把它写出来(硬笔和软笔皆可),开学时展示给大家看,让我们比一比谁的春联更有创意、更有趣!

四 课程评价

开学第一周学生向任课老师提交学习成果,老师与班级同学共同评出入选本班展览的作品(不设名额限制,只要班里有足够空间展示,也可以让所有作品都入选展览)。初评最晚在开学第一周的周四完成。凡是能入选本班展览的成果,每项奖励门票 4 张(多人完成的,由各作者自行分配)。

(一)作品展示

开学第一周周四放学后,班级海报小组同学开始根据班上同学完成的作品来设计海报和其他宣传品(可利用小黑板、宣传画、宣传单等方式来介绍本班的展览)。

周五中午 14:00 开始,全班同学在布展小组指引下,用 40 分钟完成班级布展,要求做到轻声、有序、整洁。班级内人员走动路线要设计合理,摊位和作品摆放位置恰当,有利于观众欣赏作品,注意避免作品被意外破坏,避免观展人流发生拥堵。14:40之后除导览、票务工作人员,和部分在班内进行演示、表演的同学外,所有学生离开本班去别班观展。

(二)奖项评选

为激励学生的学习表现和特色成果,活动奖项设置分为"实践探索奖""深度学习奖""新锐创意奖"。获奖者将获得奖状。"实践探索奖"由班主任颁发给本班在布展、海报、导览、票务等方面主动做出重要服务或贡献的同学(原则上只颁发给未担任班干部的同学)。"深度学习奖"由备课组根据实际情况,会商制定评比办法,本年级老师交叉互评,主要颁给体现了大量自主、深度的课外学习的成果。"新锐创意奖"主要颁给在学习过程中展现出创新思维、学习成果独具特色的作品,旨在激发学生的创新潜能。

(撰稿者:深圳市坪山区同心外国语学校　黄睿　赵丹妮　陈慧君　陈佩思)

课程创意 6-4　明 月 寄 相 思

一　课程目标

(一) 知识与能力

1. 了解中秋节的名称、起源及日期。

2. 知道中秋节的风俗习惯,如吃月饼、赏月等。

3. 学习关于中秋节的古诗文以及诗歌。

(二) 过程与方法

1. 在过程中培养学生的动手能力、探究能力、创新能力以及与人交往、合作的能力。

2. 培养学生搜集、整理、比较、分析和运用资料的能力以及语言表达能力。

(三) 情感态度价值观

1. 通过了解中秋节的风俗习惯,激发学生热爱祖国的思想感情,让学生感受中国传统文化的独特魅力。

2. 通过活动激发学生对生活的热爱,学会感恩自己的亲人及长辈。

二　课程设计

(一) 课程对象

深圳市坪山区同心外国语学校三年级全体学生。

(二) 课程项目

1. 文化课程——中秋月圆知多少

(1) 主题班会

语文老师组织学生搜集有关中秋节的节日起源、传统民俗、逸闻趣事、诗词佳句等相关资料,同时制作 PPT 课件,利用班会课进行讲解,调动学生欢庆中秋活动的积极性,为"中秋雅集"综合性活动做准备。

(2) 科学课:制作花灯

科学老师组织学生学习搜集材料、制作花灯,为学生在家进行亲子花灯制作活动做准备。

(3) 音乐课:明月几时有

音乐老师组织学生学习关于中秋的歌曲,为"中秋雅集"综合性活动做准备。

(4) 美术课:月饼设计

美术老师组织学生学习月饼图案设计,为"小小月饼传深情"PBL 课程做准备。

2. 实践课程——中秋月圆知多少

(1) 教室、栏杆布置

周五劳动课上,教室更换以中秋为主题的黑板报,各班将精心挑选后的有关中秋节日的资料,展示在教室,营造中秋气氛。周五劳动课上,各班挑选优秀花灯挂到班级走廊外的栏杆上。

(2) 亲子制作花灯

班主任、科学老师发布制作花灯的通知,学生和家长利用在家时间共同制作并装饰(一个学生可制作多个花灯)。花灯完成后活动日前带到学校,由班主任进行编号后,统一集中放置在班级内。

将优秀花灯挂到班级走廊外的栏杆上,每班大概 15 个,剩下的花灯挂在自己班级内。同时也可适当装饰三年级办公室共迎中秋,将拱门放置在三年级楼道作为装饰。

3. PBL 课程——小小月饼传深情

中秋节放假前,班主任讲解说明要求,发布任务。中秋节时,开展小小月饼传深情亲子互动活动。学生在家里与家人一起设计月饼、制作月饼、品月饼、赏明月,给远方的亲人寄月饼,以此活动感悟举家团圆的幸福时刻,同时学生完成 PBL 任务单。中秋后学生将任务单交给班主任,班主任挑选出优秀作品,在年级展板展示,让学生过一个充实、有意义、能学到知识的中秋节。

4. 综合性活动——中秋雅集

"海上生明月,天涯共此时""露从今夜白,月是故乡明"……古往今来,多少文人骚客以这些美妙的诗句表达了对月亮的赞美和对故乡、亲人、朋友无尽的眷恋和思念之情,给中秋平添了无限美好的诗情画意。至此良辰美景,我们何不花前月下,吟诗作对,重温中华诗词的漫漫古典情。

(1) 以歌谱月

在"中秋雅集"开始前齐唱《明月几时有》;班级内赛唱。班主任讲解活动规则,每人发放一张集章卡(飞花令优秀小组每人集 1 章,优秀个人集 1 章;根据集章多少分发奖品)。

(2) 以诗颂月

语文老师在各班组织"飞花令"(飞花令优秀小组集 1 章,优秀个人集 1 章)。

(3) 以谜走月

猜灯谜活动:谜语会提前挂在走廊上。各班级由班主任带队,有序猜谜语。每个班猜谜语的时间大概为 20 分钟,其他科任老师在体育老师安排下,维护活动现场的秩序。

走月亮活动:分为投壶、望月、卜状元三关。每班根据积分发 10 张"走月亮体验券",猜完灯谜 5 个以上的学生也可以参加。

(4) 以才会月

班主任组织学生分小组排练与中秋节有关的节目(不限形式,歌曲、舞蹈、器乐独奏、语言类节目皆可),在班会课上分组会演。

(5) 总结会(15:30—16:00)班主任对谜语答案,发放奖品。此时飞花令的 3 名优秀个人参加年级飞花令。

三　课程评价

在实践课程中,每个班级将评选出 15 个优秀花灯,用于年级展示和观赏。在 PBL

课程中,班级与年级共同评选优秀的视频和照片,收集之后利用学校的展板进行宣传,这些照片和视频也将被放入学校公众号推文中进行展播。此外,在综合性活动中,学生也可"凭章换奖",激发活动参与的主动性。

(撰稿者:深圳市坪山区同心外国语学校　陈兰星　王园园)

课程创意 6－5　冬 季 恋 歌

一　课程目标

(一) 知识与能力

1. 让学生感受二十四节气,了解冬至的来源。
2. 知道冬至的风俗习惯,如北方吃饺子、南方吃汤圆等。
3. 学习关于冬至的古诗文。

(二) 过程与方法

1. 过程中培养学生的动手能力、探究能力、创新能力以及与人交往、合作的能力。
2. 培养学生搜集、整理、比较、分析和运用资料的能力以及语言表达能力。

(三) 情感态度价值观

1. 通过了解冬至的风俗习惯,激发学生热爱祖国的思想感情,让学生感受中国传统文化的独特魅力。
2. 通过活动激发学生对生活的热爱,学会感恩自己的亲人及长辈。

二　课程内容

(一) 文化课程——冬至文化知多少

(1) 主题班会：班主任提前一周布置学生查找冬至节的由来、习俗、食品、古诗、字画、歌曲、故事、纪念方式等相关资料；让学生调查各自家乡冬至节的有关过节方式,布置冬至手抄报任务。班主任利用班会课带领学生进行二十四节气特别是冬至传统节日学习,引导学生进行深层次的理解。

(2)音乐课:古诗吟诵比赛。音乐老师组织学生学习古诗吟诵,为冬至暨古诗词诵读比赛活动做准备。

(3)美术课:冬至作品征集大赏。美术老师利用美术课时间发布冬至美术作品征集令,邀请学生用画笔画出自己对冬至的理解。

(二)实践课程——冬至习俗知多少

(1)班级黑板报活动:班主任利用周五的劳动教育课,组织学生布置教室黑板报,内容为"冬至习俗知多少"。

(2)年级宣传栏活动:班主任根据布置的手抄报任务,评选出8份优秀冬至手抄报,于周五劳动课上,在年级宣传栏处进行展览。

(3)亲手制作冬至手工挂饰活动:美术老师利用美术课,指导学生制作冬至手工挂饰,完成后悬挂于各班走廊处,进行展示。

(4)亲子包饺子、汤圆活动(选做):班主任发布亲子包饺子、汤圆的任务,学生根据家乡过节习俗,和家长利用周末时间共同完成,其间拍视频或照片上传到群相册,班主任从中挑选制作视频展示。

三 课程评价

在文化课程中,我们将进行诗词吟诵比赛,让学生通过"诵经典,品古韵"为主题的经典诗词诵读活动来体验感受中华文化的博大精深。同时,我们还将选出优秀的画作作为文创产品出售,以展示学生的艺术才华和创造力。在实践课程中,每班将评选出8张优秀手抄报,用于年级展示和观赏,这些手抄报展现出了学生对知识的理解和创意的表达。此外,冬至手工挂饰将在班级和年级展示,让学生亲手制作的艺术品成为校园的亮丽风景线。最后,我们还将选出优秀的视频和照片,发推文宣传,让更多人欣赏到学生的精彩作品。

(撰稿者:深圳市坪山区同心外国语学校　陈锦丽　黄惠玲)

后记

这是一本聚焦学校课程综合化、校本化实施的学校课程工具书,旨在落实义务教育课程方案和课程标准(2022年版)的相关要求,为一线学校提供思路明晰、可供迁移借鉴的一般经验,让老师们可以从容自信地综合化、校本化实施学校课程。

作为一所九年一贯制学校,深圳市坪山区同心外国语学校将每一位学生的成长作为学校发展的核心,以开放、尊重的姿态,践行民主的教育理念:学校自觉运用科学的教育方法组织教育活动,让每位学生都能学有所成,相互欣赏、包容、学习并丰富彼此;以关怀、倾听为视角,创造多元的教育选择:学校处处彰显对学生的真诚关怀,倾听每位学生的成长诉求,维护每位学生的学习尊严,为每位学生的成长创造更多选择和发展空间。

义务教育课程方案和课程标准(2022年版)强调,要优化课程内容结构,加强学科间的相互关联,综合化、校本化地实施学校课程。基于义务教育新课程的相关要求,结合学校的办学特色、教育资源及学生需求,学校总结凝练了课程发展理念,即"面向每一个学习者的课程设计"。学校始终秉承,教育要以学生为中心,致力于为每位学生提供优质教育和终身学习的机会,让每位学生实现自由而全面的发展;学校自觉践行课程以生活为中心,主张学校课程要回归学生的真实生活,满足学生的真实需求;学校始终坚信,每位学生都是天生的学习者,他们享受主动学习、创造学习;学校贯彻落实,让每位学生都能享受成长的快乐和成就感,以实现每位学生的成长,推动学校教育的高质量发展。

经过多年课程实践和积累,学校在课程设计、开发与实施方面取得了令人瞩目的成就,这得益于学校全体教师、优秀教育同行和专家们的积极参与。他们不仅深入参与了学校课程的实践,还进行了持续的探索、反思与改进工作,为学校开拓了课程综合化、校本化实施的发展路径。过程中,我们将教育理论与实际教学相结合,关注学生的学习过程和成效,引进新的教学理念和方法,不断摸索适合学校发展的教学模式和方法,结合学校的实际情况和学生发展需求,设计了系列内容丰富、形式活泼、深受学生喜爱的课程和活动,为每一位学生提供更加丰富、多元、个性化的学习体验,着力提升每一位学生的学习效果和质量,提高了学生的综合素养和创新能力。

未来,学校也将继续勤勉认真、行而不辍,遵循课程育人导向,将党的教育方针具体细化为学校课程应着力培养的核心素养,进一步优化课程结构,设计课程内容,不断创新实践,通过学校课程综合化、校本化实施将课程育人蓝图变为现实,培育拥有正确价值观、必备品格和关键能力的时代新人。

编委会

2024 年 3 月 12 日于深圳

"品质课程"阅读书目

学校整体课程规划 18 问
学校整体课程规划的七个关键
学校整体课程规划

课程治理现代化丛书

阳光阅读的校本设计与特色创建
CIM 课程：创客教育的要素设计与实践探索
高品质学校课程体系
个性化学校课程体系
家校共育的 20 个实践模式
进阶式生涯教育
跨学科学习创意设计
美术特色课程设计与实施
体育，让儿童嗨起来：悦动体育课程的设计与实施
小剧场学校：激活戏剧课程的育人价值
小课题探究：激活学习方式
小切口课程设计：劳动教育的创意实施

新质课程文化丛书

实践性学习的七重逻辑
面向每一个生命的课程
多模态学科实践
大规模因材施教的课程模式
为未来而学：未来课程的校本建构与深度实施
面向每一个学习者的课程设计
可感的学习经历：习性教育课程体系探索
单元课程要素统整与深度实施
具身学习与课程育人
把学生放在心上：学校课程变革之道

课程治理新范式丛书

以学生为中心的教育治理
实践型学科课程设计与实施
共享式课程治理：集团化办学的课程治理方略
高具身性课程实施：路径、策略与方法

特色学校聚焦丛书

让个性自然发荣滋长："引发教育"的理论寻源与实践探索

面向每一个生命的教育
让每一个生命澄澈明亮："小水滴"课程的旨趣与创意
新劳动教育：时代意蕴与实践创新
自信教育与个性生长
好学校的精神特质
教育，让个性舒展："有氧教育"的模样与姿态
唤醒教育：触发生命的感动
生命的颜色与教育的意蕴
人格教育的四个关键点
做精神澄澈的教师
做精神富足的教师

特色课程建设丛书

幼儿园特色课程的框架与实施
课程是鲜活的："大视野课程"的旨趣与活性
指向核心素养培育的学校课程图谱
让儿童生活在美的世界里：幼儿园全景美育的课程探索
核心素养与学习需求：学校课程建设导引
儿童自然探索课程
幼儿园视觉艺术创意活动设计与实施
连续性课程：特色课程发展的实践探索

课堂教学新样态丛书

课堂，与美最近的距离：基于学科核心素养的课堂教学变革
协同教学：意蕴与智慧
决胜课堂 28 招
一百个孩子，一百个世界：基于差异的教学变革
课堂如诗："雅美课堂"的姿态
在教室里眺望世界：基于 BYOD 的教学方式变革
课堂教学的资源设计与方式变革
境脉教学的实践范式与创意设计
任务驱动与学科实践
课堂教学的智慧属性与意义增值："灵动课堂"的六个关键词
如溪语文：诗意流淌的语文教育
I-DO 学习模式的创意与实践

"一校一策"课程体系建设丛书

课程坐标及其应用：教师专业视角
"一校一策"课程规划
"一校一策"课程实施